Inhalt

Schwerpunktthema:
Perfektionierung und Destruktivität

Editorial 5
Perfektionierung und Destruktivität – Eine Einführung
VERA KING & BENIGNA GERISCH

MOTIVE UND FOLGEN DER OPTIMIERUNG IN FAMILIE, BILDUNG UND BERUF

Eltern als »Bildungsunternehmer« 13
Zur Ausweitung und Radikalisierung optimiert-optimierender Bildung
CHRISTIANE THOMPSON

Optimierung zwischen Zwang und Zustimmung 27
Institutionelle Anforderungen und psychische Bewältigung im Berufsleben
JULIA SCHREIBER, NIELS UHLENDORF, DIANA LINDNER, BENIGNA GERISCH, VERA KING & HARTMUT ROSA

BODY-MODIFICATIONS – FALLSTRICKE DER KÖRPEROPTIMIERUNG

Körperoptimierung im Kontext zeitgenössischer Muster der Lebensführung 43
Exemplarische Analyse psychischer und biografischer Bedeutungen schönheitschirurgischer Eingriffe
CHRISTIANE BEERBOM, KATARINA BUSCH, BENEDIKT SALFELD-NEBGEN, BENIGNA GERISCH & VERA KING

Mangelware und Perfektionierung 57
OLIVER DECKER & LEA SCHUMACHER

APORIEN DER SELBST-VERBESSERUNG

Das technisierbare Selbst 67
Orientierungsversuche im Spannungsfeld von Selbstgewinn und Selbstverlust
OLIVER MÜLLER

Perfektionierung des Unverbesserlichen: unvermeidbar und unmöglich 81
MICHAEL WIMMER

Freie Beiträge

»Der Teufel hat sich schick gemacht« 103
Das Täterinnenbild in der journalistischen Berichterstattung zum NSU-Prozess
ISABELLE HANNEMANN

Das Ich ist nicht Herr im eigenen Haus 129
Zur Psychoanalyse von Eigennamen
JOCHEN HÖRISCH

Rezensionen 141

Zeitschrift »psychosozial« im Psychosozial-Verlag

Mit Heft I/2014 fusionierte die Zeitschrift »Psychotherapie & Sozialwissenschaft« mit der Zeitschrift »psychosozial«.

Geschäftsführender Herausgeber: Dr. Pradeep Chakkarath, Ruhr-Universität Bochum, Sozialtheorie und Sozialpsychologie, GB 03/41, D-44780 Bochum, E-Mail: Pradeep.Chakkarath@rub.de

Redaktion: Dr. Marie-Luise Hermann, Rychenbergstr. 26, CH-8400 Winterthur,
E-Mail: mlhermann.praxis@bluewin.ch

Abo-Verwaltung: Telefon 06 41 - 96 99 78 18, E-Mail: bestellung@psychosozial-verlag.de

Verlag: Psychosozial-Verlag, Walltorstraße 10, D-35390 Gießen
E-Mail: info@psychosozial-verlag.de, www.psychosozial-verlag.de

Umschlaggestaltung: nach Entwürfen des Ateliers Warminski, Büdingen

Umschlagabbildung: Oskar Schlemmer: »Folkwang-Zyklus I: 155. Gestürzte Säule«, 1929

Satz: metiTEC-Software, me-ti GmbH, Berlin

Bezugsgebühren: Für das Jahresabonnement EUR 49,90 (inkl. MwSt.) zuzüglich Versandkosten. Studentenabonnement 50% Rabatt (inkl. MwSt.) zuzüglich Versandkosten. Lieferungen ins Ausland zuzüglich Mehrporto. Das Abonnement verlängert sich jeweils um ein Jahr, sofern nicht eine Abbestellung bis zum 15. November erfolgt. Preis des Einzelheftes: EUR 19,90.

Bestellungen richten Sie bitte direkt an den Psychosozial-Verlag oder wenden Sie sich an Ihre Buchhandlung.

Anzeigen: Anfragen bitte an: anzeigen@psychosozial-verlag.de

Erscheinungsweise: Viermal im Jahr.

Manuskripte: Die Redaktion lädt zur Einsendung von Manuskripten (in zweifacher Ausfertigung) ein. Mit der Annahme des Manuskriptes erwirbt der Verlag das ausschließliche Verlagsrecht auch für etwaige spätere Veröffentlichungen.

Datenbanken: Die Zeitschrift »psychosozial« wird regelmäßig in der Internationalen Bibliographie der geistes- und sozialwissenschaftlichen Zeitschriftenliteratur (IBZ – De Gruyter Saur) und in der Publikationsdatenbank PSYNDEX des Leibniz-Zentrums für Psychologische Information und Dokumentation (ZPID) erfasst.

CIP-Einheitsaufnahme der Deutschen Bibliothek: Psychosozial. – Gießen: Psychosozial-Verl. Erscheint jährlich viermal – Früher im Rowohlt-Taschenbuch Verl., Reinbek bei Hamburg, danach in der Psychologie Verl. Union, Beltz Weinheim. – Erhielt früher Einzelbd.-Aufnahme. – Aufnahme nach 53. Jg. 16, H. 1 (1993).

ISSN 0171-3434

Abonnement-Verwaltung: Bitte teilen Sie dem Verlag bei Adressänderungen unbedingt Ihre neue Anschrift mit.

Schwerpunktthema:

Perfektionierung und Destruktivität

Herausgegeben von Vera King und Benigna Gerisch

Editorial

Perfektionierung und Destruktivität – Eine Einführung

Zentrales Thema der Beiträge dieses Schwerpunktheftes ist die Spannung von Perfektionierung und Destruktivität auf unterschiedlichen Ebenen des Sozialen und Psychischen: Wie ist das Verhältnis von Perfektion und Destruktion konzeptionell und praktisch zu bestimmen? Unter welchen Bedingungen schlägt das Streben nach Vervollkommnung um in eher gegenläufige, zerstörerische Entwicklungen? Lassen sich Umschlagspunkte rekonstruieren, an denen beabsichtigte Verbesserung in ihr Gegenteil kippt?

Diese Spannungsbögen sind kategorial und analytisch differenzierbar – etwa in Bezug auf das Verhältnis von Perfektionierung und Optimierung und ihre jeweiligen kulturellen und sozialen Bedeutungen. Sie können psychodynamisch reflektiert werden – etwa mit Blick auf die innere Logik, auf verschiedene Bedeutungen und Wirkungen von Größen- und Allmachtsfantasien im psychischen Geschehen, auf die Spannung von Idealbildungen und Narzissmus oder die verschiedenen produktiven und destruktiven Funktionen, die symptomatische Varianten narzisstischer Stabilisierungsbemühungen intrapsychisch erlangen können. Und insbesondere sollte überdies in den Blick genommen werden, wie sich rezente soziale Wandlungsprozesse, bei denen eine Zunahme und spezifische Veränderungen von Vervollkommnungsvorstellungen, Effizienz- und Optimierungsanforderungen in vielen Bereichen diagnostiziert worden sind, auf individuelle Entwicklungen auswirken.

Ansprüche an Perfektion oder Optimierungsstreben werden zum einen über kulturelle Diskurse, über institutionelle oder Markt-Zwänge und praktisch veränderte Lebensbedingungen in der beschleunigten flexibilisierten Moderne vermittelt – zum anderen sind sie verankert in biografischen Entwicklungen und fließen ein in psychische Verarbeitungsformen. Insofern geht es explizit und implizit auch um Fragen der Wechselwirkungen von Kultur und Psyche in aktuellen gesellschaftlichen Verhältnissen und Wandlungen, bei denen Orientierungen an Perfektion und Optimierungsansprüche offenbar auch neue Dimensionen und Formen sowie eine neue, in vielen Bereichen folgenreiche Qualität erlangt haben.

Die Ausrichtung an Idealen der Vervollkommnung oder – in Begriffen der Aufklärung – an der Idee der sogenannten »Perfektibilität« ist zugleich ein weit zurückreichendes, bedeutsames Thema in der Menschheits- und Kulturgeschichte. Im Zentrum können dabei sowohl das Bestreben stehen, die Bedingungen des Lebens zu verbessern, als auch das Bedürfnis, Mängel auszugleichen, die unvollkommene soziale Praxis an Vorstellungen von einem besseren Leben anzunähern, die Bedeutung und den Wert des gegebenen praktischen Daseins zu erhöhen oder zu verfeinern. Sei es – religiös konnotiert – mit Blick auf eine Bewährung im Jenseits, wie sie Max Weber (1905) im Blick hatte, als er eine »methodische«, auf Effizienz und Leistung ausgerichtete »Lebensführung« im Kontext der sogenannten »protestantischen Ethik« beschrieb, sei es mit Blick auf eine Erfüllung im Diesseits und Bewährung in der Generationenlinie. So finden sich unterschiedliche Konzepte des Vollkommenen einerseits und der Normierungen dessen andererseits, was als verbesserungsbedürftig angesehen wird, in verschiedenen historischen und kulturellen Kontexten. Sie sind Bestandteil der Kultur, der jeweiligen expliziten und impliziten Vorstellungen vom guten und gelingenden oder vom besseren Leben, von der als ideal erachteten Weise des Zusammenlebens oder des menschlichen Strebens – und verbunden mit sozialen, ökonomischen und technischen Wandlungen.

Konzepte des Vollkommenen oder des Verbesserungsbedürftigen bringen sich jeweils zum Ausdruck etwa in Kunst und Ethik, in Diskursen und normativen Orientierungen der Politik, der Philosophie und Religion, in Wissenschaft und Technik, in Bildung, Erziehung oder dem Gesundheitswesen, in kulturellen Vorstellungen des Schönen und Gesunden, des Wahren, Guten und Sittlichen. Sie schlagen sich auf einer anderen Ebene auch nieder in Erfahrungen und Vorstellungen dessen, was sozial als unhintergehbar oder individuell notwendig erscheint, um Prestige und Attraktivität zu maximieren, um Status, Einkünfte und Machtpositionen zu verbessern – oder auch, um entsprechende Verluste und Abstieg zu verhindern. Ebenso unterscheiden sich die Vorstellungen davon, welche Bedeutung die Ideen der Vollkommenheit im praktischen Leben einnehmen, welche gesellschaftlichen Implikationen, sozialen und individuellen Folgen sie haben.

In einer heuristischen, vereinfachenden Annäherung können dabei insbesondere zwei Varianten unterschieden werden: Vollkommenheit kann – im Sinne einer klassischen Konzeption – als ein *regulatives Ideal* verstanden werden, das normative Orientierung bietet, aber – *konstitutiv – unerreichbar* bleibt. Perfektion lässt sich aber – so die gegenwärtige, durch rasante technische Veränderung wesentlich mit gespeiste Tendenz – auch als *eine durch entsprechende Aktivität zu erreichende* Ziellinie verstehen, die sich demnach nicht nur potenziell realisieren, sondern auch *stets aufs Neue überschreiten ließe*. Diese zweite Variante kommt gegenwärtig zum Ausdruck in der wachsenden Bedeutung, Penetranz und Mächtigkeit von Optimierungsanmutungen und -zwängen, die sich auf immer mehr Bereiche ausdehnen. In dieser zweiten Variante wird Perfektionierung zur kaum hintergehbaren Norm, die es zu erfüllen und eben zugleich fortwährend zu transgredieren gälte – einerseits aus Gründen des äußeren sozialen Drucks, andererseits, unter genauer zu bestimmenden Bedingungen, aus mehr oder minder intrinsischer, im weitesten Sinne eigener (oder als eigene erscheinender) Motivation. Dabei zeichnet sich ab, dass die zweite Variante – eine Orientierung an fortwährender unabschließbarer Überschreitung – in der flexibilisierten und beschleunigten Moderne eher an Bedeutung gewonnen hat und weiter zu gewinnen scheint (Bröckling, 2007). Sie wird, wie erwähnt, gleichsam getriggert und praktisch permanent verändert durch entsprechende rasante Wandlungen der Technologien. Und sie wird maßgeblich angetrieben und befeuert durch die gesteigerte Wettbewerbsdynamik, wie sie sich aus der Eigenlogik der globalen Ökonomie, der Produktions- und Reproduktionsweisen sowie aus den rasch variierenden Formen der Kommunikation, Information und Mobilität gegenwärtiger Gesellschaften ergibt (Rosa, 2012).

Entsprechend zeichnen sich Verschiebungen ab: vom stets unerreichbar bleibenden sittlich-ästhetischen Ideal der Vollkommenheit, das die Verarbeitung der relativen Unvollkommenheit des praktischen Lebens, die Anerkennung von Begrenztheit miteinschließt, hin zu der Norm der steten Ausrichtung an Optimierung, die darauf ausgerichtet ist, Grenzen immer weiter zu verändern und zu überschreiten. Diese Verschiebungen sind parallel damit verbunden, dass die systemische Logik des Wettbewerbs in immer weitere Teile des Lebens hineinreicht – also insbesondere auch Leib und Psyche, Intimität, Familien-, Fürsorge- und Liebesverhältnisse ergreift.

Versteht man, um die beiden Logiken des Vervollkommnungs- und Verbesserungsbestrebens auch terminologisch zu differenzieren, *Perfektionierung* in diesem ausgeführten Sinne noch als ein auf das Ganze, auf Integration und Balance ausgerichtetes regulatives Ideal, so geraten Verbesserungsbestrebungen immer mehr zu einer Ausrichtung an *Optimierung*, die vorwiegend einer instrumentellen Logik folgt. Dabei sind zunehmend auch solche Bereiche dem Optimierungsdruck ausgesetzt oder unterworfen, die sich solcher instrumentellen Behandlung konstitutiv widersetzen – die also zu zerstören riskiert oder faktisch, abrupt oder schleichend, offenkundig oder unterschwellig unterminiert und destruiert werden. Denn soziale Beziehungen beispielsweise, seien es partnerschaftliche Liebesbeziehungen, Freundschaften oder Eltern-Kind-Beziehungen, lassen sich nicht ohne Not effizient oder effizienter gestalten. Leib und Seele oder Bildung und Fürsorge, psychische Wachstums- und Verarbeitungsprozesse sind kaum unbeschadet in einem instrumentellen Sinne optimierbar (vgl. Gerisch, 2009, 2013; King, 2011; King et al., 2014).

Dass insofern die zunehmend omnipräsenten und technizistisch reduzierten Optimierungslogiken auch kaum lösbare Widersprüche, Aporien und neue Zerstörungspotenziale produzieren, ist eine der zentralen Thesen eines interdisziplinären Forschungsprojekts[1], in dem soziale Wandlungen auf der Ebene der institutionellen Veränderungen und kulturellen Diskurse, der sozialisatorischen Bedingungen, biografischen Narrative und psychischen Verarbeitungsprozesse bis hin zu pathologischen Prozessen analysiert werden. Auch vor dem Hintergrund der Konzeptionen, Erfahrungen und Befunde dieses Projekts entstand die Idee der Herausgeberinnen für dieses Schwerpunktheft.

Mit Blick auf ein solches Leitthema und das Ziel einer interdisziplinären Analyse der psychosozialen Bedeutungen und der vielschichtigen Spannungsbögen zwischen Perfektionierung, Optimierung und Destruktivität wurden Autorinnen und Autoren aus unterschiedlichen disziplinären Kontexten angefragt. Entsprechend befassen sich die Beiträge dieses Schwerpunktheftes – dabei auf unterschiedliche Weise erziehungswissenschaftlich-bildungstheoretische, sozialisationstheoretische, soziologische, psychoanalytisch-psychodynamische und philosophische Perspektiven verknüpfend – mit sozialpsychologischen Phänomenen, individuellen Folgen, psychischen Auswirkungen und mit Aporien von Optimierungs- und Perfektionierungsanforderungen einschließlich der damit eng verknüpften Technisierungsprozesse.

Im Rahmen des ersten thematischen Fokus, den wir *Motive und Folgen der Optimierung in Familie, Bildung und Beruf* genannt haben, nimmt *Christiane Thompson* zeitgenössische Veränderungen von elterlicher Verantwortung als Praxis und Herausforderung des Optimierungsdiskurses im Kontext der Spätmoderne in den Blick. Eltern avancierten gegenwärtig gleichsam zu »Bildungsunternehmern«, die wesentlich dazu beizutragen hätten, dass ein optimierter Lern- und Bildungsgang der Kinder garantiert und der Schulerfolg als Grundlage für die Zukunftsperspektive gesichert wird. Die vielfältig betonte und verhandelte Vorstellung von Bildung sei zunehmend von Optimierungs- und Steigerungslogiken kontaminiert, die auf eine stetige Selbstverbesserung und Selbstüberschreitung abzielten. Entlang ausgewählter Studien aus der Erziehungswissenschaft, die ihr zur Exegese von Elternratgebern dienen, exemplifiziert Thompson die These vom pädagogischen Handeln als integralem Bestandteil der in Bildung gefassten Optimierungsdynamik, die zudem marktlogischen Gesetzen unterliege. Von besonderer Bedeutung ist dabei auch die in Ratgebern vermehrte Bezugnahme auf neurowissenschaftliche Studien, die spezifische, an die Eltern adressierte Handlungsmaximen implizieren und sich im Kern zu einer normativen Technologisierung des Lernens verdichten. Während Bindungs- und Beziehungsaspekte für eine als gesund erachtete Entwicklung des Kindes im Verhältnis dazu offenbar als weniger bedeutsam verhandelt werden, bestehe die Hauptaufgabe der Eltern darin, hirnphysiologisch determinierte Prozesse des Kindes bestenfalls kompetent und sensibel-adäquat zu moderieren, um einen optimalen Lernerfolg zu gewährleisten. Eine besondere Paradoxie des instrumentell verankerten elterlichen Engagements bestehe aber zugleich darin, dass bei allem optimierten »unternehmerischen« Investment gleichsam der *Outcome* immer schon unsicher und von unkalkulierbaren Faktoren wie der Institution Schule und dem Gehirn abhängig sei. Das heißt, auch dem elterlichen Unternehmertum im Sinne einer Erfolgs- und Gewinnmaximierungsstrategie ist demnach die Gefahr des Scheiterns stets inhärent und verlangt neue optimierende Maßnahmen.

Die Autorinnen und Autoren *Julia Schreiber, Niels Uhlendorf, Diana Lindner, Benigna Gerisch, Vera King und Hartmut Rosa* gehen in ihrem Beitrag der Frage nach, wie sich gegenwärtige Arbeitsmarktanforderungen in individuelle Muster der Lebensführung und Formen der psychosozialen Bewältigung übersetzen. Zunächst werden Ergebnisse von Interviews mit Expertinnen und Experten der Unternehmens- und Bildungsberatung vorgestellt, die im Rahmen des APAS-Projekts (siehe Fußnote 1 zur Erläuterung) erhoben wurden und in denen die institutionellen Optimierungszwänge und Anforderungen an berufsbezogenes individuelles Handeln herausgearbeitet werden. Von besonderer Relevanz sind hier unter anderem die Umdeutungsstrategien der BeraterInnen, in denen als Selbstverantwortung camouflierte Anpassungen an äußere Marktzwänge gefordert werden. In einem zweiten Schritt wird aufgezeigt, wie und auf welche Weise diese strukturellen Veränderungen und Herausforderungen die Lebenspraxis der Subjekte vor dem Hintergrund je individueller biografisch bedingter Dispositionen bestimmen können oder durch diese potenziert werden. Als ein wesentlicher Befund wird hervorgehoben – und anhand zweier Probandeninterviews aus dem Projekt exemplifiziert –, dass jene Optimierungs- und Anpassungszwänge keineswegs immer nur als leidvoll ertragen und verarbeitet, sondern im Sinne narzisstischer Gratifikationsquellen affirmativ begrüßt werden.

Der Fokus *Body-Modifications* umkreist die Fallstricke der Körperoptimierung und wird durch den Beitrag von *Christiane Beerbom, Katarina Busch, Benedikt Salfeld-Nebgen, Benigna Gerisch und Vera King* eröffnet. Die AutorInnen befassen sich mit Praktiken der Körperoptimierung im Kontext des spätmodernen Diskurses des sogenannten *Body-Turns* und den damit eng verknüpften, inzwischen immer ausgefeilteren ästhetisch-chirurgischen Techniken. Auch hier wird die Frage nach dem diffizilen Zusammen- und Wechselspiel von gesellschaftlichen Anforderungen einerseits und biografischen Mustern und Dispositionen andererseits ausgelotet. Auf der Basis einer psychodynamisch fundierten Interpretationsmatrix werden, ebenfalls aus dem APAS-Projekt, zwei Probandinnen vorgestellt, die sich mit Anfang 20 mehreren Schönheitsoperationen unterzogen haben. Dabei werden Gemeinsamkeiten und Differenzen der biografisch bedingten Instrumentalisierung und Zurichtung des Körpers herausgearbeitet sowie signifikante Verschiebungs- und destruktive Umschlagsdynamiken – von Essstörungspotenzialen hin zum ästhetisch-chirurgischen Eingriff – entlang der von bewussten und unbewussten Faktoren geprägten Entwicklungsgeschichte aufgezeigt.

Der Beitrag von *Oliver Decker und Lea Schumacher* thematisiert am Beispiel der medizinischen Praxis des Organhandels, der uns bislang eher aus reißerischen Spielfilmen als aus wissenschaftlichen Publikationen vertraut ist, das Ausmaß der Vermarktung des menschlichen Körpers, der mehr denn je als Ganzes oder in Teilen als Produkt gehandelt wird. Eindrücklich wird nachgezeichnet, dass Gesundheit im Zuge der technisch hochgerüsteten »Wunschmedizin« (Brähler & Borkenhagen, 2012) inzwischen zur Ware der Kapitalanhäufung avancierte. Zwar ist der Organhandel in Deutschland (noch) verboten, das heißt, es darf nicht in der Logik von gewinnmaximierenden, sondern nur nach lebenserhaltenden Kriterien transplantiert werden, aber dies kann nicht darüber hinwegtäuschen, dass die Ökonomisierung des menschlichen Körpers auch bei uns längst integraler Bestandteil einer nach marktlogischen und instrumentellen Gesetzen funktionierenden Gesellschaft ist. Dies zeige sich nicht zuletzt in den Argumentationsfiguren derjenigen, die, vor dem Hintergrund des beklagten Organmangels, für finanzielle Anreizsysteme zwischen Spendern und Empfängern oder für ein staatlich vermitteltes Tauschsystem plädierten. Bei genauerer Betrachtung dieses Diskurses ginge es aber keineswegs um die medizinethisch begründete, hehre Beseitigung des Organmangels, sondern um die Verwertung des menschlichen Körpers als Rohstoff, Ware und Produkt am Markt.

Im letzten Teil des Schwerpunktthefts, betitelt mit *Aporien der Selbstverbesserung*, der von *Oliver Müller* eröffnet wird, entfaltet der Autor das spannungsreiche Gefüge von Selbstgewinn und Selbstverlust im Kontext ubiquitärer und fortschreitend perfektionierter Technisierungsprozesse. Im Rekurs auf technik-philosophische Positionen wird ein als dialektisch verstandenes Raster entworfen, mit dem Varianten des Selbstgewinns einerseits und des Selbstverlusts andererseits kontrastiert werden. Auch hier werden die Paradoxie von Optimierungs- und Perfektionierungsstrategien und deren Umschlag in destruktive und das Subjekt schwächende Praktiken sowie damit verknüpfter Erlebensweisen ausbuchstabiert, indem entlang von Enhancement-Technologien der gewünschten Effektivität und Selbstverbesserung durch zum Beispiel leistungssteigernde Medikamente die Kehrseite, nämlich das potenziell narzisstisch kränkende Abhängigkeitserleben von derlei Substanzen, gegenübergestellt wird. Als ein wesentliches Fazit kann gelten, dass wir nicht nur längst schon technisierbare Selbste sind, sondern auch die Art und Weise unserer selbstreflexiven und deutenden Prozesse von Technisierungsdynamiken durchdrungen ist. Mit der so angelegten Subjektkonstitution des »technisierbaren Selbst« werde nicht nur die mehr oder minder sichere Navigation durch unsere technisierte Welt befördert, sondern in und mit ihr erweitere sich zugleich die Sprache der Selbsterkenntnis.

Im abschließenden Beitrag diskutiert *Michael Wimmer* aus bildungsphilosophischer Sicht, in welcher Weise Selbstoptimierungs- und Perfektionierungsstrategien der gegenwärtigen Moderne immer schon eng verknüpft sind mit einem potenziell destruktiven Umschlag im Sinne der Hervorbringung dessen, was vermieden und bezwungen werden soll. Das Paradox von Perfektionierung und Destruktivität exemplifiziert er zunächst an der Optimierung des Schlafs durch Selbstvermessung. Der Schlaf wird, wie andere Lebensbereiche auch, einer effizienzsteigernden Praktik unterzogen, zugleich wird auf diese Weise aber gerade das Gegenteil, nämlich Schlaflosigkeit, hervorgebracht. Daran anknüpfend zeigt er auf, dass infolge der verschwimmenden Grenzen der Kategorien von Heilung und Normalisierung, Selbstbestimmung und Unterwerfung, Perfektion und Destruktion der Begriff der Selbstoptimierung im Sinne der »Arbeit an sich selbst« seinerseits noch einmal einer Neubestimmung unterzogen werden muss. In der historischen Entwicklung von Selbstverbesserungspraktiken und -diskursen wird zum einen deutlich, dass jede Form von kulturell produzierter Unvermeidbarkeit der Selbstoptimierung kehrseitig die Selbstfremdheit des Ichs zur Folge hat. Zum anderen zeigt Wimmer auf, dass und inwiefern im Transhumanismus, als gegenwärtig pervertierte Zuspitzung des Körperoptimierungswahns, das Phantasma der Kontrolle und Manipulierbarkeit des Unverfügbaren aufrechterhalten und perpetuiert werde, was zwangsläufig zu einem katastrophischen Scheitern, gleichsam einem Scheitern im Erfolg, führen müsse.

Die verschiedenen Beiträge aus unterschiedlichen Disziplinen, mit variierenden transdisziplinären Verknüpfungen, theoretischen oder konzeptionellen Rahmungen, empirischen und thematischen Schwerpunkten verdeutlichen insofern auf eindrucksvolle Weise die vielfältigen Begleiterscheinungen und Fallstricke einer kaum aufhaltbaren, kulturellen und zugleich individuell hochgradig spürbaren und praktisch folgenreichen Optimierungsdynamik. Diese vermag zwar – etwa technisch-instrumentelle – Innovationen und entsprechende Steigerungen in einzelnen Bereichen und Belangen hervorzubringen. Sie ist jedoch zugleich in Hinblick auf ihre gegenläufigen Potenziale und kehrseitigen destruktiven psychosozialen und psychischen Folgen zu analysieren.

Und in etlichen Hinsichten und Bereichen mag sich plausiblerweise aus der Vergegenwärtigung der zerstörerischen Potenziale, Effekte oder unvermeidbaren Begleiterscheinungen normativ ein »Plädoyer gegen die Perfektion« ergeben, wie es der politische Philosoph Michael Sandel (2008) formuliert hatte. Indes sind – jenseits der Frage, zu welchen normativen und lebenspraktischen Schlüssen man gelangt – in jedem Fall die *Mächtigkeit* von Optimierungszwängen, aber auch die außerordentliche *Faszination* und Verführungskraft von als erreichbar vermuteten Vollkommenheitsidealen oder von Optimierungsdynamiken zu berücksichtigen. Zwang und Verführung produzieren offenkundig neue Formen des »Unbehagens«, aber auch des »Behagens« (Gerisch & King, 2008; King, 2011) in der gegenwärtigen Moderne.

Um also präzise erfassen zu können, auf welche Weise gesellschaftlich veränderte Praktiken, Anmutungen und Zwänge subjektiv adaptiert und bedeutsam werden, bedarf es in einem übergreifenden Sinne verschiedener Vermittlungen von Psycho- und (etwa von Pierre Bourdieu so genannter) »Sozioanalyse« (King, 2014). Bezogen auf die konzeptionellen Zugänge hieße das, dass sich die jeweiligen Bestimmungsgründe und Varianten des »Behagens und Unbehagens in der Kultur« (um Sigmund Freuds [1930] metaphorische Verdichtung kultureller Quellen des Leidens weiter abzuwandeln) – von Anpassung und Abgrenzung, Befriedung oder Leid – über eine differenzierte Psycho- und Sozio-Analyse der kollektiven und individuellen Folgen, der bewussten und unbewussten Verarbeitungs- und Abwehrformen sozialer, kultureller und technischer Wandlungen erschließen. Und sie lassen sich über eine Kombination und teilweise Vermittlung unterschiedlicher teildisziplinärer Sichtweisen facettenreich erhellen. Auch dazu sollen die Aufsätze dieses Schwerpunktheftes einen Beitrag leisten.

Vera King & Benigna Gerisch

Anmerkung

1 Es handelt sich dabei um das APAS-Projekt, APAS für »Aporias of Perfection in Accelerated Societies«, in dem in drei miteinander verknüpften Teilprojekten *Aporien der Perfektionierung in der beschleunigten Moderne. Gegenwärtiger kultureller Wandel von Selbstentwürfen, Beziehungsgestaltungen und Körperpraktiken* untersucht werden. Es wird gefördert von der VolkswagenStiftung (2012–2016), geleitet von Vera King (Hamburg), Benigna Gerisch (Berlin) und Hartmut Rosa (Jena); weitere Informationen siehe https://www.apas.uni-hamburg.de sowie King und KollegInnen (2014) und die Beiträge von Schreiber und KollegInnen sowie von Beerbom und KollegInnen in diesem Heft.

Literatur

Brähler, E. & Borkenhagen, A. (Hrsg.). (2012). *Die Selbstverbesserung des Menschen. Wunschmedizin und Enhancement aus medizinpsychologischer Perspektive*. Gießen: Psychosozial-Verlag.

Bröckling, U. (2007). *Das unternehmerische Selbst. Soziologie einer Subjektivierungsform*. Frankfurt/M.: Suhrkamp.

Freud, S. (1930). Das Unbehagen in der Kultur. *Studienausgabe Bd. 9.*, S. 191–270.

Gerisch, B. (2009). Körper-Zeiten: Zur Hochkonjunktur des Körpers als Folge der Beschleunigung. In V. King & B. Gerisch (Hrsg.), *Zeitgewinn und Selbstverlust. Folgen und Grenzen der Beschleunigung* (S. 123–143). Frankfurt/M.: Campus.

Gerisch, B. (2013). »Von jagender Hast und vorzeitigem Zusammenbruch«: Zur Psychodynamik schleichender Veränderungen in beschleunigten Zeiten. *Journal für Psychoanalyse, 54*, 7–28.

Gerisch, B. & King, V. (2008). Das Unbehagen im Körper der Moderne. Transdisziplinäre Überlegungen zu geschlechtertypischen Körperpraktiken und Symptombildungen. In G. Schlesinger-Kipp & R.-P. Warsitz (Hrsg.), *Die neuen Leiden der Seele. Das (Un-)Behagen in der Kultur* (S. 260–271). Frankfurt/M.: Geber + Reusch.

King, V. (2011). Beschleunigte Lebensführung – ewiger Aufbruch. Neue Muster der Verarbeitung und Abwehr von Vergänglichkeit. *Psyche, 65*, 1061–1088.

King, V. (2014). Pierre Bourdieu als Analytiker des Sozialen. Methodologische und konzeptionelle Bezüge zur Psychoanalyse sowie sozialpsychologische Perspektiven im Werk Bourdieus. *sozialersinn, 15*(1), 253–278.

King, V., Lindner, D., Schreiber, J., Busch, K., Uhlendorf, N., Beerbom, C., Salfeld-Nebgen, B., Gerisch, B. & Rosa, H. (2014). Optimierte Lebensführung – wie und warum sich Individuen den Druck zur Selbstverbesserung zu eigen machen. *Jahrbuch für Pädagogik: Menschenverbesserung – Transhumanismus, 29*, 283–299.

Rosa, H. (2012). *Weltbeziehungen im Zeitalter der Beschleunigung: Umrisse einer neuen Gesellschaftskritik*. Frankfurt/M.: Suhrkamp.

Sandel, M. (2008). *Plädoyer gegen die Perfektion*. Berlin: Berlin University Press.

Weber, M. (2010 [1905]). *Die protestantische Ethik und der Geist des Kapitalismus* (Hrsg. v. D. Kaesler). München: Beck.

Die Herausgeberinnen

Benigna Gerisch, Prof. Dr. phil., Dipl.-Psych., Psychologische Psychotherapeutin, Psychoanalytikerin (DPV/IPA); Professorin für Klinische Psychologie und Psychoanalyse an der International Psychoanalytic University in Berlin. Studienschwerpunkte: Klinische Psychologie, Interventionen und Psychodynamische Beratung. Publikationen und Forschungsprojekte unter anderem zur Suizidalität und Geschlechterdifferenz, Psychotherapieprozessforschung, zu psychoanalytischen Körperkonzepten und (autodestruktiven) Körperpraktiken. Laufendes transdisziplinäres Projekt zu »Aporien der Perfektionierung in der beschleunigten Moderne. Gegenwärtiger kultureller Wandel von Selbstentwürfen, Beziehungsgestaltungen und Körperpraktiken«, geleitet von V. King, B. Gerisch, H. Rosa (gefördert von der VolkswagenStiftung). Homepage: http://www.ipu-berlin.de/hochschule/forschung/projekt/aporien-der-perfektionierung-in-der-beschleunigten-moderne.html

Vera King, Prof. Dr. phil., Soziologin und Professorin für Sozialisationsforschung an der Universität Hamburg, Publikationen und Forschungsprojekte unter anderem zum Verhältnis von Kultur und Psyche, zu Generationenbeziehungen, Elternschaft, Kindheit und Adoleszenz, sozialen Ungleichheiten und Migration, zu Folgen sozialen Wandels für Lebensphasen, biografische und psychische Entwicklungen. Laufendes transdisziplinäres Projekt zu »Aporien der Perfektionierung in der beschleunigten Moderne. Gegenwärtiger kultureller Wandel von Selbstentwürfen, Beziehungsgestaltungen und Körperpraktiken«, geleitet von V. King, B. Gerisch, H. Rosa (gefördert von der VolkswagenStiftung). Homepage: https://www.ew.uni-hamburg.de/ueber-die-fakultaet/personen/king.html

Kontakt

Prof. Dr. Benigna Gerisch
International Psychoanalytic University Berlin
Stromstraße 1
D-10555 Berlin
E-Mail: benigna.gerisch@ipu-berlin.de

Prof. Dr. Vera King
Universität Hamburg
Fak. 4/Fachbereich für Allgemeine, Interkulturelle und International Vergleichende Erziehungswissenschaft
Von-Melle-Park 8
D-20146 Hamburg
E-Mail: vera.king@uni-hamburg.de

Eltern als »Bildungsunternehmer«

Zur Ausweitung und Radikalisierung optimiert-optimierender Bildung

Christiane Thompson

Zusammenfassung
In diesem Beitrag werden die Veränderungen von elterlicher Verantwortung als Teil eines Optimierungsdenkens erschlossen, das in der Idee neuzeitlicher Pädagogik und neuzeitlicher Bildung verankert ist und das sich in der Spätmoderne radikalisiert. Es wird an ausgewählten Studien aus der Erziehungswissenschaft gezeigt, dass die Ubiquität und Dominanz von Bildung die Kategorie der Erziehung erfasst und damit auch die Konturen des pädagogischen Handelns von Eltern verändert. An drei Elternratgebern zum Thema »Schulerfolg« werden die Veränderungen der Vorstellung elterlicher Verantwortung untersucht, wobei das Verhältnis zur Schule, die Bedeutung der Neurowissenschaft für das Lernen und die Bildungsforderung an Eltern besonders in den Blick genommen werden. Abschließend wird die Vorstellung von Elternschaft als »Unternehmertum« diskutiert und nach dem destruktiven Potenzial bzw. dem Scheitern der damit aufgenommenen Verantwortungsvorstellung gefragt.

Schlüsselwörter: Subjektivierung, Ratgeber, Optimierung, lernendes Gehirn, Autorisierung

Abstract
Parents as Entrepreneurs of »Bildung«. The Extension and Radicalization of optimal-optimizing »Bildung«
This paper discusses the changes of parental responsibility regarding their children's school performance. More specifically, the paper analyzes this responsibility in terms of a quest for optimization that is part of »Bildung« in modernity. The paper delineates the interpellations in three guidebooks for parents – guidebooks that focus on the enhancement of children's school performance and success. The parents' relation to school, the relevance of the neurosciences as well as the parents' educational advancement reveal the parents as entrepreneurs for their children's education. The paper also poses the question of the destructive potential concerning the quest of optimal-optimizing »Bildung«.

Keywords: subjection, guidebook, optimization, learning brain, authorization

---

1. Einleitung

Im Theaterstück *Frau Müller muss weg!* von Lutz Hübner wird dem Publikum eine Elternschaft gezeigt, die – in Sorge um die schulische Laufbahn ihrer Kinder – den Versuch unternimmt, die Klassenlehrerin ihrer Kinder abzusetzen. Es ist die Rede von abgesackten Leistungen, von einem schlechten Lernklima und Unruhe in der Klasse. In dem Halbjahr, bevor die Entscheidung über die weiterführende Schule fällt, sind die Eltern fest entschlossen, die Lehrerin loszuwerden, um ihren Kindern noch irgendwie den Weg zum Gymnasium zu ebnen.

Das Stück trifft den Nerv der Zeit. Die elterliche Verantwortung für das schulische Lernen der Kinder war noch nie so groß. Der Schulerfolg der Kinder ist zu einer Aufgabe der Eltern geworden, was sich an einem wachsenden Markt der Schülerhilfe und des Nachhilfeunterrichts zeigt, aber auch daran, wie leicht es ist, mit Eltern zu Aspekten der Schullaufbahn ins Gespräch zu kommen. »Es gibt einen großen

Leidensdruck«, kommentiert Sönke Wortmann (*Die Zeit* 14.01.15), der Hübners Bühnenstück kürzlich verfilmt hat, und das gilt nicht nur für die kleinere Gruppe der sehr fürsorglichen Eltern. Eine schulische Orientierung und Aufgabenhaltung scheint heute allgemein zur Vorstellung einer guten bzw. erfolgreichen Elternschaft dazuzugehören. Es geht darum, den optimalen Bildungsweg der Kinder zu ermöglichen.

In diesem Beitrag sollen die Veränderungen von elterlicher Verantwortung als Teil eines Optimierungsdenkens erschlossen werden, das schon in der Idee neuzeitlicher Pädagogik und neuzeitlicher Bildung angelegt ist und das sich in der Spätmoderne radikalisiert. Mit der Radikalisierung der Optimierungsidee und ihrer Verschränkung mit neueren Technologien flexibilisieren sich die Maßstäbe, unter denen Verbesserungen identifizierbar werden. Im pädagogischen Bereich werden Bildungs- und Lernprozesse unter Bezugnahme auf neurowissenschaftliches Wissen in ihren Verläufen und Qualitätszuschreibungen recodiert. Sie avancieren zu einer verlässlichen Grundlage des Lernens, die im Sinne der Steuerung und des Managements pädagogische Machbarkeitsfantasien einer »optimiert-optimierenden Bildung«[1] hervorbringt. Die leitende These dieses Beitrags ist, dass die neuen Vorstellungen um Elternschaft als Teil einer solchen Machbarkeitsfantasie zu begreifen sind, bei der Eltern zu Unternehmern bzw. Unternehmerinnen der Schullaufbahn ihrer Kinder werden.

Im ersten Teil dieses Beitrags wird der Ursprung der neuzeitlichen Pädagogik aus dem Geist der Optimierung aufgezeigt. Die anthropologische Unbestimmtheit des Menschen und die Delegitimierung traditioneller Ordnung mobilisieren Vorstellungen menschlicher Selbstbestimmung und Selbstgestaltung. Gleichzeitig wird in eine kulturwissenschaftliche Untersuchungsstrategie eingeführt, die über die Kategorie der »Subjektivierung« die Handlungsfähigkeit der Individuen als Reaktion auf machtvolle Prozesse und Anrufungen versteht. Durch diese an Judith Butler und Michel Foucault anknüpfende Begrifflichkeit kann »Bildung« als spezifisch neuzeitliches Subjektivierungsszenario bestimmt werden, in dem den Individuen auferlegt ist, sich im Horizont des eigenen Wissens und der eigenen Leistungsfähigkeit auszulegen. Die Kategorie der Subjektivierung bildet aber auch die entscheidende Grundlage, um die Produktivität der Anrufungen an die Adresse der Eltern zu erfassen.

Angesichts der Ubiquität und Dominanz von »Bildung«, die zum Gegenstand beständiger Steigerung und Optimierung geworden ist, wird im zweiten Teil dieses Beitrags danach gefragt, wie sich die Kategorie der Erziehung und damit die Konturen des pädagogischen Handelns von Eltern verändern. Die These, dass das elterliche Handeln nun im Zeichen einer Leistung erscheint, wird an ausgewählten Studien aus der Erziehungswissenschaft belegt und damit der Blick auf Ratgeber justiert, die sich mit dem Thema »Schulerfolg« an Eltern wenden.

Im dritten Teil des Beitrags werden drei Ratgeber exemplarisch dahingehend untersucht, wie sie pädagogisches Handeln von Eltern konzipieren und autorisieren. Dabei werden besonders Bezüge auf die Neurowissenschaft aufgenommen, da durch diese gegenwärtig ein optimaler Lern- und Bildungsgang in Aussicht gestellt wird. Im vierten und abschließenden Teil des Beitrags wird zusammenführend die Vorstellung von Elternschaft als »Unternehmertum« diskutiert und nach dem destruktiven Potenzial bzw. dem Scheitern der damit aufgenommenen Verantwortungsvorstellung gefragt.

2. Pädagogische Verflechtungen: Subjektivierung und Optimierung

Der neuere kulturwissenschaftliche Diskurs um Subjektivierung grenzt sich ab von philosophischen Subjekttheorien der Neuzeit, welche die Möglichkeiten und Grenzen der Begründung des menschlichen Erkennens und Handelns aufzuklären versuchen (Reckwitz, 2008). Der Begriff der Subjektivierung wird demgegenüber als Beschreibungs- und Prozesskategorie gebraucht, bei der die Frage in den Vordergrund rückt, wie sich Menschen im Sozialen autorisieren, wie sie zu einer sozialen Adresse werden. Hervorgehoben werden demnach das *Werden* des Subjekts und die Verwicklungen dieses Werdens im Sozialen, wie paradigmatisch von Judith Butler in ihrem Buch *Psyche der Macht* formuliert: »Das Subjekt ist die sprachliche Gelegenheit des Individuums, Verständlichkeit zu gewinnen und zu reproduzieren, also die sprachliche Bedingung seiner Existenz und Handlungsfähigkeit« (Butler, 2001, S. 15ff.). Das »Subjekt« bildet nicht den Ausgangspunkt von Selbstverständigungen, sondern fasst hingegen die Zusammenhänge und Regelungen, unter denen Individuen zuallererst identifizierbar werden.

»Subjektivierung« beschreibt das Werden des Subjekts, ohne allerdings dieses in einer Fremdbestimmung aufgehen zu lassen. Mit Michel Foucault lässt sich daran erinnern, dass eine nur verbietende und reglementierende Macht kaum ihre Wirkung auf die Einzelnen entfalten könnte. Es ist gerade die Produktivität der Macht, ihre Fähigkeit das Individuum in ein Verhältnis zu sich zu bringen, sich vor dem Hintergrund eines Wissens zu erforschen oder sein Handeln zu bestimmen, die den Anspruch und Gegenstand dieser Forschung bildet: »It is a form of power that makes individual subjects. There are two meanings of the word ›subject‹: subject to someone else by control and dependence, and tied to his own identity by a conscience or self-knowledge« (Foucault, 2000, S. 331). Wie auch Butler, die an der oben bereits zitierten Stelle den Zusammenhang von sozialer Verständlichkeit des Individuums und seiner Handlungsfähigkeit hervorhebt, stellt Foucault Selbstbestimmung und Fremdbestimmung als zwei Seiten einer Medaille dar, die sich nicht voneinander trennen lassen.

»Subjektivierung« als Doppelstruktur, als produktives Wechselverhältnis von Selbstbestimmung und Fremdbestimmung (vgl. auch Mayer & Thompson, 2013), impliziert die Unabschließbarkeit des Prozesses der Subjektwerdung. Ulrich Bröckling hat diese Unabschließbarkeit unter Bezugnahme auf Kafka erläutert. In der gleichnishaften Geschichte fragt die erzählende Figur einen Schutzmann nach dem Weg, worauf dieser mit einem »Gib's auf« reagiert (Bröckling, 2007, S. 29). Bröckling hebt an der Geschichte die Unmöglichkeit hervor, Individuelles und Gesellschaftliches zusammenzubringen, den permanenten erfolglosen Versuch, sich in der Ordnung einzurichten: Kafkas Ich muss sich »zeitlebens selbst erkunden und gestalten, wohl wissend, dass es an dieser Aufgabe scheitern wird, weil der gesellschaftliche Subjektivierungsimperativ uneinlösbar ist« (ebd., S. 30). Der Begriff der Aufgabe beschreibt die Bodenlosigkeit der Versuche, für sich eine Position zu gewinnen. In der Differenz zur (problematischen) Ordnung wird die Möglichkeit, man selbst zu sein, permanent aufgeschoben.

Die Aufgabe, sich im Verhältnis zur sozialen Ordnung aufzusuchen, zu bestimmen und sich von dieser kritisch abzugrenzen, bildet nun ein dominantes Subjektivierungsmotiv des *Pädagogischen*. Anders gesagt ist die Konstitution der neuzeitlichen Pädagogik in einem engen Zusammenhang mit dem Versprechen zu sehen, die Doppelstruktur der Subjektivierung in den Rahmen einer zu sich kommenden Selbstbestimmung einzustellen. Die Pädagogik ist – neuzeitlich gesehen – jener Ort, an dem die Unabschließbarkeit von Subjektivierung im Sinne einer permanenten Aufforderung der Selbstbestimmung und Selbsterschließung kodifiziert wird (vgl. Mayer, Thompson & Wimmer, 2013). Zugleich ist die Pädagogik der Ort, an dem die Möglichkeit einer Selbstbestimmung in Aussicht gestellt wird, welche nicht in sozialen Ordnungsmustern der Subjektivierung aufgeht.

Diese Aussicht auf Selbstbestimmung lässt sich an den klassisch-pädagogischen Diskursen um »Erziehung« und »Bildung« aufzeigen: von den Überlegungen des Comenius, die Bildung der Menschen an der Verbesserung ihrer Angelegenheiten zu orientieren, über die aufklärerische Hoffnung, gesellschaftliche Fortschritte über Erziehung zu erreichen, bis zu den reformpädagogischen Imaginationen eines neuen Menschen. In all diesen Konzeptionen werden pädagogische Begriffe als Überschreitungsbegriffe konzipiert, die auf eine uneinholbare Zukunft rekurrieren und eine versöhnte individuelle oder gemeinschaftliche Identität in Aussicht stellen oder sogar als erreicht behaupten.

Nun lässt sich im Anschluss an diese Bestandsaufnahme daran erinnern, dass die Pädagogik ihre Konturen aus den säkularen Umformungen und Umschriften eines theologischen Erbes gewinnt: der Hoffnung auf Heil bzw. Erlösung. Im gleichen Zuge lässt sich allerdings mit dem Zerfall des mittelalterlichen Ordogedankens auf eine sich in der Neuzeit vertiefende Erfahrung der Ungewissheit und Kontingenz hinweisen (Makropoulos, 1997). Die Vervielfältigung der Möglichkeiten ohne Rückbindung an einen Gegenhalt, welche die möglichen Möglichkeiten zu ordnen erlauben würde, bildet den Ausgangspunkt für eine »entfesselte Dynamik« der Selbst- und Weltgestaltungen des Menschen (Ruhloff, 1993, S. 170). Von dieser künden die Überhöhungen von Autonomie in der Rede über Bildung und die Aufforderung, eine permanente Arbeit und Gestaltung des Selbst aufzunehmen (Meyer-Drawe, 1998a, 1998b).

Auf dieser Grundlage werden die engen pädagogischen Verflechtungen von Subjektivierung und Optimierung offenbar. Pädagogik gründet sich gewissermaßen in einer Uridee von Subjektivierung als Optimierung. Pädagogik richtet sich auf eine Optimierung, wobei das, was als Verbesserung oder Weg der Verbesserung zu sehen ist, nicht von Anfang an feststeht. Verbesserungen sind demgegenüber gebunden an die prinzipielle Unbestimmtheit des Menschen und die Auffassung, sich erst durch Praxis eine solche Bestimmung geben zu können (Benner, 1987). Es sind danach die Möglichkeiten des je besonderen Individuums, an dem sich pädagogische Prozesse ausrichten sollen. Die je besonderen Auseinandersetzungen des Individuums mit der es umgebenden Welt rücken in den Vordergrund ebenso wie die Gestaltung einer je besonderen Beziehung zum pädagogischen Adressaten bzw. zur pädagogischen Adressatin.

Die Verschränkung von »Bildung« und »Optimierung« ist innerhalb des pädagogischen Diskurses schon vielfältig thematisiert worden. Norbert Ricken (2006) hat den Optimierungszug der Bildung beispielsweise an dem in der Neuzeit sich ausbildenden Subjektivierungsszenario der Prüfung offen gelegt. Bildung sei nicht als Entdeckung oder gar Erfindung menschlicher Subjektivität und Selbstbezüglichkeit zu verstehen; vielmehr stelle sie einen überaus effektiven Machtmechanismus dar, der *Individualität* in spezifischer Weise hervorbringe und produziere (Ricken, 2006, S. 337). Nach Ricken impliziert »Bildung« also eine Machtkonstellation, bei der ein abgegrenztes, unterschiedenes und selbstbezügliches Individuum in die Verantwortlichkeit der ihm zukommenden Möglichkeiten gestellt wird.

Die daraus resultierenden Selbstführungen finden heute ihre Gestalt in einer eigentümlichen Gemengelage von Selbststeuerung und Selbstkontrolle (Ruhloff, 1997). Während diese einerseits Selbststeigerung und Autonomie in Aussicht stellen, so führen doch andererseits Logiken der Zurechnung und Responsibilisierung zu einer eigentümlichen Verpflichtung: Optimierung und Selbsttätigkeit erscheinen als unbedingt gefordert und alternativlos.

Eine über Leistungsvergleiche und Lernstandserhebungen operierende Bildungsforschung (Stichwort: PISA) verknüpft den Optimierungsimperativ mit Wettbewerb und Unternehmertum. Ein wesentliches Element der Optimierungsfigur ist, darauf hat Bröckling hingewiesen, dass sie relational operiert, da sich individuelle Optimierungsanstrengungen in Zusammenhängen vollziehen, in denen Erfolg nicht für alle gleich möglich ist (Bröckling, 2004, S. 275). Die an alle ergehende Aufforderung, beständig etwas für die eigene Bildung zu tun, an seinen Leistungen und seiner Leistungsfähigkeit zu arbeiten, verweist auf Unternehmertum und Wettbewerb – und doch ist der Erfolg nicht für alle möglich, was die Faktizität empirisch erhobener Lernstände und Kompetenzen bezeugt.

Die Idee der Optimierung bestimmt zunehmend das Bildungswesen; zugleich hat sie eine kulturelle Generalisierung erfahren. Die Optimierung des Selbst ist zu einem Imperativ geworden, von der kein Lebensbereich mehr ausgenommen ist. Sie richtet sich gleichermaßen auf die körperliche, geistige und soziale Konstitution des Menschen. An der Ausweitung haben die modernen Technologien einen wichtigen Anteil – von der Fitnessuhr bis zum sozialen Netzwerk. Mit der Generalisierung und Ausweitung von Optimierung geht eine (weitere) Erosion vormals verlässlicher Unterscheidungen einher, wie sich beispielhaft an der steigenden Verwendung leistungssteigernder Medikamente belegen lässt. Die bioethische Diskussion um Hirndoping und Enhancement entzündet sich gerade an der Unmöglichkeit, ein legitimierbares Maß von Enhancement festzustellen (Schäfer, 2015). Demgegenüber verändert diese Diskussion, in welcher Weise über die menschliche Existenz gesprochen werden kann.

Insgesamt lässt sich festhalten, dass die neuzeitlich begründete Figur der Unbestimmtheit des Menschen eine Konstitution der Pädagogik entlang von Prozessen der Optimierung und Verbesserung mit sich gebracht hat, ohne dass die für diese Prozesse leitenden Kategorien leichthin bestimmbar wären. Nicht zuletzt im Horizont neuerer Technologien, welche selbstverständlich auch die für die Bildungsforschung wichtige Speicherung, Handhabung und Verarbeitung großer Datenmengen einschließen, hat sich eine Radikalisierung und Entgrenzung von Optimierung vollzogen.[2]

Während das Verhältnis von Bildung und Optimierung in der Erziehungswissenschaft schon häufiger bedacht worden ist, sind die Auswirkungen auf »Erziehung« und »Elternschaft« bislang nur wenig diskutiert. Im folgenden Abschnitt wird der Blick auf das pädagogische Verhältnis im Kontext von »Bildung als Optimierung« verdichtet und auf eine Analyse gegenwärtiger Elternratgeber hin justiert. Dass gegenwärtig eine Ausweitung von Ratgeberschriften festzustellen ist, belegt, dass und wie menschliches Handeln in den Sog der Bearbeitung und Optimierung gerät. Zugleich lässt sich an der generellen Ausweitung von Ratgebern eine starke kulturelle Präsenz des Optimierungsdenkens aufzeigen, die nicht zuletzt über pädagogische Begriffe und Konzepte verläuft.

3. »Was hat die ältere Generation für die jüngere zu leisten?«

Schleiermacher hatte in seinen Pädagogik-Vorlesungen von 1826 eine Theorie gefordert, die sich ausgehend vom Verhältnis der älteren zur jüngeren Generation die Frage stellt: »Was will denn eigentlich die ältere Generation mit der jüngeren?« (Schleiermacher, 2000, S. 9). Mit dieser Frage hat er die Erziehung in der Problemstellung generationaler Differenz grundgelegt und die Suche nach Orientierungsmöglichkeiten angesichts dieser Differenz zum Gegenstand pädagogischer Reflexion erhoben. Aus dieser Reflexion resultieren nach Schleiermacher Aufgabe und Projekt einer Erziehung als Kunstlehre, die sich an der Bildsamkeit der pädagogischen Adressaten bzw. Adressatinnen ausrichtet.

Ohne Schleiermachers Ansatz hier genauer ausführen zu wollen, lässt sich die Referenz auf ihn nutzen, um die Verschiebungen zu verdeutlichen, die sich in der zweiten Hälfte des 20. Jahrhunderts, insbesondere nach den Bildungsreformen der 1960er bis 1970er Jahre und den damit einsetzenden marktlogischen Umschriften im Bildungs- und Erziehungswesen vollzogen haben. Diese lassen sich mit der veränderten Frage überschreiben: Was hat die ältere Generation für die jüngere zu leisten? Die Verflechtung von Bildung und Optimierung hat zu Verschiebungen geführt, was heute unter pädagogischem Handeln und Elternschaft zu verstehen ist: Das pädagogische Handeln wird darin selbst Teil der in Bildung gefassten Optimierungsdynamik. Wenngleich es im Rahmen eines solchen Beitrags nicht möglich ist, diese Verschiebungen seit den 1970er Jahren und verstärkt in den letzten zehn bis 15 Jahren in ihrer gesellschaftlichen Breite und Tragweite zu vermessen und zu diskutieren, so lassen sich ausgehend vom Diskurs über Schulwahl die allgemeinen Linien hinsichtlich des Aufgabencharakters und der Verantwortlichkeit pädagogischen bzw. elterlichen Handelns skizzieren.[3]

Der elterlichen Schulwahl zum Eintritt in die Grundschule, und das heißt zu Beginn der schulischen Laufbahn, kommt eine wachsende Bedeutung zu. Nicht zuletzt durch marktähnliche Strukturen in Form von Angebot und Nachfrage spezifischer Schul- und Bildungsprogramme rücken Eltern in eine Position singulärer und unvertretbarer Verantwortlichkeit ein, »die richtige Schule« für ihr Kind oder zumindest »eine gute Schule« zu finden, wie es vor 15 Jahren noch kaum denkbar war (Forsey, Davies & Walford, 2008). Jens Oliver Krüger (2013) hat an einer Analyse des Schulwahldiskurses gezeigt, dass die Unsicherheit über die richtige Entscheidung bzw. über den richtigen Weg regelrecht zum Proprium des Sprechens über Schulwahl gehört – bezogen auf den Bildungsweg der Kinder gibt es keine Beruhigung. Eltern sind und bleiben dazu aufgefordert, sich wiederholt mit ihren Entscheidungen in Verbindung zu bringen und diese am Verlauf der schulischen Entwicklung ihrer Kinder zu bedenken.

Was sich exemplarisch am Diskurs der Schulwahl zeigt, verweist auf eine breitere und allgemeine gesellschaftspolitische Aufmerksamkeit bezüglich Elternschaft. Dazu gehört, dass Eltern (vor allem mit Bezug auf Schule) stärker beanspruchen, von der Politik gehört zu werden. Veröffentlichungen aus der sogenannten »Bildungsstudie« der Versandfirma Jako-o[4] aus dem Jahr 2014 belegen dies ebenso wie der umfängliche zeitliche und ökonomische Einsatz, den Eltern heute für die schulische Bildung ihrer Kinder aufbringen.

Ramaekers und Suissa (2012) haben die Struktur elterlicher Verantwortung mit Bildung als Optimierung in Verbindung gebracht:

> »Pedagogically responsible parents, on this view, are parents who in the first place are concerned about their child's proper development, and who are willing to do whatever is necessary, including learning whatever is needed in this area, to ensure the optimal developmental process of theirs child's capabilities, talents, needs, etc.« (ebd., S. 33).

Elterliche Verantwortung konturiert sich nach Ramaekers und Suissa entlang entwicklungspsychologischer Vorstellungen: Förderungs- und Unterstützungsleistungen müssen erbracht werden, um eine »optimale Entwicklung« hinsichtlich Verlauf und Ergebnis zu ermöglichen.

Ein verändertes Verständnis der pädagogischen Aufgabe und Verantwortung von Eltern verschiebt auch die Vorstellungen, was von Eltern mit Blick auf die Ermöglichung der Bildung ihrer Kinder erwartet werden kann. Im Sammelband von Andresen und Richter (2012) wird die Politisierung von Elternschaft vor dem Hintergrund von Grenzziehungen zwischen privater und öffentlicher Verantwortung für schulische Bildung diskutiert. Für diese Diskussion bildet die Rolle des Wohlfahrtstaats einen wichtigen Referenzpunkt. Auch an den jüngsten Diskurs um »children at risk« heften sich Forderungen und politische Vorstellungen um Elternschaft (Smeyers, 2010).

Im Folgenden soll das Verhältnis von elterlicher Verantwortung und optimiert-optimierender Bildung an Ratgebern verfolgt werden, die Eltern bezogen auf das Thema des Schulerfolgs adressieren. Ratgeber sind ein interessantes Genre, da sie gesellschaftliche Problemlagen und Anforderungen thematisieren, für die eine Unterstützungs- und Beratungsbedürftigkeit angenommen wird. Sie ermöglichen, Normen der Anerkennung pädagogischen Handelns herauszuarbeiten: In welche Positionen werden Eltern in solchen Ratgebern hineingerufen? Was gilt als erwünschtes pädagogisches Handeln? Indem Ratgeber sich vor dem Hintergrund gesellschaftlicher Kritik- und Krisenszenarien autorisieren, können sie als gegenwartsanalytischer Anhaltspunkt für eine pädagogische Subjektivierungsforschung dienen.

Im Horizont von Optimierung sind Ratgeber auch deswegen von besonderem Interesse, weil ihre Existenz wesentlich auf der Auffassung beruht, dass die Dinge nicht so bleiben dürfen, wie sie sind. Ratgeber belegen nicht zuletzt, dass Rat notwendig ist, dass Probleme zu lösen sind – in der doppelten Bedeutung eines zu fordernden Gerundivums und eines zukünftigen Versprechens. Aus der Perspektive des Subjekts bergen Ratgeber ein »Optionalisierungsdispositiv« (Traue, 2010)[5], da mit ihm

Handeln in einen Möglichkeitsraum eingestellt wird. Der Fokus liegt demnach auf den symbolischen und imaginären Konstruktionen des Optimum – und nicht darauf, in welcher Weise die Ratgeber für die Adressaten und Adressatinnen unmittelbar bindend werden: Es wird nicht untersucht, »ob Programme wirken, sondern welche Wirklichkeit sie schaffen. Statt Ursachenanalyse oder Wirkungsforschung zu betreiben, konzentriert sie [gem.: die Genealogie der Subjektivierung] sich darauf, Funktionsweise wie Ratio von Subjektivierungsregimen zu beschreiben« (Bröckling, 2007, S. 36).

In Ratgebern zum Schulerfolg wird verhandelt, wie weit elterliche Verantwortung reicht, wie sich pädagogisches Handeln behaupten kann – auch angesichts der Grenzen einer Einflussnahme von Eltern. Zunächst einmal ist die Existenz von Ratgebern zu Schulerfolg interessant; denn damit wird ein Adressierungsszenario für Eltern konstituiert, in der sich diese gerade in ihrer auch *begrenzten Stellung* positionieren müssen, den Schulerfolg ihrer Kinder zu verwirklichen. Dass einer der erhältlichen Ratgeber mit *Die Gesetze des Schulerfolgs. Das Fortbildungsbuch für Eltern* betitelt ist (Timm, 2009), verweist auf die Überlagerung verschiedener Motive und Adressierungen: auf den Wunsch und das Bedürfnis nach »Fortbildung«, auf einen Versachlichungs- und Professionalisierungsanspruch elterlichen Handelns sowie auf eine generelle Positionsnahme von Eltern bezüglich Bildung. Ein »Fortbildungsbuch« hätte, anders gesagt, kaum einen Sinn, wenn die spezifische Rolle von Eltern nur darin gesehen würde, ihre Kinder morgens ausgeschlafen mit allen Arbeitsmaterialien in die Schule zu schicken.

Im Folgenden sollen Konstellationen der Optimierung aus drei Ratgebern exemplarisch zur Darstellung kommen. Untersucht wird, wie pädagogisches Handeln mit Blick auf eine optimiert-optimierende Bildung autorisiert und figuriert wird. Ziel ist dabei nicht, das pädagogische Wissen von Ratgebern im Verhältnis zu erziehungswissenschaftlichem Wissen zu diskutieren bzw. zu kritisieren (vgl. z.B. Hopfner, 2001; Schmid, 2010). Nicht Referenzialität und Übersetzung interessieren, sondern wie das Beratungswissen pädagogische Valenzen schafft (Krüger, 2013; vgl. Jergus, Schumann & Thompson, 2012).

Die folgende Darstellung orientiert sich an einer diskursanalytischen Vorgehensweise der Rekonstruktion der subjektivierenden Anrufungen in den sprachlichen Artikulationen zur Verantwortung und Autorität elterlichen Handelns, die textübergreifend identifiziert werden. Mit der Bezugnahme auf drei Ratgeber verbleiben Sichtung und Analyse im Exemplarischen – eine empirisch gesättigte Analyse eines größeren Datenkorpus hätte den Rahmen des vorliegenden Beitrags gesprengt.[6] Auch die exemplarische Analyse vermag indes die Verschiebungen der Verantwortungszuschreibungen von Eltern zu verdeutlichen.

Da eine optimiert-optimierende Bildung neuerdings stark über Bezüge aus der Neurowissenschaft eingeholt wird und da sich mit dieser gewissermaßen ein pädagogischer Neubegründungs- und Optimierungsanspruch artikuliert, wird die Thematisierung pädagogischen Handelns unter besonderer Berücksichtigung der Neurowissenschaft untersucht: Wie verändern sich pädagogische Verantwortung und Aufgabenzuschreibungen unter der neurowissenschaftlichen Formulierung optimiert-optimierender Bildungs- und Lernprozesse?[7]

4. Konstellationen des Optimums

Anhand der jüngeren erziehungswissenschaftlichen Literatur zu Elternschaft wie auch zur gesellschaftspolitischen Frage, was Eltern und Familie im Verhältnis zum öffentlichen Bildungswesen zu leisten haben, hat die These Gestalt angenommen, dass das pädagogische Handeln der Eltern zunehmend als eine Leistung für die Bildung der Kinder gefasst wird. An drei Ratgebern zum Thema Schulerfolg sollen in Ansätzen erstens die Verhältnisbestimmung von Eltern und Schule, zweitens das pädagogische Handeln im Horizont neurowissenschaftlich artikulierten Lernens sowie drittens die Veränderungsbedürftigkeit elterlichen

Handelns verfolgt werden. Bei den untersuchten Ratgebern handelt es sich um die Bücher *Die Gesetze des Schulerfolgs* von Timm (2009), *Wie Kinder heute lernen* von Korte (2011) sowie um *Gute Noten* von Kläsener und Korte (2004).

Mit Blick auf das Verhältnis von Schule und Elternschaft lässt sich feststellen, dass elterliches Handeln und elterliche Verantwortung in den Ratgebern in eine *erweiterte pädagogische Handlungslogik* überführt werden: In allen Ratgebern zeigt sich, dass die Position elterlichen Handelns nicht mehr aus der dyadischen Beziehung von Eltern und ihren Kindern erschlossen werden kann. Das pädagogische Handeln der Eltern vollzieht sich demgegenüber *vor und angesichts der Schule*: Eltern sollen, wie zu sehen sein wird, eine Vermittlungsposition einnehmen. Timm (2009) ermutigt Eltern, pädagogische Partnerschaften mit Lehrpersonen zu bilden unter Verweis darauf, dass sie allein den Schulerfolg ihrer Kinder nicht zu sichern vermögen. Bei Kläsener und Korte (2004) reartikuliert sich die pädagogische Handlungsstruktur dadurch, dass in den verantwortlich und optimal gestalteten Erziehungsraum der Familie unvermittelt die Schule hereinbricht:

> »Dann naht irgendwann der Tag X. Das umsorgte Kind kommt in die Schule. Lehrer übernehmen fortan die Wissensvermittlung. Doch mit der Einschulung können Eltern keineswegs der neuen Institution Erziehungs- und Bildungsaufgaben übertragen. Im Gegenteil. Sie müssen auch jetzt weiterhin helfen, unterstützen und ausgleichen. […] Wer heute ein oder mehrere Schulkinder hat, ist verunsichert und besorgt. Mehr als acht Millionen Eltern mit schulpflichtigen Kindern verfolgen die Diskussionen um PISA, veraltete Lernmethoden, gestresste Lehrer, die sechsjährige Grundschule, das achtjährige Gymnasium […], Einschulung mit vier Jahren und Elite-Universitäten. Was ist das Beste für mein Kind?« (Kläsener & Korte, 2004, S. 13).

Das Autorenpaar beschreibt den Schuleintritt als einen elterlichen Verlust pädagogischer Gestaltung und Sicherung. Es verknüpft dies mit einer umfänglichen Kritik am deutschen Schulsystem, allem voran mit den öffentlichen Diskussionen um die PISA-Studien. Die elterliche Verantwortung rekonstituiert sich angesichts einer Delegitimation von Schule, die durch zahlreiche Krisenphänomene gekennzeichnet ist. Sich um den Schulerfolg der Kinder zu kümmern, schließt ein, die problematischen Bedingungen von Schule zu kompensieren. In *Wie Kinder heute lernen* (Korte, 2011) fällt die Rekonfiguration der pädagogischen Handlungslogik ähnlich aus:

> »Noch nie hat sich eine Elterngeneration derart intensiv um die (Schul-)Bildung ihrer Sprösslinge gekümmert – das gilt jedenfalls für etwa 80 Prozent der Eltern in Deutschland. Von den verbleibenden 20 Prozent kommen viele aus dem verarmten Rand unserer Gesellschaft, der sich Bildung für seine Kinder nicht leisten kann. Dabei gilt unabhängig von der sozialen Herkunft: Ein fehlender Schulabschluss macht die Eingliederung in ein erfülltes und erfolgreiches Arbeitsleben unmöglich« (ebd., S. 16).

In dieser Textstelle wird das elterliche Handeln, das sich durch eine besondere Sorge mit Blick auf die schulische Bildung auszeichnet, als Mehrheitsphänomen behauptet. Nur ein sogenannter »Rand« der Gesellschaft sei nicht in der Lage, diese Leistung für die eigenen Kinder zu erbringen. Mit der Semantik des »Rands« werden gleichermaßen wirtschaftliche Nöte wie soziale Marginalisierung indiziert. Auf diese Weise wird der Einsatz der Eltern für den Schulerfolg ihrer Kinder selbst als Zeichen eines sozialen Erfolgs gesehen. Mit dieser argumentativen Konstruktion soll den genannten Eltern Bewusstsein und Weitblick und damit ein großes Realitätsbewusstsein für die Möglichkeit sozialen Erfolgs attestiert werden. Sich mit dem hier aufgerufenen Verständnis elterlicher Verantwortung für den Schulerfolg der Kinder verantwortlich zu fühlen bzw. zu identifizieren, soll bedeuten, sich auf die Seite der Gewinner in dieser Gesellschaft zu stellen. Mit der erweiterten Handlungslogik des Pädagogischen werden Eltern als Diplomaten und Diplomatinnen, Partner und Partnerinnen sowie zu Nothelfern und Nothelferinnen in einer von Krisen geprägten Schullandschaft adressiert. Die Aufwertung und Autorisierung von Elternschaft verläuft korrelativ zur Delegitimierung der (deutschen) Schule.

Alle drei Ratgeber nehmen Bezug auf die Neurowissenschaft. Entgegen der Vermutung, dass das Wissen der Hirnforschung zu einer deterministischen Vorstellung von Leistungsfähigkeit und Schulerfolg führt, impliziert das neurowissenschaftliche Wissen über das Lernen verschiedene Pädagogisierungen und unterstreicht also die Bedeutsamkeit pädagogischen Handelns. Mit der Äußerung, dass Wissen, nicht Intelligenz der Schlüssel zum Können sei, werden die Erkenntnisse der Lern- und Hirnforschung bei Timm (2009, S. 78) zur Forderung verdichtet, das Kind beim Aufbau eines *Wissensnetzes* zu unterstützen. Es wird also auf die Vernetzungsaktivität des Gehirns Bezug genommen, um daraus eine bestimmte Pädagogizität im elterlichen Umgang mit Wissen und Wissensvermittlung zu schlussfolgern. Eine unbedachte Frühförderung wird demgegenüber als problematisch bezeichnet, weil »das kindliche Gehirn noch gar nicht reif« dafür sei (ebd., S. 79).

Die Bezugnahme auf das sich entwickelnde Gehirn wird auch in den anderen Ratgebern dazu genutzt, für das pädagogische Handeln der Eltern ein Entsprechungsverhältnis zu fordern: »Kinder lernen nicht zu jeder Zeit alles gleich leicht«, heißt es bei Kläsener und Korte (2004, S. 38). »Sensible Phasen« würden erfordern, dass die Eltern eine Aufmerksamkeit dafür ausbilden, welcher neuronale Entwicklungsstand derzeit bei den Kindern vorhanden sei; denn: »Ist der Synapsenüberschuss erst einmal abgebaut, so sind die sensiblen Phasen für bestimmte Fähigkeiten beendet, und das Gehirn muss, von wenigen Ausnahmen abgesehen, mit seinen vorhandenen Schaltkreisen ein Leben lang auskommen. Das Lernfenster ist geschlossen« (ebd., S. 38). Interessanterweise bedingt die Faktizität sensibler Phasen eine hohe Verantwortungszuschreibung an die Adresse der Eltern, da ihr Handeln die neuronale Grundlage des Gehirns mitbestimme.

Eine weitere Pädagogisierung auf neuronaler Grundlage besteht in der Bezugnahme auf den Gehirnbotenstoff Dopamin, der als Ursache für die Positivität von Lernerfahrungen herangezogen wird:

> »Entscheidend für die Aktivierung des Kapiertriebs ist nicht zuletzt folgender Faktor: Aufgaben werden entsprechend danach bewertet, ob man sie glaubt lösen zu können oder nicht. Eine zu einfache Aufgabe wirkt sich dabei im Gehirn genauso aus wie eine zu schwierige: Unser Gehirn unterscheidet dann nicht mehr zwischen wichtigen und unwichtigen Reizen. Die Aufmerksamkeit bricht zusammen« (Korte, 2011, S. 42).

Auch in dieser Textstelle wird aus der Gehirnphysiologie eine pädagogische Dimensionierung abgeleitet – hier in der Form eines Schwierigkeitsgrads von schulischen Aufgaben.

Die Pädagogisierungen durch neurowissenschaftliches Wissen haben eine interessante Konsequenz, die mit der Technologisierung des Ich durch die Neurowissenschaft zu tun hat. »Technologisierung« beschreibt eine Recodierung des pädagogischen Prozesses, nach dem nun das Gehirn die substanzielle Grundlage des Lernens darstelle. Es verschiebt sich also die pädagogische Phänomenbeschreibung, die nun durch neurophysiologische Prozesse abgebildet wird. Wenn nun die pädagogische Realität des Lernens nicht mehr durch eine Haltung des Ich bestimmt ist, sondern durch die Aktivierung des Gehirnbotenstoffs Dopamin, dann wird der Sinn elterlicher Einwirkung auf das Kind modifiziert. Letztlich wird das »Abschalten« des Kindes ein Stück aus dessen Einflussbereich gerückt.

Die Eltern sind mit einer Natur konfrontiert, der sie zu entsprechen haben und die also kaum verhandelbar ist. Die Technologisierung des Lernens führt mithin dazu, dass aufseiten des Kindes ein kausallogischer Prozess abläuft, der aufseiten der Eltern pädagogisch zu moderieren ist. Es liegt in der Verantwortung der Eltern (und der Schule), den Schwierigkeitsgrad von Aufgaben richtig zu bestimmen. Die Eltern rücken in eine Vermittlungsstelle bezogen auf die optimiert-optimierende Bildung ein: Sie stellen einen Lernstoff bzw. eine Lernumgebung zur Verfügung, dessen bzw. deren Bedeutung für das lernende Kind selbst kaum einholbar ist.

Bis hierhin hat sich gezeigt, dass die Anforderungen und Verantwortungszuschreibungen an Eltern gestiegen sind. Überraschend ist dann auch nicht, dass Eltern dazu aufgefordert werden, ihr Wissen und ihre Fähigkeiten zu *erweitern*. Dazu gehört zum Beispiel die Aufforderung an die Eltern, sich als lern- und beratungsbedürftig zu verstehen. Timm (2009, S. 165) fordert unter Rekurs auf Hurrelmann: »Wir brauchen ein verpflichtendes Elterntraining für alle Eltern!« Die auf diese Weise formulierte Bildungsforderung an Eltern ist auch darauf ausgerichtet, eine »Durchmischung von öffentlichen und privaten Impulsen« in der Schule zu erhalten (ebd.). Mit dem Elterntraining geht es neben der Weiterentwicklung des direkten Umgangs mit den Kindern darum, das pädagogische Handeln stärker in einen öffentlichen Raum einzubinden. Während Kläsener und Korte bei der Forderung eines »richtigen« Dialogs zwischen Eltern und Lehrern verbleiben (2004, S. 215), versteht Timm das Verhältnis von Eltern und Schule im Sinne einer wechselseitigen Legitimationskontrolle, für das aber ein Elterntraining Voraussetzung ist.

Dass in allen Ratgebern Eltern in die Position versetzt werden, zu Hause die Lernräume, Lernzeiten und Rahmungen des Lernens ihrer Kinder zu gestalten, ja dass sie angehalten werden, eine reibungslose Abstimmung mit der Schule herzustellen, bringt den Eindruck mit sich, dass es darauf ankommt, auch im familiären Binnenraum eine schulische Realität zu erzeugen: Im Kapitel »So werden Eltern und Kinder gemeinsam zu Lernexperten« finden sich bei Kläsener und Korte neun Unterkapitel, die sich umfassend mit Lernstrategien, der Gestaltung von Arbeitsplätzen, Nachhilfe etc. befassen. Dass im Folgekapitel sogar »gezielte Lernhilfen für verschiedene Fächer« (Kläsener & Korte, 2004, S. 275ff.) vermittelt werden sollen, erhärtet den Eindruck, dass die elterliche Lernbegleitung zunehmend einen eigenen pädagogischen Vermittlungsanspruch aufnimmt. Der Blick in die Ratgeber lässt sich mit dem Ausspruch zusammenfassen: Eltern sollen *Schule machen*.

5. Aktivierung von Elternschaft und Unternehmertum

Der exemplarische Blick auf die Ratgeber hat einen umfassenden Optimierungsauftrag an die Adresse der Eltern offengelegt. Dieser ist zu sehen im Verhältnis zu einer veränderten (und zum Teil delegitimierten) Stellung von Schule, aber auch im Kontext der Einschreibung neurowissenschaftlichen Wissens, welches das pädagogische Handeln am Kind auf den Boden der Tatsachen – das Gehirn – stoßen lässt. Damit ist jedoch weder Determinismus noch Fatalismus impliziert, sondern eine umgreifende pädagogische Verantwortungszuschreibung. Schließlich bezieht sich der Optimierungsauftrag auf die Eltern selbst.

Mit der Analyse zeichnen sich die Konturen von Elternschaft als Unternehmen und Projekt ab. Eltern werden zu Unternehmern bzw. Unternehmerinnen der Bildung ihrer Kinder – zum einen außerhalb des Verhältnisses zu den Kindern, nämlich mit Bezug auf die gegenwärtige (krisenhafte) Verfasstheit der Schule, und zum anderen innerhalb des Verhältnisses zu den Kindern, nämlich mit Bezug auf das sich entwickelnde Gehirn. Es sind damit die Eltern, die letztlich die Grundlage für eine optimiert-optimierende Bildung der Kinder zu schaffen haben. In der Diskursivierung elterlicher Verantwortung werden die Eltern, anders gesagt, zu Unternehmern und Unternehmerinnen des Schulerfolgs ihrer Kinder. Das elterliche Handeln wird sozusagen selbst zu einem *Zeichen* dafür, ob ihren Kindern ein »erfolgreiches Arbeitsleben« bevorsteht.

Das moderne Bildungs- und Leistungsdispositiv, das im zweiten Abschnitt entwickelt worden ist, weitet sich dahingehend aus, dass es auch den familiären Binnenraum und die familiären Beziehungen an eine schulische Realität annähert. In dieser geht es um eine Optimierung des Lernens. Letztere generiert sich aus einer Passung zwischen optimal gestalteter

Lernumgebung und neuronal bedingtem Lern- bzw. Entwicklungsstand. Diese Passung wird zu einer originären *Leistung* des pädagogischen Handelns.

Die Ermöglichung einer optimiert-optimierenden Bildung, die als originäre Leistung der Eltern codiert wird, enthält letztlich die paradoxe Logik eines permanenten Realisierungsversprechens, das gerade auch entzogen und unsicher bleibt. Wie schon angeführt, ist Unternehmertum immer mit der Möglichkeit des Scheiterns konfrontiert: »Jeder könnte, aber nicht alle können«, schreibt Ulrich Bröckling (2004, S. 275), und das gilt im vorliegenden Fall sowohl für die Eltern als auch für die Kinder.

> »Es ist diese Kombination von allgemeiner Möglichkeit und ihrer selektiven Realisierung, welche die ökonomische Bestimmung unternehmerischen Handelns zum Fluchtpunkt individueller Optimierungsanstrengungen macht und zugleich jenen, die im täglichen *survival of the fittest* unterliegen, die alleinige Verantwortung für ihr Scheitern aufbürdet« (ebd.).

Unternehmerische Eltern, die sich in das Lernen ihrer Kinder investieren, haben keine Garantie für den Schulerfolg. Im Horizont einer doppelten Latenz – einerseits einer Ungewissheit, was in der Schule passiert, und andererseits, »was im Gehirn passiert« – fordert der Zuschnitt elterlicher Verantwortung ihr Handlungswissen heraus. Die neurophysiologische Recodierung des Lernens stellt die Eltern unter die Forderung, auf die Wirklichkeitsgründe zu schauen; denn wer kennt das Kind besser als die Eltern? In der Beziehung von Eltern und Kindern werden Schul- und Hirnrealität zu wichtigen Bezugspunkten.

Hinsichtlich der gegenwärtigen globalen Bildungsoptimierung hat Michael Wimmer im Anschluss an Nietzsche die Frage aufgeworfen, ob wir es mit einem »kulturellen Wahn« bzw. mit einer »Wahnbildungspolitik« zu tun hätten (Wimmer, 2007, S. 91). Durch die gesamtgesellschaftliche bzw. kulturelle Lagerung des Wahns ergibt sich erstens die Frage, auf welche Weise eine solche Entwicklung noch distanzierbar und kritisierbar ist. Wie kann sie erforscht werden? Zweitens hebt Wimmer hervor, wie auf der Grundlage des Bildungswahns alte Machbarkeitsfantasien reaktiviert werden, indem Individuen die Vorstellung von Selbstbehauptung in einem globalisierten Wettbewerb für sich übernehmen (ebd., S. 94).

Dass die Ausweitung der optimiert-optimierenden Bildung sich auf alle Lebensphasen erstreckt, wird nicht nur an einem Begriff wie dem »lebenslangen Lernen« ablesbar, sondern gerade auch an den Anforderungen und Verantwortungszuschreibungen, mit denen Eltern sich heute konfrontiert sehen. Sicherlich ist mit den Rekonstruktionen der Schulerfolg-Ratgeber nicht bestimmt, wie Eltern mit diesen Zuschreibungen umgehen. Behaupten lässt sich aber, dass Optimierungsansprüche an die Adresse der Eltern zu einer gesellschaftlichen Normalität geworden sind. Über sie artikuliert sich nicht zuletzt ein über Bildung geführter sozialer Distinktionskampf.

Eine weitergehende Analyse hätte zu eruieren, inwiefern kulturelle Ereignisse wie »ADHS«, »Helikopter-Eltern« oder »Hirndoping« nicht auch als *Reaktion* auf die permanente Optimierung und Mobilisierung von Bildung zu verstehen sind, die sich auf institutionelle Räume und Akteure der Bildung ausweitet. Möglicherweise könnten solche Analysen zu Krisen und Störungen, wie sie sich zum Beispiel über »ADHS« artikulieren, auch die Grenzen des Bildungswahns und seine innere Destruktivität aufzeigen, die in einer unentrinnbaren Spirale der Verantwortung besteht. Auch wenn sich an den Grenzen des Wahns nicht der wahre Grund von Bildung, Schule oder Familie auftut, so könnte mit der Infragestellung von Unternehmertum und Machbarkeit eine andere Realität Gestalt annehmen als die der Schule oder des Hirns.

Anmerkungen

1 Mit diesem Konzept wird ein im Folgenden zu erläuternder doppelter kategorialer Gesichtspunkt angezeigt. Zum einen ist »Bildung« Ergebnis eines spezifisch neuzeitlichen – auf Verbesserung angelegten –

Selbstverständnisses des Menschen. Zum anderen werden mit der Universalisierung von Bildung Anspruch und Forderung zu einer Arbeit an sich und Selbstüberschreitung begründet.

2 Dass wissenschaftliche Entwicklungen nicht zu einer Konsensbildung und Unterstützung von Handlungssicherheit geführt haben, sondern die Räume der Ungewissheit und Unbestimmtheit vertieft haben, lässt sich im Kontext schulischer Bildung sehr gut am Beispiel von ADHS verfolgen. Die Identifizierung von ADHS ebenso wie die Umgangsweisen schließen zunehmend die medikamentöse Behandlung ein, was ebenso die Vorstellung störungsfrei arbeitender Schüler und Schülerinnen zum Optimum erhebt wie den störungsfreien Unterricht. Seine ganze Brisanz entwickelt diese Optimierungsdynamik vor dem Hintergrund, dass bis heute eine einwandfreie Diagnostik von ADHS nicht möglich ist (vgl. zur schwierigen Situierung von ADHS: Becker, 2014).

3 Alternativ lässt sich die veränderte Bedeutung der Eltern im Kontext der frühkindlichen Bildung betrachten (vgl. Jergus, 2015).

4 Dass eine Versandfirma für Kinderbekleidung und Spielwaren im Jahr 2014 zum dritten Mal (seit 2010) eine Studie in Auftrag gibt, bei der ca. 3.000 Eltern zu ihren Einschätzungen zur Schule befragt werden, kann für sich schon als Indiz einer veränderten Positionierung von Eltern gesehen werden. Zu den Ergebnissen der Studie vgl. Killus und Tillmann (2014).

5 Den Hinweis auf Traue verdanke ich Jens Oliver Krüger.

6 Die gegenwartsanalytisch justierte Diskursanalyse, wie sie hier nur in Ansätzen konturiert ist, orientiert sich nicht an zurechenbaren Sprecherpositionen, die über Kontrastierungen und Typologien an der Maßgabe der Generalisierbarkeit orientiert werden. Vgl. die Überlegungen zu einer »poststrukturalistischen Diskursanalyse« im jüngst erschienenen Wörterbuch *DiskursNetz* (2014) sowie Wranas (2014) Überlegungen zum Verhältnis von Gegenständen und Methoden der Diskursanalyse.

7 Nicole Becker (2006) hat in ihrer Studie zur »neurowissenschaftlichen Herausforderung der Pädagogik« gezeigt, dass mit der Bezugnahme auf neurowissenschaftliches Wissen viele ›traditionelle pädagogische Sätze‹ begründet werden, zum Beispiel die Bedeutung von Erfahrungsorientierung. Es gibt demnach nicht so sehr ›neue Inhalte‹. Was sich aber verändert, ist die kategoriale Rahmung des Lernens: Es wird nun stärker das Gehirn als Akteur des Lernens gesehen.

Literatur

Andresen, S. & Richter, M. (Hrsg.). (2012). *The Politicization of Parenthood. Shifting private and public responsibilities in education and child rearing*. Dordrecht: Springer.

Becker, N. (2006). *Die neurowissenschaftliche Herausforderung der Pädagogik*. Bad Heilbrunn: Klinkhardt.

Becker, N. (2014). *»Schwierig oder krank?« ADHS zwischen Pädagogik und Psychiatrie*. Bad Heilbrunn: Klinkhardt.

Benner, D. (1987). *Allgemeine Pädagogik. Eine systematisch-problemgeschichtliche Einführung in die Grundstruktur pädagogischen Denkens und Handelns*. München: Juventa.

Bröckling, U. (2004). Unternehmer. In U. Bröckling, S. Krasmann & Th. Lemke (Hrsg.), *Glossar der Gegenwart* (S. 271–277). Frankfurt/M.: Suhrkamp.

Bröckling, U. (2007). *Das unternehmerische Selbst. Soziologie einer Subjektivierungsform*. Frankfurt/M.: Suhrkamp.

Butler, J. (2001). *Psyche der Macht. Das Subjekt der Unterwerfung*. Frankfurt/M.: Suhrkamp.

Forsey, M., Davies, S. & Walford, G. (Hrsg.). (2008). *The Globalisation of School Choice?* Oxford: Symposium.

Foucault, M. (2000). *Power*. New York: The New Press.

Hopfner, J. (2001). Wie populär ist pädagogisches Wissen? Zum Verhältnis von Ratgebern und Wissenschaft. *Neue Sammlung, 41*(1), 73–88.

Jergus, K. (2015, i.Vb.). Eltern – pädagogische Akteure oder pädagogische Partner? In K. Jergus & Ch. Thompson (Hrsg.), *Autorisierung des pädagogischen Subjekts*. Wiesbaden: Springer VS.

Jergus, K., Schumann, I. & Thompson, Ch. (2012). Autorität und Autorisierung. Analysen zur Performativität des Pädagogischen. In N. Ricken & N. Balzer (Hrsg.), *Judith Butler: Pädagogische Lektüren* (S. 207–224). Wiesbaden: VS.

Killus, D. & Tillmann, K.-J. (Hrsg.). (2014). *Eltern zwischen Erwartungen, Kritik und Engagement: ein Trendbericht zu Schule und Bildungspolitik in Deutschland*. Münster: Waxmann.

Kläsener, C. & Korte, M. (2004). *Gute Noten. Wie Eltern den Schulerfolg ihrer Kinder fördern können*. Berlin: Argon.

Korte, M. (2011). *Wie Kinder heute lernen: Was die Wissenschaft über das kindliche Gehirn weiß. Das Handbuch für den Schulerfolg*. München: Goldmann.

Krüger, J. O. (2013). Wir wollen nur das Beste … Das Thema ›Schulwahl‹ im Kontext pädagogischer Ratgeber. In R. Mayer, Ch. Thompson & M. Wimmer (Hrsg.), *Inszenierung und Optimierung des Selbst. Zur Analyse gegenwärtiger Selbsttechnologien* (S. 89–110). Wiesbaden: Springer VS.

Makropoulos, M. (1997). *Modernität und Kontingenz*. München: Fink.

Mayer, R. & Thompson, C. (2013). Inszenierung und Optimierung des Selbst. Eine Einleitung. In R. Mayer, Ch. Thompson & M. Wimmer (Hrsg.), *Inszenierung und Optimierung des Selbst. Zur Analyse gegenwärtiger Selbsttechnologien* (S. 7–28). Wiesbaden: Springer VS.

Mayer, R., Thompson, Ch. & Wimmer, M. (Hrsg.). (2013). *Inszenierung und Optimierung des Selbst. Zur Analyse gegenwärtiger Selbsttechnologien*. Wiesbaden: Springer VS.

Meyer-Drawe, K. (1998a). Streitfall Autonomie. Aktualität, Geschichte und Systematik einer modernen Selbstbeschreibung von Menschen. In W. Bauer, W. Lippitz, W. Marotzki, J. Ruhloff, A. Schäfer & Ch. Wulf (Hrsg.), *Fragen nach dem Menschen in der umstrittenen Moderne. Jahrbuch für Erziehungs- und Bildungsphilosophie 1* (S. 31–49). Baltmannsweiler: Schneider.

Meyer-Drawe, K. (1998b). Bildung als Selbstgestaltung. Grenzen und Möglichkeiten einer modernen Idee. In M. Faßler, M. Lohmann & E. Müller (Hrsg.), *Bildung – Welt – Verantwortung. Festschrift 50 Jahre ev. Studienwerk Villigst* (S. 123–143). Gießen: Focus.

Ramaekers, S. & Suissa, J. (2012). *The Claims of Parenting. Reasons, Responsibility and Society*. Dordrecht: Springer.

Reckwitz, A. (2008). Subjekt/Identität. In St. Moebius & A. Reckwitz (Hrsg.), *Poststrukturalistische Sozialwissenschaften* (S. 75–92). Frankfurt/M.: Suhrkamp.

Ricken, N. (2006). *Die Ordnung der Bildung. Beiträge zu einer Genealogie der Bildung*. Wiesbaden: VS.

Ruhloff, J. (1993). Vom Gottesknecht zum Selbstliebhaber. Ausblicke auf Individualität, Subjektivität, Autonomie in Interpretationen des Menschen zwischen Renaissance und Aufklärung. *Bildung und Erziehung, 46*(2), 167–182.

Ruhloff, J. (1997). Bildung heute. *Pädagogische Korrespondenz, 21*, 2–17.

Schäfer, A. (2015). *Schulische Leistungsdiskurse. Zwischen Gerechtigkeitsversprechen und pharmazeutischem Hirndoping*. Paderborn: Schöningh.

Schleiermacher, F. D. E. (2000). *Grundzüge der Erziehungskunst (Vorlesungen 1826). Texte zur Pädagogik. Band 2*. Frankfurt/M.: Suhrkamp.

Schmid, M. (2010). *Erziehungsratgeber und Erziehungswissenschaft. Zur Theorie-Praxis-Problematik populärpädagogischer Schriften*. Bad Heilbrunn: Klinkhardt.

Smeyers, P. (2010). Child Rearing in the »Risk Society«. On The Discourse of Rights and the »Best Interests of a Child«. *Educational Theory, 60*(3), 271–184.

Timm, A. (2009). *Die Gesetze des Schulerfolgs. Das Fortbildungsbuch für Eltern*. Seelze: Klett.

Traue, B. (2010). *Das Subjekt der Beratung. Zur Soziologie einer Psycho-Technik*. Bielefeld: transcript.

Wimmer, M. (2007). Bildung und Wahn. Konfigurationen von Wissen und Wahn in Bildungsprozessen. In K.-J. Pazzini, M. Schuller & M. Wimmer (Hrsg.), *Wahn – Wissen – Institution II. Probleme einer Grenzziehung* (S. 83–112). Bielefeld: transcript.

Wrana, D. (2014). Zur Relationierung von Theorien, Methoden und Gegenständen. In J. Angermuller, M. Nonhoff, E. Herschinger, F. Macgilchrist, M. Reisigl, J. Wedl, D. Wrana & A. Ziem (Hrsg.), *Diskursforschung. Ein interdisziplinäres Handbuch, Band 1* (S. 617–627). Bielefeld: transcript.

Wrana, D., Ziem, A., Reisigl, M., Nonhoff, M. & Angermuller, J. (Hrsg.). (2014). *DiskursNetz. Wörterbuch der interdisziplinären Diskursforschung*. Berlin: Suhrkamp.

Die Zeit (2015). Der größte Druck kommt von den Eltern. Interview mit Sönke Wortmann. *Die Zeit*, 14.01.2015 [cit. Die Zeit 14.01.15].

Die Autorin

Christiane Thompson, Prof. Dr., Studium in Wuppertal, Bochum und Carbondale (IL, USA); Promotion zur Bildungslehre Theodor Ballauffs (2002), Habilitation mit einer Arbeit über den Zusammenhang von »Bildung und Erfahrung« (2008), von 2009–2010 Professorin mit dem Schwerpunkt »Allgemeine Pädagogik und Bildungsforschung« an der Universität Fribourg, von 2010–2014 DFG-Heisenberg-Professorin mit dem Schwerpunkt »Bildungstheorie und kulturwissenschaftliche Bildungsforschung« an der Martin-Luther-Universität Halle-Wittenberg, seit 2014 Professorin für »Theorie und Geschichte der Erziehung und Bildung« an der Goethe-Universität Frankfurt am Main. Gastprofessuren in Wien und Leuven.

Kontakt

Prof. Dr. Christiane Thompson
Institut für Allgemeine Erziehungswissenschaft
Fachbereich Erziehungswissenschaften
Goethe-Universität Frankfurt
Theodor-W.-Adorno-Platz 6
Campus Westend
D-60323 Frankfurt am Main
E-Mail: c.thompson@em.uni-frankfurt.de

Optimierung zwischen Zwang und Zustimmung

Institutionelle Anforderungen und psychische Bewältigung im Berufsleben

Julia Schreiber, Niels Uhlendorf, Diana Lindner, Benigna Gerisch, Vera King & Hartmut Rosa

Zusammenfassung

Im Fokus des vorliegenden Beitrags steht die Frage, wie sich gegenwärtige Arbeitsmarktanforderungen in individuelle Muster der Lebensführung und Formen der psychosozialen Bewältigung übersetzen. Anhand von Befunden der Analyse von Interviews mit ExpertInnen der Unternehmens- und Bildungsberatung werden zunächst institutionelle Bedingungen und Anforderungen an individuelles berufsbezogenes Handeln dargestellt. Wie diese wiederum vor dem Hintergrund biografisch bedingter psychischer Dispositionen in der Lebenspraxis der Subjekte wirksam und bedeutsam werden, welche Folgen und Risiken damit verbunden sind, wird anschließend anhand der Darstellung zweier Fälle erläutert. Es wird aufgezeigt, in welcher Weise Optimierungsanforderungen nicht allein als leidvoll überfordernde Zwänge erlebt und verarbeitet, sondern als narzisstische Gratifikation erlebt und affirmativ in Eigenmotivation umgedeutet werden können.

Schlüsselwörter: Optimierung, Erwerbsanforderungen, institutionelle Diskurse, individuelle Bewältigungsmuster, biografische und psychische Dispositionen, Lebensführung

Abstract

Optimization between coercion and consent Institutional requirements and mental coping strategies in the working life

The main focus of this contribution is the question, in which ways individual patterns of lifestyle *(Lebensführung)* and psychosocial coping strategies are affected by the requirements of contemporary employment market. Firstly, on the basis of analyses of interviews with experts in the field of corporate and educational coaching, institutional preconditions and requirements for individual work-related action will be shown. Subsequently, it will be illustrated by the means of two cases, how these requirements gain significance against the background of biographically conditioned psychic dispositions in the subjects' practice of life, and which effects and risks are connected to that. It will be pointed out, how demands of optimization are not only experienced as hurtful, overburdening coercions, but can also be reinterpreted by individuals as an autonomous self-motivation in an affirmative and narcissistically gratifying way.

Keywords: optimization, employment demands, institutional discourses, individual patterns of coping, biographical and psychical dispositions, Lebensführung

---

1. Einleitung

»Wenn man da nicht mitmacht, dann fällt man irgendwann hinten rüber« – wer sich im Berufsleben nicht um stete Verbesserung der eigenen Fähigkeiten und rasche Umstellung auf schnell wechselnde Anforderungen bemüht, wird von Konkurrenten überholt werden und scheitern, so das nüchterne Resümee einer im Rahmen der APAS-Studie[1] interviewten Bildungsberaterin, die Berufstätige *coacht* hinsichtlich ihrer Weiterbildungsmöglichkeiten oder -notwendigkeiten. Denn, so der Hintergrund dieser Äußerung, die beruflichen Arbeitsanforderungen unterliegen in vielen Bereichen einem temporeichen Wandel, der durch die fortlaufenden und rasanten technischen Veränderungen von Produktion, Kommunikation und Mobilität bedingt ist. Sie gehen einher mit Verwerfungen und signifikanten Unwägbarkeiten auf dem Arbeitsmarkt und einer Destabilisierung von Berufsbiografien. Die Möglichkeiten, sich auf eine gesicherte, gut planbare oder vorhersehbare berufliche Position zu verlassen, haben in vielen Bereichen stark abgenommen: Erwerbstätige haben es innerhalb ihrer Bildungs- und Berufsbiografie mit zahlreichen und oftmals einschneidenden institutionellen Umstellungen des beruflichen Anforderungsprofils zu tun. Entsprechend bewegen sie sich vielfach in einem »System permanenter Bewährung« (Boes & Bultemeier, 2010). Das heißt, um berufliche und damit verbundene soziale Anerkennung muss, auch in privilegierteren Positionen, immer neu gerungen werden (Voswinkel, 2001; Rosa, 2012, S. 279ff.). Diese Veränderungen erzeugen mit einer gewissen Zwangsläufigkeit – teils explizit, teils implizit – den Erwartungsdruck einer flexiblen und »optimierten Lebensführung« (King et al., 2014)[2], um auf die unterschiedlichen Anforderungen reagieren zu können. In diesem Sinne konstatieren verschiedene soziologische Gegenwartstheorien übergreifend die zunehmenden Erfordernisse einer steten Flexibilisierung und Optimierung in verschiedensten Bereichen sozialer Praxis (vgl. Rosa, 2012; Sennett, 1998; Bröckling, 2007; Aubert, 2009). Verstärkt durch zahlreiche Umbrüche seit den 1990er Jahren, in denen sich im Zuge der Digitalisierung und Globalisierung die Produktions-, Wertschöpfungs- und Kommunikationsformen immer rascher verändert haben, wurde der nationale und internationale Wettbewerb kontinuierlich verschärft – mit Auswirkungen auf Unternehmen, Produktionsweisen, Arbeitsformen bis hin zu den Lebenswelten der Individuen, in denen Optimierungszwänge und -bestrebungen an Bedeutung gewonnen haben.

Daran schließen sich Fragen zu den Auswirkungen dieser Veränderungen in individuellen Biografien, ihrer Bearbeitung im Berufsleben und ihrer psychischen Verarbeitung an: Wie übersetzen sich Arbeitsmarktanforderungen in individuelle Muster der Lebensführung, in Formen der psychosozialen Bewältigung? In welchen Wechselwirkungen stehen institutionelle Bedingungen und individuelle Motive, berufliche Anforderungen und psychische Verarbeitungsweisen? Darum geht es in diesem Beitrag. Dabei soll auch erörtert werden, inwiefern biografische und psychische Dispositionen bestimmte Formen der Anpassung an arbeitsmarktspezifische Optimierungsimperative begünstigen (siehe auch King, 2013, S. 224f.; King et al., 2014).

Um Zugang zu *institutionellen Optimierungszwängen* und den Anforderungen an *berufsbezogenes individuelles Handeln* zu erlangen, werden zunächst die sozioökonomischen Rahmenbedingungen erläutert und anschließend ausgewählte Befunde aus der Analyse von ExpertInnen-Interviews skizziert, die im weiteren Sinne in den Bereichen des *Coaching* bzw. der Unternehmens- und Bildungsberatung tätig sind. Es folgen die Darstellungen zweier Fälle, anhand derer das *Zusammenwirken von beruflichen Anforderungen und biografischen psychischen Dispositionen* exemplarisch erläutert wird. Dabei wird aufgezeigt, in welcher Weise und mit welchen Folgen Optimierungsanforderungen nicht allein als leidvoll überfordernde Zwänge (wie im ersten Fall), sondern auch als begeistert bejahtes Eigenmotiv (wie im zweiten Fall) erlebt werden können.

2. Optimierung und Arbeit

Im Zuge der Globalisierung und Intensivierung des internationalen Wettbewerbs haben sich die Formen und Zielsetzungen wirtschaftlichen Handelns in den letzten beiden Jahrzehnten weiter dynamisiert (Bröckling & Peter, 2014). Steigerungen der Produktivität und Effizienz basierten unter anderem auf einer Ökonomisierung immer weiterer Lebensbereiche. Dies führt zu einer Entgrenzung von Arbeit und Privatleben – nicht allein durch Flexibilisierung von Arbeitszeiten und ausgeweitete Erreichbarkeiten, sondern auch durch die übergreifende, auch jenseits der Arbeitsvollzüge in vielfältiger Weise wirksame Sorge um die eigene Leistungsfähigkeit. Diese Ängste sind noch gewachsen, seit die Finanz- und Wirtschaftskrise in Verbindung mit dem Abbau sozialstaatlicher Absicherungen zu einer Verschärfung erwerbsbezogener Unsicherheiten geführt hat (vgl. Lessenich, 2008; Bude, 2014; Neckel, 2008). Um beruflich erfolgreich zu sein oder zu bleiben, um mithalten zu können, oder auch nur, um Scheitern abzuwenden, geraten die Menschen in unabschließbare Strudel sich vervielfältigender Optimierungszwänge und -angebote (vgl. Pongratz & Voß, 2003; Bröckling, 2007; Haubl et al., 2013). Diese beziehen sich etwa auf Leistung und Gesundheit, Aussehen und Fitness, Körper, Psyche und Geist, private und arbeitsbezogene Beziehungen, Erziehung, Bildung und berufliche Fähigkeiten. Auch die zunehmende Ökonomisierung und Instrumentalisierung von Emotionalität und von intimen sozialen Beziehungen wurde beschrieben (vgl. Illouz, 2007; Hochschild, 2006; Duttweiler, 2007). »Nichts soll dem Gebot der permanenten Selbstverbesserung im Zeichen des Marktes entgehen« (Bröckling, 2007, S. 283). Optimierung beschreibt dabei praktisch meist eine vorrangig quantitative und instrumentelle Steigerung der einzelnen Parameter der Lebensführung. Sie geht einher mit einer Rationalisierung und Beschleunigung sozialer Praxis und ist geprägt von der übergreifend wirksamen Dynamik des Wettbewerbs.

Mayer und Thompson (2013) haben in diesem Zusammenhang auf eine »spannungsreiche Doppelstruktur« (S. 7f.) von Optimierung hingewiesen, die einerseits »eine Position von Autonomie« anzubieten scheine oder prätendiere und »*zugleich* […] ein Unterworfensein unter wechselnde Ansprüche und Anforderungsprofile« (ebd., Hervorh. im Orig.) impliziere. Steigerung oder Verbesserung werden einerseits als Zwang erlebt, haben für die Individuen andererseits verlockende Seiten, insofern sie als Chance der Ermöglichung von Autonomie wahrgenommen werden. Gerade im Arbeitskontext erscheinen Zwänge häufig maskiert und verschleiert, indem sie diskursiv in Fiktionen von Selbstbestimmung umgedeutet werden. In dem Maße, wie ArbeitnehmerInnen etwa die Unternehmensziele unbesehen als Eigenansprüche verinnerlichen, verschmelzen gleichsam Selbst- und Fremdansprüche mit der Folge, dass Interessensdifferenzen und arbeitsbezogene Konflikte nicht mehr angemessen wahrgenommen werden können. So habe, wie Honneth (2002) hervorhob, gerade der »Individualismus der Selbstverwirklichung« die Funktion einer »Ideologie und Produktivkraft eines deregulierten Wirtschaftssystems« (ebd., S. 154). Auch auf der Ebene kultureller Diskurse hat sich die Vorstellung der Verbesserung und »Überschreitung des eigenen Selbst« (Aubert, 2009, S. 97) gegen Ende des 20. Jahrhunderts *von einem Ideal zur Norm* gewandelt: »Dem Menschen wird eingeschärft, immer weiter, immer schneller […] voranzuschreiten und ununterbrochen zu arbeiten, um der Beste zu sein« (ebd., S. 98). Zugleich wird der normative Druck häufig verdeckt durch die Verheißungen des Erfolgs und die Hoffnung, als Sieger aus dem Wettbewerb hervorzugehen.

Weitgehend offengeblieben ist die Frage, welche Vorstellungen und Hoffnungen, welche möglichen typisierbaren Varianten sozialen und psychischen Gewinns Individuen mit Optimierung differenziell verbinden. Vielfach wurde verallgemeinernd auf Überforderungspotenziale und mögliche Zusammenhänge zwischen ansteigendem Leistungsdruck und Erschöpfung hingewiesen. Allerdings sind die Motive der Anpassung genauer zu untersuchen – sowohl bei jenen, die explizit unter dem Druck der Anforderungen leiden, als auch bei jenen, die die Optimierungsmöglichkeiten begeistert begrüßen. In diesem Sinne geht es hier um eine Analyse von Mechanismen, über die sich Arbeitsmarktanforderungen in individuelle Muster der Lebensführung *übersetzen*, und damit um die Analyse der Zusammenhänge von sozialem und psychischem Wandel. Dazu werden im nächsten Schritt die Optimierungsdiskurse in Arbeitskontexten in ihren verschiedenen Facetten und Doppelbödigkeiten genauer betrachtet. Anhand der Analyse von Interviews mit ExpertInnen aus dem Bereich der Unternehmens- und Weiterbildungsberatung sind exemplarisch Anforderungen und Botschaften zu ermitteln, die an Individuen in Beratungssettings weitergegeben werden. Daran anschließend soll an zwei biografischen Fällen rekonstruiert werden, wie sich die Vermittlung zwischen erwerbszentrierten und von Unsicherheiten geprägten Anforderungen einerseits und biografischen Dispositionen andererseits vollziehen kann.[3]

3. Berufliche Anforderungen aus der Sicht von ExpertInnen

Im Rahmen der APAS-Studie wurden ExpertInnen aus dem Bereich der Unternehmens- und Weiterbildungsberatung wie aus dem Bildungsmanagement zu erwerbsspezifischen Anforderungen interviewt. Bei der Untersuchung von erwerbsspezifischen Optimierungsanforderungen sind diese Expertisen von besonderem Interesse. Zum einen zeugen bereits die beruflichen Profile der Befragten, ihre *Tätigkeitsfelder als solche*, von zunehmendem Optimierungsbedarf: So haben im Zuge der ökonomischen Veränderungen seit dem Ende des 20. Jahrhunderts die entsprechenden Angebote und Nachfragen nach unterschiedlichen Formen von Beratung oder Coaching in Bereichen der Unternehmens- und Personalentwicklung sowie in diversen Weiterbildungsbereichen erheblich zugenommen und teilweise neue Varianten von Beratungsberufen hervorgebracht. Zum anderen erläutern die entsprechenden ExpertInnen in den erhobenen Interviews die vielfältigen Optimierungszwänge auf organisationaler und individueller Ebene. Sie beschreiben die Prämissen der Unternehmen, sich mit ihren Angeboten und Produkten auf dem Markt, im Wettbewerb zu behaupten, indem sie sich schnell und flexibel an veränderte Konstellationen anpassen. Sie verweisen auf den damit verbundenen Druck, entsprechende Umstrukturierungen in Unternehmen vorzunehmen, etwa um Kosten zu sparen, effizienter zu sein, Angebote zu verbessern, Kunden zu halten oder zu gewinnen. Zugleich stellen die ExpertInnen die damit verbundenen Ansprüche an die Führungsebenen und die ArbeitnehmerInnen in unterschiedlichen Funktionen und Positionen dar. Und sie versuchen in ihren Überlegungen, ihren professionellen Funktionen entsprechend, die je nach Marktlage als maßgeblich erscheinenden Erfordernisse auch mit den nach ihrem Eindruck vorfindlichen Möglichkeiten, Potenzialen und Befähigungen der Akteure zu verbinden.

In den Einschätzungen und Beobachtungen der befragten ExpertInnen bildet sich insofern die eigentümliche Gemengelage von Optimierungszwängen und -diskursen einerseits und ihren Versuchen andererseits ab, die Organisationen und die Individuen auf diese Zwänge flexibel einzustellen, Erwerbstätige mit Nachdruck zu Engagement und Eigeninitiative zu motivieren. Diesen Annahmen folgend widmete sich die Untersuchung im ersten Schritt der Frage, wie diese ExpertInnen die gesellschaftlichen Rahmenbedingungen von Erwerbsarbeit im Allgemeinen sowie die organisationalen Zwänge der eigenen Arbeit deuten. Darüber hinaus war es Ziel der Analyse, aus den Schilderungen der Arbeit mit den KlientInnen implizit und explizit formulierte Anforderungen an die Erwerbstätigen im Hinblick auf die Verbesserungsmöglichkeiten ihrer eigenen beruflichen Situation abzuleiten. Im Vordergrund stand also nicht die Bewertung der Qualitäten von Beratungseinrichtungen. Ausgangspunkt war vielmehr die Frage, ob und wie sie Optimierungszwänge beschreiben. Im Folgenden werden – exemplarisch – Äußerungen vor allem zu den gesellschaftlichen Rahmenbedingungen und den Anforderungen der ExpertInnen zitiert.

Übergreifendes Ziel ist aus der Sicht der interviewten ExpertInnen stets die Verbesserung der Position der Akteure auf den jeweiligen Märkten – seien es nun Absatz - oder Arbeitsmärkte –, um die ständig neu gerungen werden muss. Es wird auf teils prägnante, teils diffuse Weise immer neu postuliert:

> »[…] das ist aus meiner Perspektive der Druck, den so diese Gesellschaft gerade ausmacht, also das heißt: irgendwie Arbeitsprozesse effizienter und effektiver zu gestalten, ein Stück natürlich Personaloptimierung zu betreiben, was letztendlich natürlich irgendwie darauf hinausläuft zu schauen: Passt es noch? […] eben auch um sozu-

sagen aus den Menschen noch mehr rauszuholen, dass sie noch effektiver arbeiten« (Unternehmensberaterin C).

Bezogen auf die erwerbstätigen Individuen, das zu optimierende Personal, erachten die ExpertInnen – mit Verweis auf die gesellschaftlichen Veränderungen, auf eine Verschärfung des Wettbewerbs – die Verbesserung einer Vielzahl von Fähigkeiten als notwendig, um sich beruflich günstig positionieren zu können. Die Befragten beziehen sich ebenfalls auf die bereits theoretisch aufgezeigten strukturell entstandenen Unsicherheiten, die sich vor allem darin äußern, dass Erwerbsverläufe nicht mehr dem klassischen Muster Schule, Ausbildung und berufliche Tätigkeit in nur einem Unternehmen folgen und damit berufliche Positionierung immer wieder errungen werden muss. Auch die unter anderem mit der Digitalisierung verbundene Beschleunigung und die Ausweitung des Einsatzes von Technologien im Alltag konfrontiere ArbeitnehmerInnen mit einer schnelleren Veralterung ihres Wissens, die sie zu einem lebenslangen Wissenserwerb zwinge. In diesem Zusammenhang weisen die befragten ExpertInnen in verschiedenen Bereichen der Weiterbildung darauf hin, dass ihre KlientInnen lernen müssten, rasch auf Veränderungen zu reagieren. Die Weiterbildungsangebote der ExpertInnen zielen entsprechend darauf ab, eine allgegenwärtige Optimierungsbereitschaft zu erzeugen. Zugleich gehen die BeraterInnen davon aus, dass die Sorge um die richtigen Kompetenzen dauerhaft in der Eigenverantwortung der Individuen liegen müsse. Dies entspricht der in soziologischen Arbeiten häufig betonten *Verschmelzung von Fremd- und Selbstansprüchen*, von Effizienzforderungen und Selbstverwirklichungsbestrebungen (vgl. Pongratz & Voß, 2003; Honneth, 2002), die einer Unterordnung unter Marktzwänge entspricht:

> »Ich muss mich auch selber drum kümmern, was für Möglichkeiten ich im Unternehmen habe, entsprechend dann fit zu bleiben. Ich muss mich drum kümmern, dass ich für das Unternehmen und auch für den Arbeitsmarkt insgesamt interessant bleibe. Mir wird das quasi keiner hinterher tragen. Ich muss das schon selber machen« (Bildungsmanagerin C).

So wird auch in den Äußerungen von ExpertInnen die von Mayer und Thompson (2013) sogenannte Doppelstruktur von Optimierungsdiskursen deutlich – sowohl Unterwerfung als auch Zustimmung einzufordern, und die damit häufig verbundene verschleiernde Verschmelzung von Autonomiewünschen und Anpassung. Autonomie wird hierbei reduziert auf die Fähigkeit zur lebenslangen Bildung und Weiterbildung, zur informativen Selbstbestimmung und zur ökonomischen Selbstvermarktung.

Dabei betonen die interviewten ExpertInnen vor dem Hintergrund der Individualisierung von Erwerbsverläufen einerseits die zunehmende Bedeutung des Berufs in Hinblick auf den Entwurf des Selbstkonzepts und die Befriedigung persönlicher Bedürfnisse. Andererseits weisen sie darauf hin, dass nach ihrer Erfahrung eine solche Befriedigung in vielen Berufen strukturell gar nicht möglich sei, und heben die oft beobachtbare Diskrepanz zwischen eingeforderter Selbstverwirklichung und der ernüchternden beruflichen Realität hervor: »Aber auf der einen Seite ja eben auch dieses Paradigma gilt, man soll auch noch ganz ganz glücklich sein bei der Arbeit und sich selbst verwirklichen. Und der Arbeitsalltag bringt das nicht so oft mit« (Bildungsberaterin B).

In diesem Zusammenhang bemerken die ExpertInnen überdies, dass die Selbstansprüche an das eigene berufliche Handeln häufig hohen, nicht einlösbaren Idealen folgen würden. Vor allem UnternehmensberaterInnen monieren, dass es gesamtgesellschaftlich an einer Fehlerkultur mangele und Scheitern insgesamt nicht geduldet werde. Mit der Haltung, dass alles immer sofort gelingen müsse und keine Zeit für Suchbewegungen bleibe, werde zusätzlicher Druck aufgebaut. Dieser wirke sich nicht nur auf die alltägliche Arbeit aus, sondern auch auf den Umgang mit beruflichen Entscheidungen, die sich nicht mehr als falsch erweisen dürfen, aber auch flexibel revidierbar sein müssen.

Gleichzeitig betonen die Befragten, dass eine derartige Flexibilität – bei der immer punktgenau das Richtige getan, aber dies zugleich auch rasch wieder revidiert werden können muss – den Individuen sehr viel Zeit und Kraft abverlange. Kraft koste sie auch deshalb, weil sie die Trennung vom Vertrauten und beständige Neu-Investitionen erfordere. Um psychische Belastungen zu minimieren, sei es daher die Aufgabe der Individuen, sich die Fähigkeit anzueignen, Anforderungen vor dem Hintergrund eigener Ziele oder Werte umzudeuten, etwa indem individuelle Bedürfnisse an Markterfordernisse angepasst werden. Die konsequente Bearbeitung von Anforderungen und damit von Veränderungen könne nur dann funktionieren, wenn die Betroffenen sie selbst als sinnvoll fassen können, das heißt auf bestimmte Werte zurückbinden können:

> »[...] im coachenden Bereich sehe ich sehr viele Herausforderungen für die Menschen in der Selbstorganisation, [...] also einmal die Verhaltensveränderung: ›Ich habe eine Herausforderung, die an mich herangetragen wird – entweder von meinem Chef oder vom Markt oder einem Konflikt‹: Daraus konsequente Handlungen abzuleiten, sein Verhalten zu verändern oder überhaupt zu definieren: was ist denn das Wichtige für mich? Das machen zu wenige« (Unternehmensberater B).

Dies verlange grundlegende Fähigkeiten wie Selbstvertrauen und Kritikfähigkeit und nicht zuletzt Flexibilität im Wechselspiel zwischen Selbstanspruch und Fremdanforderung. Eine Voraussetzung dafür sei die regelmäßige Reflexion eigener Ziele und Werte. An dieser Stelle wird grundsätzlich kritisiert, dass die Reflexionsfähigkeit – auch im Hinblick auf die Erforschung der eigenen Zufriedenheit – unzureichend ausgeprägt sei: »Es wäre eigentlich der entscheidende Punkt, ein Bewusstsein für sich selbst auch innerlich zu entwickeln, das fehlt ganz einfach« (Unternehmensberater B).

Dass damit jedoch eigene Ziele und Werte primär den äußeren Anforderungen untergeordnet und durch Umdeutungen selbst immer weiter flexibilisiert werden, haben die hier befragten ExpertInnen kaum thematisiert. Sie verstehen regelmäßige Kompetenzbilanzierungen und Überprüfung der eigenen Arbeitssituation als eine Form von Selbstschutz. Im Zuge dieses Klärungsprozesses sei es deshalb wichtig, eine klare Vorstellung davon zu entwickeln, welcher Arbeitgeber zu einem passe, welche Art von Arbeit und welches Umfeld der eigenen Persönlichkeit entspreche:

> »Also immer davon ausgehend, dass, wenn ich etwas finde, was sozusagen zu mir passt, also eine Umgebung finde, die zu mir als Persönlichkeit passt, dass ich dann eigentlich auch weniger gefährdet bin, was weiß ich, ins Burnout zu gehen, oder weniger gefährdet bin, irgendwann das alles hinzuschmeißen, weil ich es einfach nicht mehr aushalte« (Bildungsberaterin C).

Somit werden auch berufliche Überforderungen, wie sie sich in Burnout-Erfahrungen zeigen, auf mangelnde Selbstverantwortung zurückgeführt. Im Zuge dessen wird auf die Ausbildung eines präventiven Bewusstseins gedrängt, das Gefahren der Enttäuschung, Entfremdung und Überforderung minimieren solle. Der Umgang mit Unsicherheiten und Zwängen des Marktes wird auch hier in den Bereich der Selbstverantwortung der Individuen verschoben und somit in scheinbar kalkulierbare Risiken umdefiniert.

Ähnliches gelte für den Umgang mit Zeitdruck. Dass Individuen nicht dazu kommen, darüber nachzudenken, wo sie gerade stehen, was sie wollen und ob sie zufrieden sind, lassen die interviewten UnternehmensberaterInnen nicht gelten. Vielmehr formulieren sie die Aufgabe, sich Zeit freizuschaufeln, da das ständige Leben am Rande der Leistungsfähigkeit nicht klug sei. Strukturell erzeugte Zeitdefizite und Unwägbarkeiten werden somit wiederum in den Bereich der Eigenverantwortung der Individuen verlagert: Man solle immer mit unerwarteten Anforderungen rechnen, auf die man reagieren müsse, und dafür benötige man Kapazitäten. Insofern steckt hierin das paradoxe Postulat, einerseits prophylaktisch etwas weniger zu tun, als man kann, und gleichzeitig stets flexibel auf alle laufenden Anforderungen zu reagieren. Vernachlässigt werden überdies Mehrfachbelastungen, wie sie etwa aus zeitlichen Koordinierungsproblemen von Beruf und Familie entstehen[4].

Zusammenfassend kann festgehalten werden, dass die BeraterInnen in den Interviews insbesondere Flexibilisierungs- und Optimierungsanforderungen betonen. Diese erfordern demnach von den Individuen auf beruflicher Ebene kontinuierliche Anpassungsleistungen, um für den Markt attraktiv zu bleiben. Persönliche Ziele und Bedürfnisse sollen Markterfordernissen untergeordnet und diese zugleich als eigene adaptiert werden. So obliege es in der Sichtweise der befragten ExpertInnen den Individuen selbst, Zwängen eigenverantwortlich und proaktiv entgegenzuwirken, etwa durch die geforderte beständige Reflexion eigener Ziele, Werte und Kompetenzen in Hinblick auf die Erfordernisse des Marktes. Auch in den Diskursen und Einschätzungen dieser ExpertInnen finden sich durchaus Muster von Umdeutungen, bei denen unter dem Deckmantel der Selbstverantwortung eine Anpassung an äußere Zwänge gefordert wird. In welcher Weise in der Lebenspraxis der Subjekte die anhand der ExpertInneninterviews exemplarisch veranschaulichten doppelbödigen Optimierungs- und Flexibilisierungsanforderungen wirksam und bedeutsam werden können, soll nun anhand von zwei Beispielen erläutert werden.

4. Not macht fleißig[5] – der Fall Sarah V.

»Aber ich glaub mh – heute is es schon wichtiger, dass man – dass man wirklich ganz genau auslotet, eben was hat man für Chancen auf'n auf'n Arbeitsmarkt.«

Sarah V., die zum Zeitpunkt des Interviews 38 Jahre alt und als Honorardozentin an einer Schule tätig ist, wird in der ehemaligen DDR als einziges Kind eines Installateurs und einer Werkstofftechnikerin geboren. Bei den Schilderungen ihrer Kindheit betont Sarah V. gleich zu Beginn des Interviews die beruflich bedingte, häufige Abwesenheit der Mutter, die eine leitende Position in einer anderen Stadt innehat und während der Woche wenig zu Hause gewesen sei. Das Thema der viel beschäftigten oder von Sarah als abwesend erlebten Mutter wird im Fortlauf ihrer biografischen Erzählung immer wieder aufgegriffen. Sowohl die Häufigkeit als auch die Art und Weise, in der die Interviewte in ihren Schilderungen diese emotionale Leerstelle – die Mutter, die für das Kind im Alltag nicht präsent war – umkreist, erzeugen das Bild einer Mutter-Kind-Beziehung, die im Erleben der Tochter durch Frustration und eine ungestillte Sehnsucht nach Zuwendung und Anerkennung geprägt ist. Zugleich beschreibt Sarah V. ihre Mutter hinsichtlich ihrer Anforderungen an sich selbst in Bezug auf die Berufstätigkeit jedoch auch als zentrales *»Vorbild«* und Maßstab ihres Handelns.

Mobilitäts- und Trennungsanforderungen werden nach der Wende auch für Sarah V. selbst bedeutsam: So wechselt sie von der Polytechnischen Oberschule zunächst auf eine Realschule, später auf ein Fachgymnasium in einer von ihrem Heimatort weiter entfernten Stadt und ist fortan gezwungen – dem Beispiel der Mutter folgend – selbst zu pendeln. Eine Mobilität, die sie als ebenso unvermeidbar wie leidvoll erlebt. Hier deutet sich bereits an, was auch für Sarah V.s weiteres Berufsleben kennzeichnend ist: Eine Bereitschaft, sich zu überwinden und anzupassen an das aus ihrer Sicht gesellschaftlich oder ökonomisch Erforderliche, in der vergeblichen Hoffnung, sich im Kampf um ein stabiles Arbeitsverhältnis optimal positionieren zu können.

So ist auch Sarah V.s Entscheidung für ein Studium weniger an persönlichen Interessen als an wirtschaftlichen Erfordernissen ausgerichtet: Sarah V. ordnet ihren Wunsch, Philosophie zu studieren, der Empfehlung der Berufsberatung unter, »eher was was Unverfängliches sozusagen äh zu wählen«, und beginnt ein Politik-Studium. Ihre Hoffnung, sich durch die Wahl ihres Studiums möglichst breit aufzustellen und ihre Chancen auf dem Arbeitsmarkt zu steigern, wird jedoch jäh enttäuscht:

> »es war dann eben doch relativ schnell nach'm Studien-Abschluss klar, dass ich mich halt irgendwie umorientieren muss, weil man eben mit'm geisteswissenschaftlichen Magister-Abschluss ja doch nich so gut leider beraten war

auf'm Arbeitsmarkt und – es wurde damals eben ziemlich heftig hier in Bundesland A beworben ähm Lehramtsstudium sozusagen auf'n n Quereinstieg zu machen […] es waren eigentlich mehr pragmatische Gründe sag ich mal also es war jetz nich mehr so'n – Herzenswunsch eigentlich wie die die Philosophiesache.«

Sarah V. macht auf schmerzliche Weise die Erfahrung, ihren »Herzenswunsch« in der Hoffnung auf ein stabiles Arbeitsverhältnis aufgegeben zu haben, ohne tatsächlich die Sicherheit und Anerkennung zu erlangen, die sie sich davon versprochen hat. Obgleich sie auch während des Studiums bemüht ist, ihre Fähigkeiten durch praktische Erfahrungen zu erweitern (d. h. sich im Sinne des marktwirtschaftlichen Erfordernisses zu steigern), vermag sie es nicht, beruflich Fuß zu fassen. Anders als ihre Mutter, die nach der politischen Wende eine Umschulung zur Erzieherin macht und in diesem Beruf ebenso erfolgreich tätig ist, macht Sarah V. bereits vor dem Einstieg ins Berufsleben die Erfahrung des Scheiterns.

Denn eine stabile Positionierung auf dem Arbeitsmarkt gelingt Sarah V. auch durch die Entscheidung für ein wenig geliebtes Lehramtsstudium nicht. Getrieben von den hohen Leistungsanforderungen und demotiviert durch mangelnde Selbstwirksamkeits- wie Anerkennungserfahrungen, wird das Referendariat umso mehr zum Martyrium. Sie findet keine Erfüllung in ihrer Arbeit und verliert auch in dieser Hinsicht bei dem – in ihrem Erleben stets quälend präsenten – Vergleich mit der Mutter, die in ihrer erzieherischen Tätigkeit aufgeht. Sarah V. fühlt sich mehr und mehr als »kleinstes Rädchen im Getriebe« und leidet unter körperlichen wie psychischen Erschöpfungssymptomen – bis sie schließlich an der Belastung durch die nicht erfüllende und zugleich kräftezehrende berufliche Situation beinahe zu zerbrechen droht. Sie hält erst inne, als der Körper vollkommen »streikt« und ihr Grenzen aufzeigt (vgl. Gerisch, 2009):

> »Du hängst da auch so in diesem Hamsterrad drin […] naja das das war einfach (2 Sek. Pause) dieses dieses Ausgewogene zwischen beruflich un privat war in der Phase einfach nich gegeben […] is halt einfach irgendwie – ja ging dann die die Jalousie sozusagen runter (3 Sek. Pause) […] also ich hatte Phasen drin, wo wirklich sa/so – wenn du irgendwie an dem Tag nur drei Mal geheult hast, war's eigentlich schon fast n guter Tag.«

Aus diesem »Hamsterrad« kann sie sich erst durch das beharrliche Eingreifen einer befreundeten Ärztin, die sie schließlich krankschreibt, und durch das beständige Zureden ihres Partners ansatzweise befreien. Obgleich sie fortan den Wunsch hegt, »definitiv nie wieder […] aus irgend'nem falsch verstandenen Pflichtgefühl« einem ungeliebten Beruf nachzugehen, vermag es Sarah V. aufgrund ökonomischer Zwänge nicht, sich den entsprechenden Erfordernissen zu entziehen:

> »naja irgendwie hat man ja dann schon so die Erwartungshaltung an sich selbst un – man denkt dann, oh da stehste ja total blöd da irgendwie – wenn de dann sagst so, och naja ich hab da kurz vorm vorm Torschuss sozusagen s Handtuch geworfen.«

So bringt sie das Referendariat zu Ende, nimmt einen Job als Honorardozentin in einer entfernten Stadt an und pendelt trotz Erschöpfung und Überforderung mehrmals die Woche zu ihrem Arbeitsplatz.

Das heißt: entgegen ihrem Vorsatz verstärkt Sarah V. ihre prekäre Situation noch durch die mit Ungewissheiten verbundene freiberufliche Tätigkeit und die geforderte Mobilität. Zeit für den Partner, Familie und Freunde wie auch für sich selbst bleibt Sarah V. kaum. Die Arbeit absorbiert alle Ressourcen, ohne als befriedigend erlebt zu werden. Sarah V. läuft gewissermaßen auf »rutschenden Abhängen« (Rosa, 2005, S. 179ff.) – einzig mit dem Ziel, den Status Quo zu erhalten. Dabei ist es nicht nur die Stressbelastung, die Sarah V.s Leiden an der gegenwärtigen beruflichen Situation hervorbringt, sondern auch die fehlende (finanzielle wie soziale) Anerkennung ihrer Leistung:

> »man kriegt vielleicht mal über'n paar Ecken mit ach ja da äh – suchen se wieder Honorarkräf-

te – und äh – ja im Endeffekt man man kriegt dann eben – sozusagen n Satz, den die zahlen wollen, an Kopf geworfen und ja – Vogel friss oder stirb – un insofern naja – ich sag mal so, ich fühl mich dann manchmal schon irgendwie n bisschen ausgenutzt.«

Anerkennung verspricht sie sich durch die Zusicherung eines stabilen Arbeitsverhältnisses:

»ja ich ich würde s eben schon – schöner finden irgendwie was was Festes zu haben [...] äh ja einfach wie gesagt, dass man n bisschen Planbarkeit hat, dass man auch wieder auch äh pf sich mehr zur Ruhe kommt is vielleicht – s falsche Wort aber – ja also schon irgendwie Planbarkeit – un und ich sag mal so, grade wenn man eben doch – viel – Zeit und auch viele Nerven in die Ausbildung investiert hat ähm – is es vielleicht auch so – so ne Frage der Fairness find ich, dass man dann auch sagt, ich ich möcht jetz auch irgendwie – endlich ne adäquate Stelle mit ner adäquaten Bezahlung auch einfach haben.«

Sarah V.s Bedürfnis nach Stabilität und Sicherheit wird umso dringlicher, je mehr sie sich dem Strudel der Flexibilisierung hingibt. Sie träumt davon »den richtigen Schlag im Lotto zu landen«, von einem »normalen Leben«, in dem sie über ausreichend finanzielle Sicherheiten verfügen wird, um zu heiraten oder – irgendwann – ein Kind zu bekommen. Insbesondere Letzteres verweist auf eine eigentümliche Verortung Sarah V.s in der Zeit, insofern eine Schwangerschaft angesichts ihres Alters kaum in eine ferne Zukunft projiziert werden kann. Diese beinahe utopisch anmutende Lebensplanung offenbart Sarah V.s Scheitern in doppelter Hinsicht: Ungeachtet ihrer immensen Anpassungs- und Verzichtsleistungen vermag sie es weder, eigenen Wünschen und Träumen nachzukommen, noch ihr Streben nach Aufmerksamkeit und Anerkennung zu befriedigen. Paradoxerweise ist es gerade Sarah V.s unrealistisch anmutende Hoffnung auf einen unbefristeten sicheren Arbeitsplatz und eine damit verbundene Planbarkeit, die ihre flexible Anpassung an marktwirtschaftliche Erfordernisse noch befördert.

In dieser biografischen Sackgasse und beständigen Bedürfnisfrustration bringen sich zum einen die Folgen einer prekären Berufssituation – des flexibilisierten Arbeitsmarkts für selbstständige Lehrende – zum Ausdruck, in der sie als Honorarkraft stets aufs Neue um ihre Absicherung kämpfen, sich daher umso mehr engagieren und flexibel bleiben muss. Zum anderen scheint sich darin biografisch auch wieder und wieder das frühe Verfehlungserleben und die ungestillte Sehnsucht nach Anerkennung in der Beziehung zur Mutter zu reinszenieren. Beide Aspekte – ihre ungünstige Positionierung auf dem Arbeitsmarkt und die psychische Disposition – verstärken sich insofern gegenseitig.

5. Ein *unternehmerisches Selbst* als vereinseitigtes Autonomisierungsprojekt – der Fall Andrea W.

Während Sarah V. die marktwirtschaftlichen Bedingungen vor allem als *externe* Anforderungen versteht, anhand derer sie ihr Handeln ausrichten muss, soll nun an einem zweiten Fall illustriert werden, inwiefern und auf welche Weise Individuen Marktlogiken auch als *selbstbestimmtes* Handeln erleben oder umdeuten können.

Andrea W. ist 40 Jahre alt, führt eine eigene Firma, ist verheiratet und hat eine Tochter, die zum Zeitpunkt des Interviews drei Jahre alt ist. Da ihre Eltern gemeinsam ein Möbelgeschäft leiten, verbrachte sie, so ihre Schilderung, bereits als Kind viel Zeit in einem Unternehmen: Schon im »Babykörbchen« habe die Mutter sie mit ins Büro genommen »und dann neben sich auf den Schreibtisch gestellt«. Von klein auf musste sie demnach aufgrund des beruflichen Engagements ihrer Eltern und deren häufiger Abwesenheit Selbstständigkeit erlernen. Eine ausgeprägte, in vielen Hinsichten eher forciert und vereinseitigt wirkende Betonung von Autonomie wird so auch zum Leitmotiv ihrer Lebenserzählung. Dies manifestiert sich im biografischen Interview insbesondere dadurch, dass Andrea W. in ihrer Erzählung vor allem ihre Bildungs- und Berufsentwicklung präsentiert, während sie Bindungen und Beziehungen kaum thematisiert und ihren Partner erstmals beiläufig nach eineinhalb Stunden erwähnt. Über ihr Kind spricht sie vor allem mit Blick auf die von ihr erläuterten Arrangements der Betreuung und mit Bezug darauf, dass die Tochter sie mitunter dazu zwinge, sich nicht mit ihrem Unternehmen zu beschäftigen – über das sie im Grunde »24 Stunden am Tag« nachzudenken tendiere.

Leistungsthemen werden hingegen gerne und häufig präsentiert. Positiv hebt sie etwa hervor, dass im Studium des Tourismusmanagements ihr soziales Umfeld sehr leistungsorientiert gewesen sei: »Im Grunde waren wir immer unter uns und es ging eben wirklich um Studium und das war einfach toll.« Nebenbei absolviert sie zahlreiche Praktika, um ihren beruflichen Lebenslauf abzurunden. Im Anschluss an ihr Diplom schreibt Andrea W. ihre persönliche »Top 10 der […] Reiseunternehmer« auf und bewirbt sich bei diesen, woraufhin ihr zwei Verträge angeboten werden. Es folgt die Darstellung einer steil aufsteigenden Berufskarriere, die häufig an Projekten orientiert ist, die sie ganz im Sinne des Unternehmerischen koordiniert. Alle anderen Aspekte ihres Lebens ordnet sie der Berufstätigkeit unter und nimmt dafür überdurchschnittlich viele Arbeitsstunden in Kauf. Darüber hinaus pendelt sie zeitweise über 250 Kilometer, um sowohl private als auch berufliche Anforderungen und Ansprüche bedienen zu können: »Also mit Montag fünf Uhr aufstehen, damit man rechtzeitig zum Meeting um – neun dann in Großstadt G is und dann Montag, Dienstag, Mittwoch – Donnerstag durcharbeiten, damit man Freitag einigermaßen pünktlich loskommt.«

Eine rationalisierte, effiziente und arbeitsorientierte Form der Lebensführung setzt sie – wie sie darlegt – nach einigen pragmatischen Umgestaltungen, in deren Zentrum die Gründung ihrer Firma steht, in vielen Hinsichten auch fort, nachdem sie Mutter geworden ist. Während der Schwangerschaft macht sie sich selbstständig, um als Firmenleiterin flexiblere Bedingungen zu schaffen. Denn: in ihrer Branche seien Mütter rasch auf dem Abstellgleis – und dem wirkt sie durch die Unternehmensgründung praktisch entgegen. In einem nicht nur metaphorisch-diskursiven, sondern ganz konkreten Sinne entfaltet sich hier die Figur eines »unternehmerischen Selbst« (vgl. Bröckling, 2007). Die *Aufrechterhaltung der Karriereoptionen* als Motiv für die Firmengründung – also der Wunsch, gleichsam trotz Mutterschaft eine Führungsposition innehaben zu können – steht in ihrer Darstellung auch stärker im Vordergrund als die Erfordernisse der Elternschaft, für die sie ebenfalls praktische und zwar insbesondere außerfamiliale Betreuungslösungen findet. Direkt nach der Geburt arbeitet sie gleich weiter, worin sich offenkundig auch das auf den Beruf fokussierte Handeln ihrer eigenen Eltern reproduziert: »Saß ich am Schreibtisch, hatte hier irgendwie Baby liegen so aufm Schoß und dann da Businessplan geschrieben.«

Auch die Erziehung ihrer Tochter, die sie im Alter von drei Monaten in die Krippe gibt, plant sie rational wie ein zusätzliches Projekt und überlegt vor allem, wie sie deren Selbstständigkeit, etwa durch Frühförderungsprogramme, steigern kann, auch damit sie ihre beruflichen Ansprüche nicht aufgeben muss. Die Schwierigkeit, berufsbezogene Selbstverwirklichung und Kindererziehung miteinander zu vereinbaren, versteht sie als individuelle Aufgabe und Anreiz für weitere Optimierung. Dass sich soziale Beziehungen wie Partnerschaften und Eltern-Kind-Beziehungen möglicherweise nicht unbeschadet effektivieren und rationalisieren lassen (vgl. King, 2014), wird nur insofern angesprochen, als sie Bedenken und Einwände anderer gegen ihre Lebensgestaltung zwar erwähnt, zugleich aber negiert. Das permanente Planen und Organisieren hat Andrea W. so weit internalisiert, dass ihre Freizeit nur als Nebenschauplatz zur Arbeit existieren kann: »Ich muss meine Freizeit – im Grunde so'n bisschen um meinen Job außen rum planen und und flexibel genug sein, ähm dass dass das eben auch klappt.« Leerlauf ist dabei gar nicht denkbar und selbst kleinste, noch offene Zeiträume können nicht für Freizeit oder Muße genutzt werden, sondern werden auch zur Arbeit an unterschiedlichen Projekten herangezogen.

Auch Andrea W. erlebt Anforderungen durch Marktlogiken; im Gegensatz zu Sarah V. übersetzen sich diese jedoch auf andere Weise in ihre Lebensführung. Obgleich sie an einigen Stellen einen gewissen ökonomischen Druck beschreibt (schließlich müsse auch sie »von irgendwas [...] Rechnungen bezahlen«), zeigt sich vorwiegend eine Internalisierung von Optimierungsanforderungen. Während sich Sarah V. im »Hamsterrad« beschreibt, erscheint Andrea W.s Erzählung als eine Erfolgsgeschichte, bei der Optimierungszwänge als freudig begrüßte Herausforderungen erlebt werden. Andrea W. versteht die Flexibilisierung ihrer Lebensführung als inneren Antrieb und deutet ihre Anpassung an die Markterfordernisse stets als Zugewinn an Autonomie. In ihrer projektbezogenen Lebensführung ist permanente Steigerung für sie von zentraler Bedeutung, eine Art Lebenselixier, das sie zu stabilisieren scheint. Die auffällige *Abwesenheit* signifikanter Anderer – das Fehlen von Bezogenheit oder Bindungen jenseits der Bindung an ihr Firmenprojekt – in allen Darstellungen ihrer Lebenserzählung wird, wenn überhaupt, lediglich thematisiert als eine Art Voraussetzung für das, was sie als »Selbstbestimmung« begreift. Befürchtungen über mögliche negative Folgen ihrer häufigen Absenz auf die Entwicklung ihrer Tochter, wie sie in ihrer Umgebung hin und wieder geäußert würden, bewertet sie mit Verweis auf ihre eigene biografische Erfahrung als nicht plausibel: Schließlich habe sie selbst viel Zeit bei ihren Großeltern verbracht:

> »Wenn meine Eltern zum Beispiel – auf Geschäftsreisen waren, [...] da war ich dann immer bei meinen Großeltern – mich hat das aber *nie* gestört – also ich fand das immer *völlig – völlig in Ordnung* und *völlig normal* und kann auch manchmal diese Diskussion nich verstehen, die heute stattfindet (holt Luft) ähm – dass dass man *permanent* für Kinder immer *präsent* sein muss.«

Andrea W. gibt ihre Tochter allerdings, wie erwähnt, nicht zu den Großeltern, sondern setzt auf eine optimale außerfamiliale Erziehung, welche insbesondere die Leistungsfähigkeit des Kindes von Anfang an befördern soll. Auch sucht sie bereits nach einer privaten Grundschule, an der die Tochter dann möglichst früh schon mehrere Sprachen lernen könnte.

6. Optimierung als Antwort auf biografische Dispositionen

Die im beruflichen Kontext als bedeutsam erachteten Optimierungsanforderungen verlangen, wie auch die Interviews mit den ExpertInnen anschaulich machten, marktwirtschaftliche Erfordernisse frühzeitig zu erkennen und die eigene Berufsbiografie daran auszurichten. Kontinuierliche Weiterbildung, lebenslanges Lernen und der Erwerb mannigfaltiger Kompetenzen sind demgemäß zu Leitbildern und Ideologemen moderner Erwerbsbiografien geworden. Allerdings bietet auch maximale Anpassung keine Garantie für Erfolg. Sowohl Sarah V. als auch Andrea W. könnten für sich in Anspruch nehmen oder nehmen wollen, das Beste zu geben, um ihr Leben und ihre berufliche Entwicklung optimal zu gestalten. Beide Frauen zeichnen sich durch eine hohe Anpassungsleistung und ein auf Flexibilisierung und Mobilisierung gerichtetes Handeln aus. So ist die Biografie beider durch Weiterbildungen, Berufswechsel und Neuorientierungen bestimmt. Beide übernehmen das auch in den untersuchten ExpertInneninterviews häufig formulierte doppelbödige Postulat der selbstverantwortlichen Steigerung im Kontext von Erwerbsanforderungen, das vor Erfahrungen des Scheiterns bewahren soll. Arbeit ist für beide faktisch das zentrale Moment ihres Lebens, dem Alltag und Beziehungsgestaltung umfassend untergeordnet werden. Rationalisierung und Effizienzsteigerung scheinen dabei zu den leitenden Handlungsmustern dieser Frauen zu gehören, die sich nicht nur auf berufliche Tätigkeiten, sondern auf sämtliche Lebensbereiche erstrecken. Zugleich unterscheiden sich die Konstellationen nicht nur hinsichtlich des beruflichen Erfolgs, sondern hinsichtlich der biografischen Voraussetzungen und Bedeutungen.

Sarah V. ist empfänglich für Optimierungsanforderungen, kann sich schwer von ihnen abgrenzen – zunächst aufgrund ihrer prekären Arbeitssituation auf dem freien Markt der kurzfristig beschäftigten Honorarkräfte im Schulbetrieb. Die biografische Rekonstruktion verdeutlicht überdies, dass sie – vereinfacht formuliert – Zeit ihres Lebens erfolglos bemüht war und ist, der beruflich erfolgreichen, zugleich jedoch als emotional absent erlebten Mutter (in einem doppelten Sinne) nachzustreben. Trotz immenser Bemühungen gelingt es Sarah V. weder, soziale und finanzielle Anerkennung zu erlangen und ihre berufliche Situation zu verbessern, noch ihre Selbstwertdefizite und Gefühle des Mangels zu überwinden. Ihr Leiden vermag sie nur schwach zu kompensieren, indem sie bagatellisierende Umdeutungen vornimmt.

Andrea W. hingegen erlebt auch die vielfältigen *externen* Anforderungen, die sie durchaus benennt, ausschließlich und umstandslos als positiven Anreiz für ihr selbstinitiiertes Optimierungsstreben. Dieses entspricht der von den ExpertInnen geforderten präventiven Logik der eigenverantwortlichen Verbesserung von Erwerbsfähigkeiten. Die Unternehmensgründung und damit verbundene Arbeit rund um die Uhr schützen Andrea W. praktisch vor dem Karriereabstieg, der ihr als Mutter in ihrer Branche drohen würde. Der Anspruch, sich beständig zu steigern und neu zu orientieren, ist für sie gleichwohl nicht allein oder primär das Resultat äußerer Erfordernisse. Die Anpassung an Markterfordernisse verbindet sich offenbar nahtlos mit einem inneren Drang, sich als von Anderen unabhängig zu erleben, alles im Griff zu haben. Potenzielle Risiken, negative Folgen und Unwägbarkeiten bleiben in ihren Schilderungen weitgehend unbenannt.

Die Fälle verdeutlichen, dass veränderte gesellschaftliche Bedingungen neue Formen der Anpassung und Flexibilisierung erfordern, die jedoch von den Individuen – gemäß ihrer biografischen Voraussetzungen – unterschiedlich gedeutet werden. Zugleich zeigt sich, dass und in welcher Weise Optimierungsanforderungen spezifische psychosoziale Bewältigungsmechanismen begünstigen – und unter Umständen auch Abwehrformen verstärken können, die destruktive Folgen haben. Im Falle Sarah V.s waren es insbesondere biografisch getriggerte Selbstverhinderungstendenzen im Kontext eines vergeblichen Ringens um Anerkennung, bei der die grenzenlose Anpassung an Markterfordernisse immer weiter von den angestrebten Zielen wegführte und somit neues Leid und weitere Überforderungen erzeugte. Im Falle Andrea W.s wurden die sich intensivierenden Optimierungs- und Flexibilisierungsanforderungen begeistert aufgegriffen, um den Lebensentwurf einer forcierten, von Beziehungsansprüchen gleichsam ungestörten Unternehmerinnenkarriere realisieren und steigern zu können. Mögliche destruktive Folgen des Umstands, dass sie innerlich »24 Stunden am Tag« mit dem Unternehmen befasst sei, für ihre nahen Beziehungen, für das Kind, wurden ausgeblendet oder bagatellisiert.

In diesem Sinne wurde ausgeführt, dass die Optimierungsbestrebungen der Individuen nicht nur Marktlogiken folgen, sondern auch als Strategien der Bearbeitung ihrer spezifischen psychischen Bedürfnisse verstanden werden können. Der institutionell verankerte Diskurs der Optimierung kann dementsprechend an psychische Motive anknüpfen, die ihn subjektiv bedeutsam und wirksam werden lassen. Den Individuen gelingt es wiederum gerade deshalb *nicht*, sich den potenziell schädigenden Aspekten von Optimierungsansprüchen zu entziehen, obgleich ihr Handeln durchaus mit negativen Folgen für soziale Beziehungen oder für sich selbst, für Körper und Gesundheit verbunden ist.

Konzeptionell betrachtet, lassen sich die anhand der beiden Beispiele geschilderten Muster der Lebensführung sowohl in einer Logik der äußeren Bedingungen (des Marktes, der Bildungswege und Arbeitssituation etc.) beschreiben als auch in der biografischen Logik mit Blick auf psychische Dispositionen. Erst aus der *Verbindung beider Aspekte* werden sowohl die *Folgen der äußeren Zwänge* deutlicher – etwa eine mögliche destruktive Verstärkung spezifischer Abwehrmechanismen – als auch die *Motive der Zustimmung* und begeisterten Übernahme von Anpassungsdruck und Optimierungsansprüchen. Die Muster der Lebensführung lassen sich somit zum einen als Folgen und Ausdrucksformen gesellschaftlicher Flexibilisierungs- und Optimierungsdiskurse fassen, zum anderen als Ausdrucksformen spezifischer biografischer wie psychischer Dispositionen (King, 2013, S. 224f.). Erst die Analyse der Art und Weise, in der beide Ebenen *miteinander verwoben* sind, ermöglicht somit differenzierte Aussagen zu den möglichen *psychischen Auswirkungen von gesellschaftlichen Verände-*

rungen, zu den Zusammenhängen von sozialem und psychischem Wandel vor dem Hintergrund von Arbeitsverhältnissen, in denen permanente Selbstverbesserung als Voraussetzung gilt, um erfolgreich zu sein und Scheitern abzuwenden.

Anmerkungen

1 Es handelt sich um das Forschungsprojekt *Aporien der Perfektionierung in der beschleunigten Moderne. Gegenwärtiger kultureller Wandel von Selbstentwürfen, Beziehungsgestaltungen und Körperpraktiken (APAS)*, gefördert von der VolkswagenStiftung (2012–2016), geleitet von Prof. Dr. Vera King, Prof. Dr. Benigna Gerisch und Prof. Dr. Hartmut Rosa. Weitere Informationen: www.apas.uni-hamburg.de; zu Design, Erhebungs- und Auswertungs-Methoden vgl. Fn. 3.

2 Der Begriff der *Lebensführung* ist angelehnt an Max Webers Studie über die *Protestantische Ethik* (1905, S. 60). Von Weber wurde die enge Kopplung zwischen der Genese des marktwirtschaftlichen Systems und einer Rationalisierung der Lebensführung betont, was eine auf Effizienz und Erfolg ausgerichtete *methodische Lebensführung* im Dienste der Bewährung implizierte. Eine methodische Lebensführung stellt zugleich eine Form der Bewältigung von Endlichkeit dar; vgl. dazu sowie zu den kulturellen Wandlungen der Verarbeitung und Abwehr von Vergänglichkeit im Kontext von Optimierung und Beschleunigung ausführlicher King (2011).

3 Zu Erhebungen und Auswertungsmethoden der APAS-Studie, bei der drei Teilprojekte (Jena, Hamburg und Berlin) kooperieren (vgl. zum Projekt auch Anm. 1 sowie den Aufsatz von Beerbom und KollegInnen in diesem Heft):

Methodenkombination: Es wurden *quantitative* und *qualitative* Erhebungen sowie *mehrere qualitative* Auswertungsmethoden kombiniert. *Fragebogenentwicklung und quantitative Erhebung:* Mittels eines von allen Teilprojekten gemeinsam entwickelten *Inventory* zu Optimierung und Perfektionierung erfolgte zunächst eine Online-Erhebung mit *1.000 Befragten* und deren Auswertung. *Qualitative Erhebung:* Im Rahmen der qualitativen Erhebung wurden weiterhin 40 narrative Interviews mit 25- bis 40-jährigen Männern und Frauen durchgeführt (Teilprojekt Hamburg) sowie 40 Interviews mit a.) PatientInnen (mit Diagnosen Depression, Burn-Out und Bulimie) und b.) Personen, die eine Schönheits-OP durchführen ließen (Teilprojekt Berlin). Die im Hamburger und Berliner Teilprojekt erhobenen Interviews wurden zur Hälfte jeweils vom anderen Teilprojekt mitausgewertet.

Qualitativ-rekonstruktive Auswertungen: Im Hamburger Teilprojekt wurden die Transkripte (+ Feldprotokolle) der biografischen Interviews sequenzanalytisch im Sinne der objektiven Hermeneutik sowie unter Einbezug von Interaktionsdynamiken und szenischen Konstellationen analysiert. Im Berliner Teilprojekt wurden die erhobenen Interviews psychodynamisch analysiert, das heißt mit Blick auf das szenische Verstehen sowie Aspekte von Übertragung und Gegenübertragung.

Cross-Auswertungen: Die Auswertungen der im Hamburger und Berliner Teilprojekt erhobenen Interviews wurden zur Hälfte jeweils vom anderen Teilprojekt mitausgewertet. Das heißt: Die vom Berliner Teilprojekt erhobenen Interviews mit PatientInnen sowie mit Personen, die Schönheits-OPs durchführen ließen, wurden zur Hälfte *zusätzlich* im Hamburger Teilprojekt, also ebenfalls sequenzanalytisch und mit Blick auf Interaktionsdynamiken analysiert. Und die Hälfte der im Hamburger Teilprojekt erhobenen biografisch-narrativen Interviews wurden *zusätzlich* vom Teilprojekt Berlin, also aus psychodynamischer Perspektive, das heißt mit Blick auf das szenische Verstehen sowie Aspekte von Übertragung und Gegenübertragung, analysiert.

Diskursanalysen und ExpertInneninterviews: Im Teilprojekt Jena wurden weiterhin (ausgewählte mediale) Optimierungs-Diskurse exemplarisch analysiert und 36 ExpertInneninterviews zu Optimierungsanforderungen erhoben, unter anderem in den Bereichen Bildungs- und Berufsberatung, Gesundheitssystem, Rechtswesen und Unternehmensberatung. Die ExpertInneninterviews wurden in Anlehnung an Meuser und Nagel (2009) ausgewertet.

Triangulation der Zugänge und Methoden: Die Triangulation dieser verschiedenen Zugänge, Erhebungen und Auswertungsansätze ermöglicht es, aus unterschiedlichen Perspektiven institutionelle Anforderungen herauszuarbeiten, ihre individuelle Bearbeitung sowie die Bedeutungen, die Optimierungsanforderungen und -möglichkeiten in der Lebensführung, für Selbstkonstruktionen und in Bezug auf psychisch-biografische Dispositionen erlangen.

Zur Transkription: Die wörtlich transkribierten Zitate wurden für diese Publikation im Sinne der Verbesserung der Lesbarkeit vereinfacht.

4 Zu möglichen »Resilienzfaktoren« in der Organisationskultur und darauf bezogenen resilienzfördernden Beratungsperspektiven vgl. demgegenüber Haubl (2013).

5 Das Zitat nimmt Bezug auf eine These des Psychiaters und Soziologen Franz Müller-Lyer (1948). Mit der Umformulierung der Redewendung »Not macht erfinderisch« verweist er darauf, dass es immer die Muße ist, die erfinderisch macht, da dies überschüssiger Energien bedarf. In der Not würden diese Energien jedoch fehlen.

Literatur

Aubert, N. (2009). Dringlichkeit und Selbstverlust in der Hypermoderne. In V. King & B. Gerisch (Hrsg.), *Zeitgewinn und Selbstverlust. Folgen und Grenzen der Beschleunigung* (S. 87–100). Frankfurt/M.: Campus.

Boes, A. & Bultemeier, A. (2010): Anerkennung im System permanenter Bewährung. In H.-G. Soeffner (Hrsg.), *Unsichere Zeiten. Herausforderungen gesellschaftlicher Transformationen. Verhandlungen des 34. Kongresses der Deutschen Gesellschaft für Soziologie* (CD-ROM). Wiesbaden: VS Verlag für Sozialwissenschaften.

Bröckling, U. (2007). *Das unternehmerische Selbst. Soziologie einer Subjektivierungsform*. Frankfurt/M.: Suhrkamp.

Bröckling, U. & Peter, T. (2014). Mobilisieren und Optimieren. Exzellenz und Egalität als hegemoniale Diskurse im Erziehungssystem. *Zeitschrift für Erziehungswissenschaft, Sonderheft 19*, 129–147.

Bude, H. (2014). *Gesellschaft der Angst*. Hamburg: HIS.

Duttweiler, S. (2007). *Sein Glück machen. Arbeit am Glück als neoliberale Regierungstechnologie*. Konstanz: UVK.

Gerisch, B. (2009). Körper-Zeiten. Zur Hochkonjunktur des Körpers als Folge der Beschleunigung, In V. King & B. Gerisch (Hrsg.), *Zeitgewinn und Selbstverlust. Folgen und Grenzen der Beschleunigung* (S. 123–143). Frankfurt/M., Campus.

Haubl, R. (2013). Resilienzfaktoren einer salutogenen Organisationskultur. In R. Haubl, B. Hausinger & G. G. Voß (Hrsg.), *Riskante Arbeitswelten. Zu den Auswirkungen moderner Beschäftigungsverhältnisse auf die psychische Gesundheit und die Arbeitsqualität* (S. 183–199). Frankfurt/M., Campus.

Haubl, R., Hausinger, B. & Voß, G. (Hrsg.). (2013). *Riskante Arbeitswelten. Zu den Auswirkungen moderner Beschäftigungsverhältnisse auf die psychische Gesundheit und die Arbeitsqualität*. Frankfurt/M.: Campus.

Hochschild, A. (2006). *Keine Zeit. Wenn die Firma zum Zuhause wird und zu Hause nur Arbeit wartet*. Wiesbaden: VS Verlag für Sozialwissenschaften.

Honneth, A. (2002). Organisierte Selbstverwirklichung. Paradoxien der Individualisierung. In A. Honneth (Hrsg.), *Befreiung aus der Mündigkeit. Paradoxien des gegenwärtigen Kapitalismus* (S. 141–158). Frankfurt/M.: Campus.

Illouz, E. (2007). *Der Konsum der Romantik. Liebe und die kulturellen Widersprüche des Kapitalismus*. Frankfurt/M.: Suhrkamp.

King, V. (2011). Beschleunigte Lebensführung – ewiger Aufbruch. Neue Muster der Verarbeitung und Abwehr von Vergänglichkeit. *Psyche, 65*, 1061–1088.

King, V. (2013). Die Macht der Dringlichkeit. Kultureller Wandel von Zeitgestaltungen und psychischen Verarbeitungsmustern. *Schweizer Archiv für Neurologie und Psychiatrie, 164*, 223–231.

King, V. (2014). Optimierte Kindheiten. Paradoxien familialer Fürsorge im Kontext von Beschleunigung und Flexibilisierung. *Gruppenanalyse, 2*, 97–115.

King, V., Lindner, D., Schreiber, J., Busch, K., Uhlendorf, N., Beerbom, C., Salfeld-Nebgen, B., Gerisch, B. & Rosa, H. (2014). Optimierte Lebensführung – wie und warum sich Individuen den Druck zur Selbstverbesserung zu eigen machen. *Jahrbuch für Pädagogik: Menschenverbesserung – Transhumanismus, 29*, 283–299.

Lessenich, S. (2008). *Die Neuerfindung des Sozialen. Der Sozialstaat im flexiblen Kapitalismus*. Bielefeld: Transcript.

Mayer, R. & Thompson, C. (2013). Inszenierung und Optimierung des Selbst. In R. Mayer, C. Thompson & M. Wimmer (Hrsg.), *Inszenierung und Optimierung des Selbst. Zur Analyse gegenwärtiger Selbsttechnologien* (S. 7–28). Wiesbaden: Springer VS.

Meuser, M. & Nagel, U. (2009). Das Experteninterview – Konzeptionelle Grundlagen und methodische Anlage. In S. Pickel, G. Pickel, H.J. Lauth & D. Jahn (Hrsg.), *Methoden der vergleichenden Politik- und Sozialwissenschaft* (S. 465 479). Wiesbaden: VS Verlag für Sozialwissenschaften.

Müller-Lyer, F. (1948 [1906]). *Phasen der Kultur und Richtungslinien des Fortschritts: soziologische Überblicke*. München: Freitag.

Neckel, S. (2008). Die gefühlte Unterschicht. Vom Wandel der sozialen Selbsteinschätzung. In R. Lindner & L. Musner (Hrsg.), *Unterschicht. Kulturwissenschaftliche Erkundungen der »Armen« in Geschichte und Gegenwart* (S. 19–40). Freiburg/Br.: Rombach.

Pongratz, H.J. & Voß, G.G. (2003). *Arbeitskraftunternehmer. Erwerbsorientierungen in entgrenzten Arbeitsformen*. Berlin: edition sigma.

Rosa, H. (2005). *Beschleunigung: die Veränderungen der Zeitstrukturen in der Moderne*. Frankfurt/M.: Suhrkamp.

Rosa, H. (2012). *Weltbeziehungen im Zeitalter der Beschleunigung: Umrisse einer neuen Gesellschaftskritik*. Frankfurt/M.: Suhrkamp.

Sennett, R. (1998). *Der flexible Mensch. Die Kultur des neuen Kapitalismus*. Berlin: Berlin.

Voswinkel, S. (2001). *Anerkennung und Reputation. Die Dramaturgie industrieller Beziehungen*. Konstanz: UVK.

Weber, M. (2010 [1905]). *Die protestantische Ethik und der Geist des Kapitalismus* (hrsg. v. Dirk Kaesler). München: Beck.

Wernet, A. (2009). *Einführung in die Interpretationstechnik der Objektiven Hermeneutik*. Wiesbaden: VS Verlag für Sozialwissenschaften.

Die Autorinnen und Autoren

Benigna Gerisch, Prof. Dr. phil., Dipl.-Psych., Psychologische Psychotherapeutin, Psychoanalytikerin (DPV/IPA); Professorin für Klinische Psychologie und Psychoanalyse an der International Psychoanalytic University in Berlin. Studienschwerpunkte: Klinische Psychologie, Interventionen und Psychodynamische Beratung.

Publikationen und Forschungsprojekte unter anderem zur Suizidalität und Geschlechterdifferenz, Psychotherapieprozessforschung, zu psychoanalytischen Körperkonzepten und (autodestruktiven) Körperpraktiken. Laufendes transdisziplinäres Projekt zu »Aporien der Perfektionierung in der beschleunigten Moderne. Gegenwärtiger kultureller Wandel von Selbstentwürfen, Beziehungsgestaltungen und Körperpraktiken«, geleitet von V. King, B. Gerisch, H. Rosa (gefördert von der VolkswagenStiftung). Homepage: http://www.ipu-berlin.de/hochschule/forschung/projekt/aporien-der-perfektionierung-in-der-beschleunigten-moderne.html

Vera King, Prof. Dr. phil., Soziologin und Professorin für Sozialisationsforschung an der Universität Hamburg, Publikationen und Forschungsprojekte unter anderem zum Verhältnis von Kultur und Psyche, zu Generationenbeziehungen, Elternschaft, Kindheit und Adoleszenz, sozialen Ungleichheiten und Migration, zu Folgen sozialen Wandels für Lebensphasen, biografische und psychische Entwicklungen. Laufendes transdisziplinäres Projekt zu »Aporien der Perfektionierung in der beschleunigten Moderne. Gegenwärtiger kultureller Wandel von Selbstentwürfen, Beziehungsgestaltungen und Körperpraktiken«, geleitet von V. King, B. Gerisch, H. Rosa (gefördert von der VolkswagenStiftung). Homepage: https://www.ew.uni-hamburg.de/ueber-die-fakultaet/personen/king.html

Diana Lindner, Dr. phil., Jg. 1979, Studium der Soziologie, Philosophie, Erziehungswissenschaft und Psychologie, war wissenschaftliche Mitarbeiterin am Zentrum für Methoden der Universität Oldenburg und am Institut für Soziologie der Universität Bremen. Sie schrieb ihre Dissertation zum Thema: »Das Gesollte Wollen: Identitätskonstruktion zwischen Anspruchs- und Leistungsindividualismus« und bearbeitete ein sprachsoziologisches Forschungsprojekt zur Trasjanka in Weißrussland. Seit 2012 ist sie am Lehrstuhl für Allgemeine und Theoretische Soziologie der Friedrich-Schiller-Universität Jena tätig und bearbeitet das Forschungsprojekt »Aporien der Perfektionierung in der beschleunigten Moderne«.

Hartmut Rosa ist seit 2005 Professor für Allgemeine und Theoretische Soziologie an der Friedrich-Schiller-Universität in Jena und seit 2013 Direktor des Max-Weber-Kollegs an der Universität Erfurt. Davor lehrte er unter anderem an der New School for Social Research in New York. Er ist Herausgeber der internationalen Fachzeitschrift *Time & Society*. Veröffentlichungen: *Beschleunigung. Die Veränderungen der Zeitstrukturen in der Moderne* (Frankfurt/M.: Suhrkamp 2005); *Identität und kulturelle Praxis. Politische Philosophie nach Charles Taylor* (Frankfurt/M. und New York: Campus 1998); *Weltbeziehungen im Zeitalter der Beschleunigung* (Berlin: Suhrkamp 2012) sowie *Soziologische Theorien* (mit David Strecker und Andrea Kottmann, Konstanz: UVK/UTB 2007).

Julia Schreiber, M.A., Jg. 1988, Studium der Soziologie, Erziehungswissenschaft und Rechtswissenschaft an der Friedrich-Schiller-Universität Jena, ist seit 2012 als wissenschaftliche Mitarbeiterin im Forschungsprojekt »Aporien der Perfektionierung in der beschleunigten Moderne« und als Lehrbeauftragte an der Universität Hamburg tätig. Seit 2013 promoviert sie zum Thema des Körperumgangs und -erlebens vor dem Hintergrund spätmoderner Optimierungs- und Beschleunigungsanforderungen im Kontext der individuellen Biografie.

Niels Uhlendorf, M.A., Jg. 1986, Studium der Soziologie, Anglistik und Germanistik an der Universität Trier, ist seit 2012 als wissenschaftlicher Mitarbeiter im Forschungsprojekt »Aporien der Perfektionierung in der beschleunigten Moderne« an der Universität Hamburg tätig. Seit 2013 promoviert er zum Thema Migration, Anerkennung und Perfektionierung am Beispiel von Deutsch-IrannerInnen.

Kontakt

Prof. Dr. Benigna Gerisch
International Psychoanalytic University Berlin
Stromstraße 1
D-10555 Berlin
E-Mail: benigna.gerisch@ipu-berlin.de

Prof. Dr. Vera King
Universität Hamburg
Fak. 4/Fachbereich für Allgemeine, Interkulturelle und International Vergleichende Erziehungswissenschaft
Von-Melle-Park 8
D-20146 Hamburg
E-Mail: vera.king@uni-hamburg.de

Dr. Diana Lindner
Friedrich-Schiller-Universität Jena
Institut für Soziologie
Lehrstuhl für allgemeine und theoretische Soziologie
Bachstraße 18k
D-07743 Jena
E-Mail: diana.lindner@uni-jena.de

Prof. Dr. Hartmut Rosa
Friedrich-Schiller-Universität Jena
Institut für Soziologie
Lehrstuhl für allgemeine und theoretische Soziologie
Carl-Zeiss-Straße 3
D-07743 Jena
E-Mail: hartmut.rosa@uni-jena.de

Julia Schreiber, M. A.
Universität Hamburg
Fak. 4/Fachbereich für Allgemeine, Interkulturelle und International Vergleichende Erziehungswissenschaft
Von-Melle-Park 8
D-20146 Hamburg
E-Mail: julia.schreiber@uni-hamburg.de

Niels Uhlendorf, M. A.
Universität Hamburg
Fak. 4/Fachbereich für Allgemeine, Interkulturelle und International Vergleichende Erziehungswissenschaft
Von-Melle-Park 8
D-20146 Hamburg
E-Mail: niels.uhlendorf@uni-hamburg.de

Körperoptimierung im Kontext zeitgenössischer Muster der Lebensführung

Exemplarische Analyse psychischer und biografischer Bedeutungen schönheitschirurgischer Eingriffe

Christiane Beerbom, Katarina Busch, Benedikt Salfeld-Nebgen, Benigna Gerisch & Vera King

Zusammenfassung

In diesem Artikel werden Praktiken der Körper-Optimierung vor dem gesellschaftlichen Hintergrund des »Body-Turns« und den ästhetisch-chirurgischen Technologien in der beschleunigten Moderne untersucht. Im Zentrum steht dabei die Frage, wie und in welcher Weise gesellschaftliche Anforderungen einerseits sowie individuelle biografische Dispositionen und Motive andererseits ineinandergreifen und bestimmte Formen von (Körper-)Optimierungspraktiken hervorbringen. Dazu werden zunächst konzeptionelle Perspektiven und theoretische Konzepte ausgeführt und anschließend exemplarisch die Fallvignetten zweier Probandinnen aus der APAS-Studie vorgestellt und interpretiert, die sich mit Anfang 20 mehreren Schönheitsoperationen unterzogen haben. Besondere Aufmerksamkeit gilt hierbei der *biografisch bedingten Instrumentalisierung* des Körpers sowie den mit der (Körper-)Perfektionierung verbundenen destruktiven Potenzialen. Es werden zwei Typen beschrieben, die manifest betrachtet zunächst deutliche Ähnlichkeiten aufweisen, infolge der ganz unterschiedlich biografisch motivierten bewussten und unbewussten Indienstnahme des Körpers sowie körperbezogener Praktiken jedoch durch signifikante Differenzen charakterisiert sind.

Schlüsselwörter: Körperoptimierung, Schönheits-Operationen, Optimierung, Perfektionierung, Anpassung, Destruktion, individuelle Folgen kulturellen Wandels

Abstract

Body optimization in light of contemporary lifestyle patterns. Exemplary analyses of psychic and biographical meanings of plastic surgery

In this article practices of body optimization are discussed in the social context of the »body turn« and aesthetic surgical technologies in the late modern age. Pivotal in this regard is the question of how and in what way social needs and demands on the one hand interact with individual biographical dispositions, on the other, thereby creating specific forms of (body related) optimization practices. Hence, initially conceptional perspectives and theoretical concepts are illuminated and subsequently exemplified by presenting and interpreting two female case studies from the APAS-research project that both have undergone numerous plastic surgeries. Attention is particularly drawn to the *biographically caused instrumentalization* of the body including the destructive potentials accompanied by (body focused) perfection. Concerning this matter, two types are specified that seem similar on the manifest dimension, though on the reverse are characterized by significant differences as a result of varying biographically motivated conscious as well as unconscious instrumentalizations of the body and body related practices.

Keywords: body optimization, plastic surgery, optimization, perfection, adaption, destruction, individual consequences of cultural change

1. Einleitung

Körperkorrekturen und *Body-Modifications* sind keineswegs neuartige Kulturphänomene und somit nicht als originäre Charakteristika der Moderne anzusehen. Ein kulturgeschichtliches Novum scheint jedoch zu sein, dass die Arbeit am eigenen Körper im Sinne eines *gesellschaftlichen Imperativs zur Selbstoptimierung* für eine immer größere Anzahl an Menschen ganz selbstverständliche Züge angenommen hat, verbunden mit einer immensen Steigerung entsprechender Praktiken und Techniken – von Diäten über ästhetische Operationen bis hin zu Branding und Cutting (Villa, 2008; Schroer, 2005). In diesen Manifestationen körperbezogener Perfektionierungen verdichtet sich die Vorstellung, »daß der Körper, so wie er ist, nicht mehr hingenommen, nicht mehr als Schicksal akzeptiert werden muß, sondern verändert werden kann, zur Option geworden ist« (Schroer, 2005, S. 35).

Theoretischer Ausgangspunkt dieses Artikels ist vor diesem Hintergrund die Annahme einer beträchtlichen Zunahme von Optimierungsanforderungen in der Gegenwartsgesellschaft, worin Wettbewerb als konstitutives Prinzip imponiert und somit die Sicherung bzw. Verbesserung von Wettbewerbsfähigkeit sukzessive zum dominanten Handlungsmuster von Subjekten und Organisationen geworden ist (Rosa, 2005, 2006). Optimierung und Perfektionierung im Sinne permanenter (Selbst-)Verbesserung und Leistungssteigerung erscheinen vor diesem Hintergrund als unvermeidliche Maximen individueller Lebensführung, um im globalen Konkurrenzkampf eines *Immer-schneller-und-immer-besser-Werdens* konkurrieren zu können (King et al., 2014). Die damit einhergehende fortschreitende Verknappung zeitlicher Ressourcen hat aber den paradoxen Effekt einer Verschlechterung der Bedingungen von Optimierungsbestrebungen (Gerisch et al., 2012). Die verschiedenen, zum Teil gegenläufigen Logiken einzelner Lebensbereiche (z.B. Familie vs. Beruf) führen überdies aporetische Konflikte auf der Ebene individueller Lebensführung herbei. Prominente Zeitdiagnosen weisen auf die – psychopathologisch durchaus relevanten – Folgen dieser Entwicklungen hin (vgl. u. a. Ehrenberg, 2004; Sennett, 1998; Rosa, 2011), dabei werden soziologische Befunde vielfach in ein Entsprechungsverhältnis, etwa im Sinne eines auferlegten Zwangs, zur individuellen Lebensführung gesetzt. Subjektive Formen der affirmativen Aneignung (King, 2013) einer als intrinsisch motiviert erlebten bis euphorisierten Zustimmung zu gesellschaftlich ventilierten Optimierungsidealen in unterschiedlichen Bereichen des Lebens geraten darin häufig aus dem Blick. Insbesondere die offensichtliche Faszination vieler Individuen für die gesellschaftlichen Körper-Optimierungsdiskurse und -praktiken ist jedoch eingehender zu untersuchen.

Anstatt davon auszugehen, dass sich gesellschaftliche Entwicklungen unvermittelt auf die Ebene des Individuellen übertragen, gilt es, die *Übersetzungs- und Interaktionsprozesse* zwischen sozialen Anforderungen und der biografischen/psychischen Disposition zu analysieren. Als exemplarischer Versuch der Aufschlüsselung dieses komplexen Übersetzungsprozesses soll eine Rekonstruktion von Lebensführungsmustern und der in sie eingebetteten Körperpraktiken, in diesem Falle Schönheitsoperationen erfolgen. Muster von Lebensführung eignen sich hierzu in besonderer Weise, da sie »*einerseits* Folge und Ausdruck gesellschaftlicher Wandlungen sind; *andererseits* Ausdruck von spezifischen biografischen Dispositionen und psychischen Verarbeitungsformen« (King, 2013, S. 224f., Hervorh. im Orig.). Konkret gilt es demnach der Frage nachzugehen, *wie* soziale Bedingungen sich in individuelle Anpassungsformen, Lebensführungsmuster und Körperpraktiken über verschiedene Lebensphasen hinweg *übersetzen* und welche biografischen Erfahrungen kehrseitig für kulturelle und institutionelle Diskurse und Praktiken der Flexibilisierung und (Körper-)Optimierung *passförmig* sind. Diese Herangehensweise ermöglicht es, so die Annahme der aktuell laufenden APAS-Studie (»Aporien der Perfektionierung in der beschleunigten Moderne«)[1], die Konsequenzen und Aporien einer am Modus der Optimierung orientierten

Lebensführung detailliert in den Blick zu nehmen (Gerisch et al., 2012).

Nachdem zentrale Konzepte zur Theorie des Körpers anthropologischer, soziologischer, aber auch psychoanalytischer Provenienz kursorisch präsentiert wurden, werden die Fallvignetten zweier Probandinnen aus der APAS-Studie vorgestellt und analysiert, die sich mit Anfang 20 mehreren Schönheitsoperationen unterzogen haben.

2. Körpertheorien

Der Körper als Gegenstand theoretischer Diskurse hat »schon einige Konjunkturzyklen durchlebt« (Klein, 2005, S. 73). Als Bedeutungs- und Statusträger, an dem sich nach Bourdieu unmittelbar die Positionierung von Akteuren im sozialen Raum ablesen lässt (Bourdieu, 1987), ist der Körper seit jeher Instrument von (Selbst-)Darstellungen und damit in einem expliziten, instrumentellen Machtgefüge situiert: »Der Körper ist, um es radikal zu formulieren, Opfer von Inszenierungsstrategien, er verfügt nicht über Eigeninitiative, der Körper wird eingesetzt« (Klein, 2005, S. 80). Folgt man Plessners (1981) klassischer Unterscheidung zwischen Körper-Haben und Leib-Sein, so steht dem kontrollierbaren Körper der unverfügbare Leib gegenüber, der sich einer willkürlichen Kontrolle entzieht. Während der Körper also überaus heterogen und soziokulturell spezifisch in Dienst genommen wird, offenbart sich im Leib eine nicht selten verleugnete *Unverfügbarkeit*. Dieses Spannungsverhältnis zwischen körperlicher Kontrolle und leiblicher Ohnmacht gilt es im Kontext gegenwärtiger Körperselbstverhältnisse in den Blick zu nehmen.

Während der Körper in der Soziologie lange Zeit vernachlässigt wurde (Klein, 2005), nahm er in der Psychoanalyse im Rahmen des Hysterie-Paradigmas als unbewusster Schauplatz von durch gesellschaftliche Restriktionen mitverursachten psychischen Konflikten von Beginn an eine zentrale Stellung ein (vgl. u.a. Gerisch, 2006). »Nicht der Körper ist jedoch Gegenstand der Psychoanalyse, sondern die *Bedeutung*, die er annehmen kann« (Gerisch & King, 2008, S. 265, Hervorh. im Orig.). Auch wenn die Konzeptualisierung des Körpers über die unterschiedlichen psychoanalytischen Theorieströmungen hinweg differiert, lässt sich doch als gemeinsamer Fluchtpunkt konzedieren, dass Körpersymptome als Niederschläge von Beziehungserfahrungen begriffen werden und daher immer in ihrer Relation zu anderen Menschen zu interpretieren sind (vgl. z.B. Küchenhoff, 2005). Dieser Artikel folgt den entwicklungspsychologischen Annahmen einer fortschreitenden Desomatisierung einer anfangs psychophysischen Einheit hin zu einer differenzierten Relation zwischen Selbst und Körperselbst (Hirsch, 2010). Vor allem aufgrund frustrierender Erfahrungen setzt sich der Körper in der Wahrnehmungswelt als anderes, nicht omnipotent beherrschbares Objekt ab. Eine relativ gute Entwicklung lässt den Körper zum »unauffälligen Begleiter« (Hirsch, 1998, S. 1) werden, der in einem ebenso klar differenzierten wie integrierten Verhältnis lustspendende Erfahrungen ermöglicht. Kommt es in der psychischen Entwicklung dagegen zu traumatischen Erfahrungen, wird der Körper nicht selten zum Austragungsort psychisch desintegrierter Erlebnisse: Das Körperselbst wird vom Gesamtselbst abgespalten und als äußeres Objekt erlebt und behandelt. Die daraus entstehenden Formen körperlichen Agierens, von extremer Autodestruktivität über exzessiven Sport bis hin zu subtilen Körperpraktiken, repräsentieren dann als Ausdruckseinheit ein desintegriertes, bewusstseinsunfähiges Erlebnis. Die Relation Selbst/Körperselbst bleibt jedoch auch in der gesunden Entwicklung stets brüchig und erfordert lebenslange psychische Integrationsleistungen. Was sich demnach am Körper abspielt, ist nicht zuletzt ein Konflikt-Abwehr-Geschehen, das eine subjektive Bedeutung austrägt. Unter diesem Aspekt stellt sich die Frage nach den »im Zuge gesellschaftlicher Wandlungsprozesse kulturell etablierten als sinnvoll, gesund oder normal erachteten Bewältigungs- und Abwehrformen – man könnte auch sagen: die Angebote oder auch die Verführungen, die psychisches Arbeiten ermöglichen, erfordern oder eben gerade unterlaufen helfen« (Gerisch & King, 2008, S. 262).

3. Körperkonjunkturen

Sowohl in der Soziologie als auch in den Kulturwissenschaften wird von einem *Aufschwung des Körpers* gesprochen, der vorrangig auf Wandlungen in Gesellschafts- und vor allem Arbeitsverhältnissen zurückzuführen ist: Die Subjekte wurden nicht nur aus einem traditionellen Gefüge, sondern auch der Körper aus der industriellen Produktionsweise herausgelöst. Als Resultat dieser Entwicklung kann der »Body-Turn« (u.a. Villa, 2008; Schroer, 2005) angesehen werden, die massive Aufwertung und Ästhetisierung des Körpers, der nun zur »Visitenkarte« der Subjekte avanciert. In der Mediengesellschaft des 21. Jahrhunderts repräsentiert er die »Bild-Fläche« eines von Leistungsfähigkeit und Jugendlichkeit dominierten Paradigmas. Die Anpassung an diese gesellschaftlichen Leitbilder bzw. kulturellen Muster erfordert wiederum Arbeit am nun »arbeitslosen« Dienstleistungs-Körper, die mitunter lustvoll in Form von Sportangeboten, Entspannungs- und Wellnesskuren oder kosmetischen Behandlungen vollzogen wird, aber nicht minder häufig masochistische Züge annehmen kann (Klein, 2010; Pollmann, 2006). Längst nehmen subjektive Anpassungsanstrengungen an geltende Schönheits- bzw. Körperideale erhebliche Investitionspotenziale ein: »Meißel, Spachtel und anderes Modellierwerkzeug werden von der Gesellschaft zur Verfügung gestellt (genauer gesagt, sie sind käuflich zu erwerben), zusammen mit den entsprechenden Anleitungen und Modellen« (Bauman, 1995, S. 12). Der Besitz eines optimal funktionierenden Körpers und eines perfekten Erscheinungsbildes, die die kulturellen Anforderungen nach Fitness und Juvenilität erfüllen, verspricht nicht zuletzt soziale Anerkennung (Honneth, 1994), beispielsweise in beruflicher wie auch partnerschaftlicher Perspektive (u.a. Schroer, 2005). Denn die Aufwertung der körperlichen Erscheinung entspricht auch dessen Kapitalakkumulation im Sinne Bourdieus (1987) und wird damit als Distinktionsinstrument bedeutsam. Dieser am und mit dem Körper ausgefochtene Kampf um Perfektion befeuert nicht selten einen zirkulären Prozess der beständigen Sicherung der errungenen sozialen Position, »eine Spirale des Wettrüstens *gegen das eigene Selbst*« (Pollmann, 2006, S. 307, Hervorh. im Orig.). Damit in unmittelbarem Zusammenhang steht die Beobachtung einer fortschreitenden »Normalisierung der Schönheitschirurgie«. Diese lasse sich nicht nur anhand des weltweit (und v.a. in den Schwellenländern) kontinuierlichen Anstiegs ästhetisch-chirurgischer Eingriffe ablesen, sondern insbesondere daran, dass die Schönheitschirurgie sich auch auf der Ebene gesellschaftlicher Semantiken und subjektiver Deutungen zunehmend deskandalisiere. Vor allem unter dem Aspekt eines zugebilligten psychischen Leidensdrucks werden kosmetische Eingriffe zunehmend als legitim bewertet und auf gesellschaftlich-medialer Ebene nicht nur vermehrt thematisiert, sondern vielmehr als eine von vielen möglichen Formen der Körpermanipulation (auf einer Ebene mit Haarstyling, Diäten oder Zahnbleaching) inszeniert und somit *normalisiert* (Villa, 2013, S. 54ff.). Der Diskurs der Schönheitsoperationen erscheint dabei als nahtlos kompatibel mit dem spätmodernen Imperativ der »permanenten Selbstverbesserung« des »unternehmerischen Selbst« (Bröckling, 2007).

Auch in der psychoanalytisch orientierten Literatur finden sich diverse Theorien zu Körperstörungen und Körperkult in der Gegenwart, denen meist eine Kombination soziokultureller und psychogenetischer/psychodynamischer Überlegungen gemeinsam ist (ein kurzer Überblick findet sich bei Dornes, 2012, S. 125ff.). Weitestgehend Konsens ist, dass der Körper mit der zentralen Aufgabe der Identitätsbildung befrachtet und damit überfordert wird, indem »Anforderungen an eine gelingende Lebenspraxis, an Sinnstiftung und Selbstverwirklichung […] auf den Umgang mit dem eignen Körper verschoben werden« (Küchenhoff, 2005, S. 175). Dadurch erhält die narzisstische Akzentuierung des Körpererlebens, das heißt der Einsatz des Körpers im Sinne der Befriedigung narzisstischer Bedürfnisse, eine ungemeine Aufwertung, was den Einsatz optimierender Körperpraktiken und die Anfälligkeit für medial vermittelte Körperbilder begünstigt. Resümierend lässt sich herausarbeiten, dass Körpermanipulationen und insbesondere Schönheitsoperationen von psychoanalytisch orientierten Autoren und Autorinnen mehrheitlich unter dem Aspekt des *Angriffs auf die »facts of life«* (Money-Kyrle, 1971) thematisiert werden und im Zuge dessen die Frage nach der Gemeinsamkeit ihrer psychischen Bedeutung und autodestruktivem Verhalten aufgeworfen wird: Körperpraktiken kosmetischer wie chirurgischer Art, die sich im Wesentlichen der Negierung von Alterungsprozessen zuwenden, werden unter diesen Vorzeichen unter anderem von Rhode-Dachser (2009a, 2009b) und Schroer (2005) als Aufstand gegen die Endlichkeit des Lebens beschrieben. In der beschleunigten Gegenwartsgesellschaft mit ihren scheinbar unbegrenzten technischen Möglichkeiten und steten Innovationen analysiert Rohde-Dachser Verheißungen ewiger Schönheit und Jugendlichkeit als säkulare Verzögerungsstrategie von Sterblichkeit; und auch Pollmann (2006) resümiert: »›Gesundheit‹ und ein ›langes Leben‹ – dies sind nicht länger teure Geschenke des Himmels, sondern kosten- und arbeitsintensive Produkte der hochtechnisierten Lebenswelt« (ebd., S. 310). Das Leben wird in dem Sinne verlängert, dass die Spuren der Vergänglichkeit des Körpers beseitigt werden, er optisch verjüngt wird und im Zuge dessen neu- bzw. wiedergewonnene Lebensjahre suggeriert. Dem beipflichtend führt auch Gerisch mit Bezug auf Morgan (1991) aus:

> »Im Diskurs des transhumanen Körperkultes gehe es […] keineswegs allein um Schönheit, sondern um die Herstellung einer neuen Identität in Gestalt eines gewandelten, zeitentbundenen Körpers. Mehr noch: der zuweilen als unerträglich beschleunigt erlebten Welt wird ein statisches, über alle Veränderungs- und Vergänglichkeitsprozesse triumphierendes, von den unvermeidbaren Spuren der Lebensgeschichte gereinigtes Körperideal gleichsam entgegengestellt. Dabei ist der manipulative Angriff auf die Zeitgebundenheit bei ästhetischen Körperpraktiken ebenso evident wie etwa bei der Anorexie, die den reifen Körper der Frau in ein infantiles Stadium zurückzwingt« (Gerisch, 2009, S. 130).

Ambivalenzen zwischen dem Körper als letztem Refugium für Authentizität und dem Körper als Inszenierungsmaterial scheinen ebenfalls relevant zu sein. Die Instrumentalisierung der Schönheitsoperation ist hier als Versuch der Subjekte zu interpretieren, »die Distanz zwischen Innen und Außen zu verringern, so dass andere sie so sehen […], wie sie selbst sich sehen« (Borkenhagen, 2001, S. 59), nämlich als zeitlos schön und unversehrt. Darüber hinaus wird der Körper im individualisierten und unbegrenzten Möglichkeitsraum der Gegenwart als (letztes) sinn- respektive identitätsstiftendes Objekt herausgearbeitet (vgl. u. a. Gerisch, 2006, 2009; Pollmann, 2006). Die vermeintliche Kontrolle über den eigenen Körper vermittelt vor diesem Hintergrund die Illusion der Kontrolle über das eigene Leben:

> »Wer die eigenen Körpergrenzen bis hin zu deren Vernichtung traktiert, folgt letztlich einem Verlangen nach Kontur. Damit ist eine schicksalhafte Unstimmigkeit unserer Zeit diagnostiziert, deren Konsequenzen bislang noch gar nicht angemessen abzuschätzen sind: Der vermeintlich *kranke* Körperkult mag für immer mehr Menschen zur einzigen Chance werden, seelisch *gesund* zu bleiben« (Pollmann, 2006, S. 323, Hervorh. im Orig.).

Die Manipulation des Körpers scheint sich demgemäß als *das Mittel der Wahl* anzubieten, um den durch gesellschaftliche Überforderungsszenarien und Heteronomien herbeigeführten individuellen Entfremdungserfahrungen bis hin zu Depersonalisierungserscheinungen mit Krankheitswert entgegenzutreten und in authentische Erlebnisweisen umzudeuten, was durch den spätmodernen Body-Turn befördert wird und diesen zugleich vorantreibt. Diesen Ansatz weiterdenkend ist zu vermuten, dass die technologisch-medizinischen Möglichkeiten der Körpermanipulation Omnipotenzfantasien schüren und durch ihre Verfügbarkeit und Massentauglichkeit als quasi-natürliche Mittel der Identitätsstiftung erscheinen. Jedoch unterminieren sie zugleich die psychische Integration von Mangel-, Verlust- und Endlichkeitserfahrungen, bleibt doch der Leib hinter dem manipulierten und kohärent erscheinenden Körper stets unverfügbar. In diesem Sinne resümieren auch Gerisch und King prägnant:

> »Wir treffen auf eine nahezu allseits präsente ›Verführung zum Agieren‹, zum technologisch ermöglichten Unterlaufen von Integrations-, Reifungs- und Trauerprozessen etwa in Form von körpermodifizierenden, manipulativen Anti-Aging-Programmen und Schönheitsoperationen, die, gleichsam im Sinne einer operativen Bulimie, zudem sozial positiv sanktioniert wird. Diese Umarbeitungsstrategien mit ihren impliziten Verheißungen von ewiger Jugend und Unsterblichkeit liegen quer zu den lebenslangen Anforderungen an psychische Integrationsanforderungen, die auf der Anerkennung von Begrenzung und Endlichkeit basieren – und eben positiv nur aus dieser Anerkennung ihre Fähigkeit zu symbolischer Überschreitung, zu Sublimierung und kreativer Veränderung entwickeln können« (Gerisch & King, 2008, S. 269).

4. Der Weg zum optimalschönen Körper – zwei Fälle[2]

Die Körper-Biografien von Alexandra G. und Sabrina H. weisen auf den ersten Blick bis ins frühe Erwachsenenalter deutliche Parallelen auf. Beide Frauen waren in ihrer Kindheit übergewichtig und bereits damals mit ihrer Figur und der optischen Wirkung ihres Körpers beschäftigt.

Frau G.

Schon in der Grundschulzeit sei Frau G. übergewichtig gewesen und habe versucht, ihr Aussehen durch Leistung zu kompensieren. In der Pubertät entwickelt sie in ihrem Bestreben, Souveränität über ihr Körpergewicht zu erlangen, eine Essstörung: Mit 16 Jahren macht sie eine »Nulldiät«, was das Ausbleiben ihrer Regelblutung zur Folge hat. Bald danach vollzieht sie wiederum eine Wendung ins andere Extrem: Sie lässt vom rigiden Hungern wieder ab und entwickelt stattdessen eine schwerwiegende Adipositas: mit Anfang 20 wiegt sie 150 Kilo. Nach einem Schlüsselerlebnis verliert sie dank einer radikalen Ernährungsumstellung und exzessiven Sports innerhalb eines Jahres 75 Kilo. Nun zwar schlank, findet sie sich in einem von herabhängenden Hautlappen gezeichneten Körper »einer sehr alten Frau« wieder. Bei den drei folgenden schönheitschirurgischen Operationen steht die Beseitigung der Zeugnisse ihrer extremen Gewichtsschwankungen im Zentrum: Alexandra G. unterzieht sich einem Body-Lift, lässt sich das Gesäß und die Oberarme straffen und Implantate in die zuvor gestrafften Brüste einsetzen. Sie geht dabei reflektiert und umsichtig vor, lässt sich über die Dauer von zweieinhalb Jahren beraten und zieht Brustimplantate erst auf Anraten ihres Arztes in Erwägung. Finanziert werden ihre OPs zum Großteil von der Krankenkasse, den Rest übernimmt sie selbst. Frau G. gelingt es in den folgenden Jahren, ihre neue Attraktivität zu genießen und ihr Gewicht dauerhaft zu halten, obwohl sie in verschiedenen Lebensbereichen belastende Erfahrungen machen muss. Zum Zeitpunkt des Interviews ist Alexandra G. arbeitssuchend, wendet diese Situation aber in eine sie möglichst persönlich voranbringende »Orientierungsphase«. Bezüglich ihrer Partnerschaft hebt sie das gegenseitige Verständnis für den kontrollierten Körperumgang als besonders positiv hervor: Ihr Partner sei sehr sportlich und modebewusst und habe daher vollstes Verständnis, dass sie heute sehr auf ihr Gewicht achte.

Frau H.

Auch Frau H. ist bereits in ihrer Grundschulzeit deutlich übergewichtig und betont ihr Leiden daran bzw. den Wunsch nach Schlankheit und Schönheit. Obschon eine extreme Leistungsorientierung auch bei ihr erkennbar ist, stellt sie keinen Zusammenhang zwischen Leistung und Leiden an ihrem Körper her. Nachdem

Sabrina H. ihr Gewicht nach einer mehrmonatigen ärztlich begleiteten Diät nicht halten kann, entwickelt sie mit 15 für circa ein Jahr eine bulimische Symptomatik und schwankt anschließend zwischen Phasen sehr kontrollierten Essverhaltens und solchen der Unmäßigkeit. Ihre Gewichtsschwankungen hinterlassen auch an ihrem Körper dauerhafte Spuren in Form erschlafften Bindegewebes. Wie auch Alexandra G. unterzieht sich Sabrina H. mit Anfang 20 mehreren schönheitschirurgischen Eingriffen und lässt sich zunächst am Bauch Fett absaugen und die Armpartien verschlanken, dann einen Brustaufbau durchführen und zuletzt den Po straffen. Auslöser ist, dass ihr vermögender Adoptivbruder, der einen Lottogewinn durch halblegale Geschäfte maximieren konnte, sich einer Schönheitsoperation unterzogen hat; kurz danach formuliert auch Sabrina H. (als Pflegemanagerin selbst nur gering verdienend) ihr Interesse an ästhetisch-chirurgischen Eingriffen. Nur drei Tage später wird Sabrina H.s erster Eingriff durchgeführt; die Finanzierung dieses wie auch der folgenden Eingriffe übernimmt ihr Adoptivbruder: »Und dann fing das aber so an, dass ich gedacht hab, ach, das ist ja so einfach, da lass ich das und das noch machen.« Während Alexandra G. ihren neuen Körper genießen kann, empfindet sich Sabrina H. weiterhin als nicht »perfekt« genug: Sie erlebt sich als defizitär und entwickelt erneut eine gravierende bulimische Symptomatik, die bis in die Gegenwart des Interviews für circa fünf Jahre anhält. Diese verschlimmert sich immens, nachdem ihr stark idealisierter Adoptivbruder sein Vermögen verliert. Dadurch wird Frau H. nicht nur gezwungen, ihren glamourösen Lifestyle aufzugeben, sondern verliert auch die Anschubfinanzierung für die – in der Planung bereits weit vorangeschrittene – Eröffnung eines eigenen Pflegeheims. So arbeitet sie erneut in einer psychisch wie physisch stark belastenden Arbeitsstelle in einer sozialen Einrichtung, treibt exzessiv Sport und nimmt monatelang nur noch in Form von Essanfällen Nahrung zu sich. Während ihre langjährige Partnerschaft ihr zwar Stabilität zu geben scheint, wirkt Frau H. jedoch latent unglücklich: oft nehme ihr Partner ihre Bedürfnisse gar nicht wahr, und er habe lange Zeit ihre bulimische Symptomatik nicht bemerkt. Im Gegensatz zu Frau G. plant Sabrina H. auch in Zukunft, sich weiteren schönheitschirurgischen Eingriffen zu unterziehen:

> »[U]nd ich hab auch immer noch so im Kopf, wenn die ersten Falten kommen, also das ist ganz klar, die werden auch wegoperiert, hab ich auch mit meinem Mann, […] hab ich gesagt, wenn du mich heiraten willst, eins musst du mir versprechen, sobald ich Falten hab, das musst du mir bezahlen.«

Die zentrale Gemeinsamkeit der beiden Fälle zeigt sich folglich im Wesentlichen in der ausgeprägten Orientierung an gängigen Schönheits-Idealen sowie am affirmativen Verhältnis zu gegenwärtigen gesellschaftlichen Optimierungsanforderungen in weiteren Lebensbereichen. Warum gelingt es jedoch Alexandra G. offenbar so viel besser, ihr Leben trotz Krisen zu bewältigen und ihrem Körper-Ideal dauerhaft zu entsprechen? Gemäß der zuvor bereits ausgeführten Annahme, dass Muster der Lebensführung insbesondere in Hinblick auf die Passförmigkeit von biografisch-psychischen Disposition und gesellschaftlichen Anrufungen zu untersuchen sind, gilt es für beide Frauen aufzuzeigen, mit welchen *biografischen und psychischen Dispositionen* sie *wann und welche konkreten Optimierungsdiskurse und sozialen Muster der Lebensführung* wählen und warum das *Zusammenspiel* dieser in dem einen Fall stabilisierend und im anderen Fall destabilisierend wirkt.

5. Sabrina H.: Körperperfektionierung und die Suche nach Anerkennung

Charakteristisch für den Fall Sabrina H. ist ihr chamäleonartiges Anspringen auf gesellschaftliche Optimierungsmöglichkeiten verschiedenster Art, wobei körperbezogene Ideale hierbei die bedeutsamsten sind. Im Gegensatz zu Alexandra G. fehlt es Sabrina H. an vergleichbarer Kohärenz. Ihre Lebensführung orientiert sich nicht an einem klar artikulierten, von Werten getragenen Lebensziel, sondern an einer abstrakten Logik der Überbietung: Sie muss stets »besser sein als andere«, sowohl in Schule, Studium und ihrer Arbeitstätigkeit als auch in Hinblick auf ihre optische Erscheinung. Allgemein lässt sich herausarbeiten, dass sich Sabrina H.s Anstrengungen überwiegend an konkret Greifbarem wie Noten, Bildungsabschlüssen oder einer perfekten Figur orientieren. Andere Menschen werden vielfach als makellos imaginiert und zu imitieren versucht. Die Konkurrenz mit den vermeintlich *perfekten Anderen* führt dabei gewissermaßen zu einer Zuspitzung ihrer Selbstverbesserungsbestrebungen, da sie die Perfektion ihrer Gegenüber übersteigert fantasiert – und diese demnach für sie selbst unerreichbar ist. Infolgedessen verläuft die bis zur Verausgabung und Überforderung betriebene Selbstoptimierung letztendlich leer und Sabrina H. bleibt in einem ständigen Perfektionierungszyklus gefangen. Sie scheint so etwas wie einen inneren Drang nicht nur nach dem *Zustand* von Perfektion, sondern nach der *Bewegung von Perfektionierung* selbst zu besitzen. Diese Bewegung ist im Fall Frau H. eng mit der Suche nach Anerkennung und Resonanz verknüpft, die sie infolge ihres Studienabschlusses »mit Auszeichnung« weder im beruflichen Feld noch in ihrer Partnerschaft zu finden scheint: Frau H. arbeitet im Pflegemanagement unter prekären Bedingungen mit enorm fordernder Klientel bis zur Erschöpfung, jedoch ohne angemessene Entlohnung oder Unterstützung; und ihr Partner reagiert kaum auf ihre ausgesprochene wie unausgesprochene Bedürftigkeit. Vor diesem Hintergrund wird ihr Körper zum zentralen Schauplatz der Anerkennungssuche, der sich in seiner Konkretheit besonders als Optimierungs-Plattform eignet. So argumentiert Frau H. beispielsweise auch im Sinne traditionell wirkender Weiblichkeitsbilder und äußert verschiedentlich in ihrem Narrativ: »ich kann nichts, ich hab keine besonderen Talente (2 Sek. Pause) und ich will (2 Sek. Pause) wenigstens gefallen und schön sein« oder aber »ne Frau hat die Aufgabe, gut auszusehen, gut hergerichtet zu sein (2 Sek. Pause) da muss alles passen«. Das praktizierte Streben nach dem vollkommenen Körper ist dabei keineswegs ein Handlungsmuster ihres Erwachsenenalters, sondern eine lebensgeschichtlich überdauernde Struktur, die durch den fließenden Übergang zwischen progressiver Suche und (auto-)destruktivem Agieren gekennzeichnet ist. Der Körper erweist sich in dieser zutiefst konflikthaften Dynamik als das optimale *Objekt*: Es lässt sich vergleichsweise einfach modifizieren und – bei misslungenen Versuchen – unmittelbar bestrafen. Dergestalt tritt der Körper im Fall Frau H. nicht nur als ein Statussymbol für ein gelungenes Leben auf, sondern vermittelt ein *Kontrollerleben* in einer Welt, die subjektiv als weder Halt noch die ersehnte Anerkennung gebend erlebt wird. Aufgrund seiner letztlich leiblichen Begründetheit entzieht sich der Körper aber einem absoluten Zugriff und wird gerade deswegen zum verfolgenden oder sogar bestrafenden Objekt, was einen nur noch erbitterteren *circulus vitiosus* der Domestizierung in Gang setzt (vgl. hierzu Gerisch, 2009).

Die Gründe für die Instrumentalisierung des Körpers als Kompensationsobjekt für einen erlebten Mangel an Anerkennung und Resonanz lassen sich besser vor dem Hintergrund der Kindheitserfahrungen von Frau H. ableiten: Sie wächst mit ihrem älteren Adoptivbruder und einer jüngeren Schwester als erstes leibliches Kind ihrer Eltern in einer Künstlerkommune in ländlicher Umgebung auf, was die Kinder der Familie als konfliktbeladen empfinden, müssen sie den elterlichen Lebensstil gelegentlich rechtfertigen. So sehr Frau H. auch die harmonische Atmosphäre zu Hause beteuert, unter Beachtung ihrer Abwehrmechanismen (vorrangig: Idealisierung, Verleugnung, Rationalisierung), die sich auch in ihren Erzählmustern zum Ausdruck bringen, zeichnet sich eine Eltern-Kind-Beziehung ab, die nahelegt, wie es zu den von ihr entwickelten körperbezogenen Perfektionierungsstrategien gekommen sein könnte: Nimmt man eine Störung der frühen, dyadischen Mutter-Kind-Beziehung an, wäre es als ein in entwicklungspsychologischer Hinsicht normaler Versuch anzusehen, durch das Bemühen um die Aufmerksamkeit eines Dritten, des Vaters, aus der frustrierenden Dyade zu gelangen; sofern diese Annahme zutrifft, wird Frau H. jedoch auch hier die emotionale Versorgung und Anerkennung ihrer Bedürfnisse nicht erhalten haben. Frau H. findet ihren Ausweg aus dieser emotional ausgehungerten Situation im hysterischen Modus, das heißt sie sexualisiert Beziehung zur Anziehung eines Dritten, der ihr eine Separation aus der dyadischen Beziehung ermöglicht. Das extreme Achten auf ihr Äußeres, die sexualisierende Aufladung der Oberfläche lässt sich demnach als ein Kommunikationsakt deuten, der auf das Erreichen eines Anderen angelegt ist und in dem sie im Wesentlichen ihrem Adoptivbruder folgt: Beide Geschwister identifizieren sich hochgradig mit den Werten einer bürgerlichen Gesellschaft, gemeinsam errichten sie eine Gegen-Norm der Affirmation materieller Werte und schaukeln sich in einer geschwisterlichen Kollusion ihrer unbefriedigten Wünsche gegenseitig hoch. Diese Handlungsmuster könnten, analytisch konzeptualisiert, als Protest angesehen werden und als Versuch qua Auflehnung Aufmerksamkeit zu erlangen. Eben diese Dynamik aber führte im frühen Erwachsenenalter Frau H. zur paradoxen Situation, dass die gesamte Familie vom angehäuften Vermögen des Adoptivbruders bzw. -sohnes profitierte, die vom Geschwisterpaar mühsam errichtete Gegen-Norm zum elterlichen, alternativen, konsum- und leistungsablehnenden Lebensstil führt also zu keinem Konflikt zwischen den Generationen: Einmal mehr bleiben die Kinder in ihrem Bedürfnis nach Anerkennung und Begrenzung ungesehen. Mit der Flucht des Bruders verliert Frau H. ihr brüderliches Spiegelobjekt und ihren Finanzier zugleich. Der materiellen Quelle ihrer Perfektionsstrategien beraubt, bleibt Frau H. nichts als die (nun noch destruktivere) Rückwendung auf ihren Körper und sie entwickelt eine schwerwiegende bulimische Symptomatik.

Der Körper ist bei Frau H. seit ihrer frühen Kindheit ein Objekt, das zum hysteroformen Erreichen eines Anderen verwendet wird. Er und insbesondere seine Oberfläche bieten sich in ihrer vorgeblichen Kontrollierbarkeit dafür an: Zu- und Abnehmen sind kalkulierbare Reaktionen, Schönheitsoperationen ermöglichen ein abschätzbares, aufmerksamkeitserregendes Ergebnis und auch ihre bulimische Symptomatik hat zwar destruktive, aber zugleich absehbare Effekte auf ihren Körper. Ein selbstfürsorgliches Verhältnis zu ihrem Körper konnte Sabrina H. nicht entwickeln: Am Übersprungsartigen ihrer Entscheidungsprozesse zu den Schönheitsoperationen zeigt sich neben der Verleugnung potenzieller Gefahren, dass sie diesen wie ein Ding begreift, das man wie ein Auto zur Reparatur oder zum Tuning bringen kann. Eben diese subjektiven (bewussten und unbewussten) Phantasmen stellen die Passförmigkeit zum Körper-Optimierungsdiskurs her. Neben der Suche nach Anerkennung werden besonders der Kontrollaspekt und die Verwendung des Körpers als haltgebendes Objekt in einer haltlosen Welt deutlich. Dies erklärt bei Sabrina H. neben ihrem Streben nach dem perfekten Körper auch, weshalb die Dynamik der Körpermanipulationen zu keinem Ende gelangen kann: Sie benötigt diesen, um ihr Selbst stabil zu halten. Aufgrund ihrer psychischen Disposition erweist sich Sabrina H. also zum einen als besonders anfällig für die derzeitig geltenden Schönheitsideale und körpermanipulativen Praktiken sowie den ihnen inhärenten Modus des nie abgeschlossenen »Projekt Körper« (Posch, 2009). Zum anderen orientiert sie sich an einem gesellschaftlichen Umfeld, das die geschilderten Körperkorrekturen als normal begreift und dadurch deren (mögliche) destruktive Potenziale kollektiv negiert.

6. Alexandra G.: Körperperfektionierung als Beseitigung von Mangelerfahrungen

Frau G. präsentiert sich als selbstreflektierte, betont autonome Frau, die ihre übergewichtsbedingten Ausgrenzungserfahrungen durch zunächst schulische und später berufliche Leistungen zu kompensieren imstande ist. Dieser Modus leistungsbezogener Selbstwertregulation erscheint vor diesem Hintergrund als typisch und zieht sich durch weite Teile ihrer Lebensgeschichte. Im Gegensatz zu Sabrina H. gelingt es Alexandra G. dabei weitaus besser, von der erhaltenen Anerkennung für ihre Leistung zu profitieren; und so versucht sie, sich primär über

Bildung von ihrer Herkunftsfamilie zu emanzipieren, wird im beruflichen Kontext mehrfach befördert und führt verschiedene Partnerschaften, die ihr Stabilität, Sicherheit und Wertschätzung zu vermitteln scheinen. Auch Frau G. ist mit der Optimierung ihres Selbst in verschiedenen Bereichen ihres Lebens beschäftigt, die jedoch eher an expliziten Zielvorstellungen orientiert und in der Folge auch eher erreichbar sind. Dabei ist ihr Körper ein Optimierungsschauplatz neben anderen: Das Übergewicht wird im Sinne der Selbstverbesserung reduziert, das Aussehen mithilfe von schönheitschirurgischen Eingriffen korrigiert und die Psyche durch prophylaktische Therapiebesuche (Illouz, 2006) stabilisiert. In diesem Zusammenhang lässt sich auch die von Frau G. nahezu predigend vorgetragene, zeitgenössische Lebensphilosophie des *conscious lifestyle* (u.a. die Suche nach Sinnhaftigkeit im beruflichen Streben sowie ihre vegane Ernährung) als *Optimierung über ihre (körperlichen) Grenzen hinaus* interpretieren, die demnach nicht nur sie und ihr Leben selbst, sondern die Welt als Ganzes zu verbessern sucht. Im Kontrast zu Frau H. verspürt Frau G. angesichts ihrer durchaus mit Unsicherheiten einhergehenden Lebenssituation dem Anschein nach kaum Sorgen und bis auf ihre stark in den Vordergrund gerückte vegane Diät scheint das Thema Körper in der Gegenwart des Interviews keine tragende Rolle mehr zu spielen. Mit den zurückliegenden schönheitschirurgischen Eingriffen und daraus resultierenden neuen Handlungsoptionen (neue erotisch-partnerschaftliche Erfahrungen, verbessertes Aussehen und berufliche Aufstiegschancen) wirkt die Optimierung ihres Körpers zunächst nahezu abgeschlossen. Noch immer ist Leistung – »ob ich was kann, ob ich was weiß« – für sie das zentrale Maß, an dem sie gemessen werden möchte. Doch wo vorher Scham über die Unförmigkeit vorherrschte, entsteht nun die Angst, ausschließlich auf ihr Äußeres reduziert zu werden. Zugespitzt lässt sich vermuten, dass der Leistungsdruck paradoxerweise durch ihr neues Aussehen und die dazugewonnenen Handlungsmöglichkeiten weiter angestiegen ist, wodurch der Druck zugenommen hat, die erreichte Position zu halten.

Die Körperoptimierung bei Frau G. erscheint vor diesem Hintergrund der Verschiebung eines zuvor anders gelösten Konfliktes ähnlich, dessen frühkindliche Entstehung und bis Anfang 20 aufrechterhaltene Kompromissbildung sich offenbar vornehmlich am Körper inszeniert hat: Die Erzählung von Frau G. legt nahe, dass weder ihre Mutter, die medikamentenabhängig und »mit sich selbst am Kämpfen« war und die Familie verließ, als Alexandra G. neun Jahre alt war, noch ihr Vater mit seinen cholerischen und handgreiflichen Zügen ihr als ausreichend gute Objekte dienen konnten. Eine ebensolche Objektkonstellation in der sehr frühen Entwicklung führt zur Frustration insbesondere oraler Wünsche nach Versorgung und später zur Erschütterung eines fundierten Autonomieerlebens. In dem Maße, wie die Bedürfnisse ungesehen bleiben, wächst die Abwehr derselben, sodass sich Symptome herausbilden, die das Abgewehrte entstellt symbolisieren. Die gravierende Adipositas von Frau G. kann insofern als ein abgewehrter Wunsch nach Versorgung aufgefasst werden, der durch exzessive Selbstfütterung zu kompensieren versucht wird, und zugleich als Schutz vor eigenen Aggressionsimpulsen. Im Sinne der Überdeterminierung des Symptoms ist das Agieren am Körper im Fall Frau G. in diesem Sinne als ein Versuch der Kompensation vor allem familialer, mit Ohnmachtserleben verbundener Verlusterfahrungen anzusehen. Frau G.s radikales Abnehmen und die Schönheitsoperationen muten somit nicht als Reifungsschritte an, sondern erscheinen eher motiviert von einem bewusstseinsunfähigen Konflikt. Vor diesem Hintergrund wären ihre Körperkorrekturen vielmehr als ein Versuch des Ungeschehenmachenwollens erlittener Mangelerfahrungen respektive deren körperlicher Spuren zu deuten – und damit auch ein erneuter Versuch, ihre (vormals unbeantwortete) Bedürftigkeit zu verleugnen. Und so ist die Optimierung ihres Körpers im Fall Frau G. auch nur scheinbar abgeschlossen, denn vielmehr verschieben sich ihre Bemühungen nun auf immerwährende Sorge, ihr Gewicht und ihr Aussehen konstant halten zu können, bei der sie auf den affirmativen Umgang mit den Idealen einer möglichst heilen, reinen, vollkommenen Lebensführung (z.B. vegane Ernährung) zurückgreift.

Frau G. ist als Vertreterin eines Typus anzusehen, bei dem verschiedene Kulturtechniken der Körperoptimierung zu der Möglichkeit einer Übertragung bisheriger Praktiken der Optimierung (der Essstörungen) auf andere Lebensbereiche geführt haben. Es war gerade die Verfügbarkeit von körperoptimierenden Praktiken, die ihr eine neue Bühne eröffnet haben, sodass sich ihre masochistisch abgewehrten Aggressionsanteile nun über die Affirmation eines unhinterfragten Perfektionierungsdenkens artikulieren können. Denn ihre erlittenen Mangelerfahrungen und die dadurch entwickelten Abwehrformen sind gleichsam eine Mesalliance mit überhöhten Forderungen nach dem perfekten Leben eingegangen. Ihre biografische Disposition zur Abwehr von Destruktivem trifft damit passförmig auf bestimmte Diskurse und etablierte Praktiken einer zeitgenössischen Lebensphilosophie, für die neben dem *Heilsversprechen im Irdischen* durch *bewusstes, nachhaltiges Verhalten* und *selbstreflexive Arbeit an sich selbst* eine Verschleierung von Widersprüchen, Ambivalenzen, Abhängigkeiten und übersteigerten Anforderungen (hinsichtlich des Umgang mit Destruktivem, Triebhaften) charakteristisch ist. Diese mutuelle Verschränkung erzeugt eine erhebliche Stabilität dieses Lebensführungsmusters, gleichwohl auf Kosten lustvoller Lebendigkeit und unter Ausblendung der Abhängigkeit von Anderen.

7. Resümee

Vor dem Hintergrund prävalenter Körpermodifizierungen und -optimierungspraktiken in der beschleunigten Moderne galt es herauszuarbeiten, dass sich Individuen in ihrer Lebensführung an gesellschaftlichen Anrufungen und Anforderungen nicht im Sinne einer unvermittelten Aneignung ausrichten, sondern sich vielmehr ein komplexer *Übersetzungsprozess* (King, 2013) vollzieht, der Individuen aufgrund ihrer biografischen und psychischen Strukturen für körperbezogene Optimierungspraktiken auf je subjektive Weise disponibel werden lässt. Die beiden präsentierten Fallgeschichten von Frau G. und Frau H., die manifest betrachtet zunächst starke Ähnlichkeiten aufweisen, sind jedoch hinsichtlich der bewussten und unbewussten Einbindung körperbezogener Praktiken in die jeweilige Biografie durch signifikante Differenzen charakterisiert. *Gemeinsam* ist ihnen die aufgrund spezifischer Erfahrungen und deren psychogenetischer Auswirkungen entstandene Empfänglichkeit für gesellschaftliche Optimierungsdiskurse. Die sozial prominenten Maßnahmen am Körper kommen ihren Bedürfnissen nach körperlich erfahrbar gemachtem Kontrollerleben passförmig entgegen; sie regulieren sowohl Ohnmachtserleben als auch versagte Wünsche nach Anerkennung zunächst qua pathogener Ernährungsweisen, später über gravierende chirurgische Eingriffe und schließlich in Form obsessiver Körperpraktiken in der Gegenwart.

Sabrina H. erwies sich hierbei als Vertreterin eines Typus, bei dem der Körper als stabiles und verlässliches Objekt in Dienst genommen wird, um Kontrollerleben in einer Welt zu ermöglichen, die sie aufgrund ihrer spezifischen psychischen Struktur als unüberschaubar und haltlos erlebt. Im Fall Frau H. führt die beständige Suche nach der (primär elterlichen) Anerkennung und Resonanz zu einer Instrumentalisierung ihres Körpers, die sich in verschiedenen Lebensabschnitten zwischen ästhetischer Optimierung und Destruktion bewegt. Frau H.s Körperverwendung entspricht in weiten Teilen den Thesen Gerischs (2006, 2009) und Pollmanns (2006), wonach der Körper unter den steigenden Leistungsansprüchen und damit einhergehenden Entfremdungserfahrungen der Spätmoderne zum Identitätsgaranten und einzig Halt versprechenden Objekt in einer wenig Orientierung bietenden Gesellschaft wird. Der eigene Körper gerät deswegen so leicht zum Kompensationsobjekt, da er im Unterschied zur Gesellschaft und anderen – realen – Objekten wenigstens begrenzt verfügbar und kontrollierbar ist. Frau H. ist nicht in der Lage, in Beruf oder Partnerschaft genügend Anerkennung zu erhalten, und ist so umso mehr auf ihren Körper zurückgeworfen. Aus diesem Grund beschäftigen sich die Vertreter und Vertreterinnen dieses Typus permanent mit der Umgestaltung/Korrektur ihrer Erscheinung. Da der Körper in seiner leiblichen Dimension sich einem omnipotenten Zugriff jedoch entzieht, avanciert er leicht zum verfolgenden Objekt. So manifestieren sich an ihm kehrseitig auch die resultierenden destruktiven/aggressiven Potenziale einer »verlorenen/vorenthaltenen Anerkennung« in Form einer wiederkehrenden bulimischen Symptomatik.

Alexandra G. erscheint dagegen als Vertreterin eines Typus, der die fehlende elterliche Zuwendung zum einen durch Leistung zu kompensieren versucht, bei dem sich aber zum anderen in jungen Jahren die Suche nach ausreichender Versorgung in der Ausbildung einer Adipositas symbolisiert. Von seiner psychischen Disposition her ist dieser Typus im frühen Erwachsenenalter in der Lage, diese Kompensations- bzw. Abwehrformation ins Gegenteil zu verkehren und eine radikale, dauerhafte Körperkontrolle zu entwickeln. Die Schönheitsoperationen geben Alexandra G. dabei die Möglichkeit, die am Körper verbliebenen Zeugnisse frühkindlicher Mangelerfahrungen (in ihrem Fall die herunterhängenden Hautlappen) zu beseitigen – und so nicht nur diese, sondern insbesondere die damit verknüpfte Bedürftigkeit zu verschleiern. Das chirurgisch erzeugte optimierte Äußere erfordert zum Erhalt zwar weiterhin stetige Körperkontrolle, ermöglicht aber zugleich neue, sich hiermit auftuende Anerkennungsfelder und somit eine Übertragung des Perfektionierungsstrebens auch auf Lebensbereiche, die außerhalb ausschließlich körperbezogener Praktiken liegen. Die Perfektionierungsbestrebungen bzw. die gesellschaftlich bereitgestellten Perfektionierungsdiskurse und -praktiken eines *conscious life*, erfüllt von Achtsamkeit, Selbstsorge und Nachhaltigkeit, die Frau G. aufgreift, folgen aus psychodynamischer Sicht jedoch der gleichen Logik wie die adipöse Konfliktlösung: Sie dienen in ihrem Fall der Verleugnung einer verwehrten Bedürftigkeit und kehrseitig der masochistischen Abwehr triebhafter, destruktiver Potenziale – und spenden durch ihr *Heilsversprechen im Irdischen* zugleich Trost. Das Perfektionistisch-Destruktive dieses Typus besteht, neben den überzogenen »übermenschlichen« Ansprüchen an sich selbst, darin, dass die beschriebenen Konflikte so innerpsychisch arretiert sind, zum Preis lustvoller Lebendigkeit.

Anmerkungen

1 Gefördert von der VolkswagenStiftung, Laufzeit: 01.12.2012–30.09.2016 in der Förderlinie »Schlüsselthemen für Wissenschaft und Gesellschaft«, geleitet von Prof. Dr. Vera King (Sprecherin, Hamburg), Prof. Dr. Benigna Gerisch (Berlin), Prof. Dr. Hartmut Rosa (Jena). Informationen zum Forschungsdesign siehe Homepage: www.apas.uni-hamburg.de. Zu Design und Methoden vgl. auch den Artikel von Schreiber und KollegInnen in diesem Heft, insbesondere FN 3.

2 Die Fallvignetten basieren auf der Sequenz-, szenischen und psychodynamischen Analyse zweier narrativer Interviews, die im Rahmen der APAS-Studie durchgeführt wurden. Zitate aus den Interviews wurden im Verhältnis zur Transkription vereinfacht. In diesem Kapitel des Aufsatzes sind direkte Zitate aus den Interviews mit den beiden Probandinnen in Anführungszeichen wiedergegeben.

Literatur

Bauman, Z. (1995). Zeit des Recycling: das Vermeiden des Festgelegt-Seins. Fitness als Ziel. *Psychologie und Gesellschaftskritik, 19*(2/3), 7–24.

Borkenhagen, A. (2001). Gemachte Körper: Die Inszenierung des modernen Selbst mit dem Skalpell; Aspekte zur Schönheitschirurgie. *Psychologie und Gesellschaftskritik, 25*(1), 55–67.

Bourdieu, P. (Hrsg.). (1987). *Die feinen Unterschiede. Kritik der gesellschaftlichen Urteilskraft.* Frankfurt/M.: Suhrkamp.

Bröckling, U. (Hrsg.). (2007). *Das unternehmerische Selbst: Soziologie einer Subjektivierungsform.* Frankfurt/M.: Suhrkamp.

Dornes, M. (2012). *Die Modernisierung der Seele. Kind – Familie – Gesellschaft.* Frankfurt/M.: Fischer.

Ehrenberg, A. (Hrsg.). (2004). *Das Erschöpfte Selbst. Depression und Gesellschaft in der Gegenwart.* Frankfurt/M.: Campus.

Gerisch, B. & King, V. (2008). Das Unbehagen im Körper der Moderne. Transdisziplinäre Überlegungen zu geschlechtertypischen Körperpraktiken und Symptombildungen. In G. Schlesinger-Kipp & R.-P. Warsitz (Hrsg.), *Die neuen Leiden der Seele. Das (Un-)Behagen in der Kultur* (S. 260–271). Frankfurt/M.: Geber + Reusch.

Gerisch, B. (2006). Keramos Anthropos. Psychoanalytische Betrachtungen zur Genese des Körperselbstbildes und dessen Störungen. In J. Ach & A. Pollmann (Hrsg.), *no body is perfect. Baumaßnahmen am menschlichen Körper. Bioethische und ästhetische Aufrisse* (S. 131–161). Bielefeld: transcript.

Gerisch, B. (2009). Körper-Zeiten. Zur Hochkonjunktur des Körpers als Folge der Beschleunigung. In V. King & B. Gerisch (Hrsg.), *Zeitgewinn und Selbstverlust. Fol-*

gen und Grenzen der Beschleunigung (S. 123–143). Frankfurt/M.: Campus.

Gerisch, B., King, V. & Rosa, H. (2012). Aporien der Perfektionierung in der beschleunigten Moderne. Gegenwärtiger kultureller Wandel von Selbstentwürfen, Beziehungsgestaltungen und Körperpraktiken. Antrag in der Förderlinie »Schlüsselthemen in Wissenschaft und Gesellschaft« der VolkswagenStiftung (unveröffentlicht).

Goffman, E. (1986). Interaktionsrituale. Über Verhalten in direkter Kommunikation. Frankfurt/M.: Suhrkamp.

Hirsch, M. (1998). Der eigene Körper als Übergangsobjekt. In M. Hirsch (Hrsg.), *Der eigene Körper als Objekt* (S. 9–32). Gießen: Psychosozial-Verlag.

Hirsch, M. (2010). *»Mein Körper gehört mir und ich kann mit ihm machen, was ich will.« Dissoziationen und Inszenierungen des Körpers psychoanalytisch betrachtet.* Gießen: Psychosozial-Verlag.

Honneth, A. (1994). *Kampf um Anerkennung. Zur moralischen Grammatik sozialer Konflikte.* Frankfurt/M.: Suhrkamp.

Illouz, E. (2006). *Gefühle in Zeiten des Kapitalismus. Frankfurter Adorno-Vorlesungen 2004.* Frankfurt/M.: Suhrkamp.

King, V. (2013). Die Macht der Dringlichkeit. Kultureller Wandel von Zeitgestaltungen und psychischen Verarbeitungsmustern. *Swiss Archives of Neurology and Psychiatry, 164*(7), 223–231.

King, V., Lindner, D., Schreiber, J., Busch, K., Uhlendorf, N., Beerbom, C., Salfeld-Nebgen, B., Gerisch, B. & Rosa, H. (2014). Optimierte Lebensführung – wie und warum sich Individuen den Druck zur Selbstverbesserung zu eigen machen. In S. Kluge, I. Lohmann & G. Steffens (Hrsg.), *Jahrbuch für Pädagogik 2014: Menschenverbesserung – Transhumanismus* (S. 283–299). Frankfurt/M.: Lang.

Klein, G. (2005). Das Theater des Körpers. Zur Performanz des Körperlichen. In M. Schroer (Hrsg.), *Soziologie des Körpers* (S. 73–91). Frankfurt/M.: Suhrkamp.

Klein, G. (2010). Soziologie des Körpers. In G. Kneer & Schroer, M. (Hrsg.), *Handbuch spezielle Soziologien* (S. 457–473). Wiesbaden: VS Verlag für Sozialwissenschaften.

Küchenhoff, J. (2005). Öffentlichkeit und Körpererfahrung. In J. Küchenhoff (Hrsg.), *Die Achtung vor dem Anderen. Psychoanalyse und Kulturwissenschaften im Dialog* (S. 169–184). Weilerswist: Velbrück.

Money-Kyrle, R. (1971). The Aim of Psychoanalysis. *International Journal of Psycho-Analysis, 52*, 103–106.

Morgan, K.P. (1991). Women and the knife. Cosmetic Surgery and the Colonization of Women's Bodys. *Hypatia, 3*, 25–53.

Plessner, H. (1981). *Die Stufen des Organischen und der Mensch. Gesammelte Schriften IV.* Frankfurt/M.: Suhrkamp.

Pollmann, A. (2006). Hart an der Grenze. Skizze einer Anamnese spätmodernen Körperkults. In J. Ach & A. Pollmann (Hrsg.), *no body is perfect. Baumaßnahmen am menschlichen Körper. Bioethische und ästhetische Aufrisse* (S. 307–324). Bielefeld: transcript.

Posch, W. (2009). *Projekt Körper. Wie der Kult um Schönheit unser Leben prägt.* Frankfurt/M.: Campus.

Rohde-Dachser, C. (2009a). Fiktionen der Unsterblichkeit – Soziologische und psychoanalytische Perspektiven. In V. King & B. Gerisch (Hrsg.), *Zeitgewinn und Selbstverlust. Folgen und Grenzen der Beschleunigung* (S. 144–163). Frankfurt/M.: Campus.

Rohde-Dachser, C. (2009b). Im Dienste der Schönheit: Schönheit und Schönheitschirurgie unter psychoanalytischer Perspektive. In M. Kettner (Hrsg.), *Wunscherfüllende Medizin. Ärztliche Behandlung im Dienst von Selbstverwirklichung und Lebensplanung* (S. 209–227). Frankfurt/M.: Campus.

Rosa, H. (2005). *Beschleunigung. Die Veränderungen der Zeitstrukturen in der Moderne.* Frankfurt/M.: Suhrkamp.

Rosa, H. (2006). Wettbewerb als Interaktionsmodus. Kulturelle und sozialstrukturelle Konsequenzen der Konkurrenzgesellschaft. *Leviathan, 34(1)*,82-104.

Rosa, H. (2011). Beschleunigung und Depression – Überlegungen zum Zeitverhältnis in der Moderne. In *Psyche, 65*(11), 1041–1060.

Schroer, M. (2005). Einleitung. Zur Soziologie des Körpers. In M. Schroer (Hrsg.), *Soziologie des Körpers* (S. 7–47). Frankfurt/M.: Suhrkamp.

Sennett, R. (1998). *Der flexible Mensch. Die Kultur des neuen Kapitalismus.* Berlin: Berlin Verlag.

Villa, P.-I. (2007). Der Körper als kulturelle Inszenierung und Statussymbol. *Sozialwissenschaftlicher Fachinformationsdienst, 2*, 9–18.

Villa, P.-I. (2008). Körper. In N. Baur, H. Korte, M. Löw & M. Schroer (Hrsg.), *Handbuch Soziologie* (S. 201–217). Wiesbaden: VS Verlag für Sozialwissenschaften.

Villa, P.-I. (2009). Habe den Mut, Dich Deines Körpers zu bedienen! Thesen zur Körperarbeit in der Gegenwart zwischen Selbstermächtigung und Selbstunterwerfung. In P.-I. Villa (Hrsg.), *Schön normal. Manipulationen am Körper als Technologien des Selbst* (S. 245–269). Bielefeld: transcript.

Villa, P.-I. (2013). Prekäre Körper in prekären Zeiten – Ambivalenzen gegenwärtiger somatischer Technologien des Selbst. In R. Mayer, C. Thompson & M. Wimmer (Hrsg.), *Inszenierung und Optimierung des Selbst* (S. 58–73). Wiesbaden: Springer.

Die Autorinnen und Autoren

Christiane Beerbom, Dipl.-Psych., ist wissenschaftliche Mitarbeiterin im Forschungsprojekt »Aporien der Perfektionierung in der beschleunigten Moderne« an der International Psychoanalytic University Berlin.

Katarina Busch, M. A. (Erziehungs- und Bildungswiss.), ist wissenschaftliche Mitarbeiterin an der Fakultät für Erziehungswissenschaft der Universität Hamburg und promoviert im Forschungsprojekt »Aporien der Perfektionierung in der beschleunigten Moderne«.

Benigna Gerisch, Prof. Dr. phil., Dipl.-Psych., Psychologische Psychotherapeutin, Psychoanalytikerin (DPV/IPA); Professorin für Klinische Psychologie und Psychoanalyse an der International Psychoanalytic University in Berlin. Studienschwerpunkte: Klinische Psychologie, Interventionen und Psychodynamische Beratung. Publikationen und Forschungsprojekte unter anderem zur Suizidalität und Geschlechterdifferenz, Psychotherapieprozessforschung, zu psychoanalytischen Körperkonzepten und (autodestruktiven) Körperpraktiken. Laufendes transdisziplinäres Projekt zu »Aporien der Perfektionierung in der beschleunigten Moderne. Gegenwärtiger kultureller Wandel von Selbstentwürfen, Beziehungsgestaltungen und Körperpraktiken«, geleitet von V. King, B. Gerisch, H. Rosa (gefördert von der VolkswagenStiftung). Homepage: http://www.ipu-berlin.de/hochschule/forschung/projekt/aporien-der-perfektionierung-in-der-beschleunigten-moderne.html

Vera King, Prof. Dr. phil., Soziologin und Professorin für Sozialisationsforschung an der Universität Hamburg, Publikationen und Forschungsprojekte unter anderem zum Verhältnis von Kultur und Psyche, zu Generationenbeziehungen, Elternschaft, Kindheit und Adoleszenz, sozialen Ungleichheiten und Migration, zu Folgen sozialen Wandels für Lebensphasen, biografische und psychische Entwicklungen. Laufendes transdisziplinäres Projekt zu »Aporien der Perfektionierung in der beschleunigten Moderne. Gegenwärtiger kultureller Wandel von Selbstentwürfen, Beziehungsgestaltungen und Körperpraktiken«, geleitet von V. King, B. Gerisch, H. Rosa (gefördert von der VolkswagenStiftung). Homepage: https://www.ew.uni-hamburg.de/ueber-die-fakultaet/personen/king.html

Benedikt Salfeld-Nebgen, M. A., Neuere deutsche Literatur, Psychologie und Soziologie sowie B. A., M. A. Psychologie, ist wissenschaftlicher Mitarbeiter im Forschungsprojekt »Aporien der Perfektionierung in der beschleunigten Moderne« an der International Psychoanalytic University Berlin.

Kontakt

Christiane Beerbom
Wissenschaftliche Mitarbeiterin
Forschungsprojekt: Aporien der Perfektionierung in der beschleunigten Moderne
International Psychoanalytic University Berlin
Stromstr. 1
D-10555 Berlin
E-Mail: christiane.beerbom@ipu-berlin.dc

Katarina Busch
Wissenschaftliche Mitarbeiterin
Universität Hamburg
Fak. 4/Fachbereich für Allgemeine, Interkulturelle und International Vergleichende Erziehungswissenschaft
Von-Melle-Park 8
D-20146 Hamburg
E-Mail: katarina.busch@uni-hamburg.de

Prof. Dr. Benigna Gerisch
International Psychoanalytic University Berlin
Stromstraße 1
D-10555 Berlin
E-Mail: benigna.gerisch@ipu-berlin.de

Prof. Dr. Vera King
Universität Hamburg
Fak. 4/Fachbereich für Allgemeine, Interkulturelle und International Vergleichende Erziehungswissenschaft
Von-Melle-Park 8
D-20146 Hamburg
E-Mail: vera.king@uni-hamburg.de

Benedikt Salfeld-Nebgen
Wissenschaftlicher Mitarbeiter
Forschungsprojekt: Aporien der Perfektionierung in der beschleunigten Moderne
International Psychoanalytic University Berlin
Stromstraße 1
D-10555 Berlin
E-Mail: benedikt.salfeld@ipu-berlin.de

Mangelware und Perfektionierung

Oliver Decker & Lea Schumacher

Zusammenfassung

Der menschliche Körper ist als Ganzer und in seinen Teilen zu einem handelbaren Gut geworden. Diese scheinbare Landnahme einer entbetteten Ökonomie wird durch die Entwicklung der Medizin erst möglich, am sichtbarsten wird das in der Organtransplantation und im Organhandel. In diesem Beitrag wird diskutiert, ob sich in dieser besonderen medizinischen Behandlungsoption des terminalen Organversagens etwas Allgemeines der warenproduzierenden Gesellschaft zeigt.

Schlüsselwörter: Kommodifizierung, Körper, Ökonomie, Opfer

Abstract

Rare Commodity and Perfection

The human body and its parts are objects of a market dynamic. As a commodity the body seems to be a conquered territory of an unembedded economy. Actually without modern medicine this development would hardly be possible, e. g. both transplantation medicine and the shortage of human organs are necessarily conditions of organ trafficking. In the article the underlying processes of modern medicine are discussed to learn more about market society and its discontent.

Keywords: commodification, body, economy, sacrifice

Im Jahre 2012 wurde zum ersten Mal der Verdacht öffentlich, dass es am Universitätsklinikum Göttingen bereits seit 1995 bei der Vergabe von Spenderorganen nicht mit rechten Dingen zugegangen sein könnte. Der verantwortliche Arzt wurde vom Dienst suspendiert und ein Ermittlungsverfahren gegen ihn eröffnet. Gegenwärtig läuft das Gerichtsverfahren, die Staatsanwaltschaft spricht von fahrlässiger Tötung, da die dem Arzt vorgeworfene Manipulation zugunsten der eigenen Patienten wahrscheinlich Patienten andernorts das Leben gekostet hat. Das Urteil steht noch aus und der weitere Gang des Verfahrens soll uns hier auch nicht interessieren. Interessant ist vielmehr etwas anderes. Gleichzeitig mit dem aktuellen Verdacht gegen den Arzt bekam ein älterer neue Nahrung. Auch im Transplantationszentrum des Uni-Klinikums Regensburg, an dem dieser Mediziner vor seiner Zeit in Göttingen beschäftigt gewesen war, gab es Unregelmäßigkeiten. Nicht, dass diese Vorgänge den Beteiligten neu waren – der Öffentlichkeit allerdings schon. Damit ist eine Lawine losgetreten worden: Eine eilig einberufene Kommission untersuchte Schritt um Schritt die Arbeit der Transplantationszentren in Deutschland, getrieben von der Sorge, die Manipulation könnte auch noch gegen Bezahlung erfolgt sein. Ein Organhandel an deutschen Kliniken wäre der größte anzunehmende Unfall gewesen.

Was war geschehen? Die deutschen Transplantationszentren transplantieren unter anderem Lebern. Die Leber ist ein Organ, dessen terminales Versagen zwangsläufig zum Tod des Erkrankten führt. Anders als bei anderen Organen kann die Leberfunktion nicht von einer maschinellen Prothese übernommen werden, wie es etwa bei einem Funktionsverlust der Niere durch die Dialyse möglich ist. Dafür hat aber die Leber eine im menschlichen Körper fast einzigartige Fähigkeit: Sie kann sich regenerieren. Dass sich Gewebe neu bildet, sich ein beschädigtes Gewebe bis zur vollen Funktionsfähigkeit wieder erholt, das schafft von den soliden Organen des menschlichen Körpers nur die Leber. Deshalb kann sie ja überhaupt auch von Lebenden gespendet werden: Es wird nur ein Teil der Leber entnommen und sowohl beim Spender als auch beim Empfänger wächst das Organ zu seiner regelhaften Größe heran. Prometheus verdankte diesem Umstand seine lange Leidensgeschichte. Die Indikation für eine Lebertransplantation ist bei einem endgültigen Versagen dieses Organs der einzige Ausweg – der Zeitpunkt aber ist oftmals nicht leicht zu bestimmen. Hinzu kommt, dass Spenderlebern genauso knapp sind wie alle anderen Organe. Die Transplantation hat den menschlichen Körper und seine Teile zu einer beschränkten Ressource gemacht, zu einem Rohstoff, um den eine große Konkurrenz entbrannt ist. Dieser Mangel muss verwaltet werden. In Deutschland werden mögliche Organspender nach ihrem Ableben von der DSO (Deutsche Stiftung Organtransplantation) an die multilateral arbeitende Organisation Eurotransplant im niederländischen Leiden gemeldet und von dort an einen Empfänger vermittelt. Sehr wohl spielen – je nachdem, welches Organsystem gespendet wird – Gewebetyp, Blutgruppe, Wartezeit und andere Kriterien eine Rolle bei der Organvergabe; keinesfalls ist allerdings eine wie auch immer geartete Bevorzugung durch finanzielle Zuwendungen möglich. Was in manchen Transplantationszentren aber wohl schlechte Praxis war, war die Manipulation des Gesundheitszustands der Patienten – nur am Rechner, zum Glück. Aber jede gegenüber Eurotransplant dokumentierte Verschlechterung des Gesundheitszustands ließ den betreffenden Patienten einen Schritt weiter nach vorne rücken, verbesserte die Aussicht auf eine Organspende.

Anfang 2013 veröffentlichte die Kommission die erleichternden Ergebnisse ihrer Arbeit: Geld für Organe ist keines geflossen, auch Privatpatienten haben nicht zu Unrecht – durch die Meldung falscher Daten – bevorzugt ein Spenderorgan bekommen. Massive Unregelmäßigkeiten musste die Kommission aber dennoch feststellen, wenn auch keinen Fall von Organhandel oder Vorteilsnahme bei der Vergabe von Organen. Eigentlich wäre nun über die eingesetzten Steuerungsinstrumente zu sprechen, etwa die Zielvereinbarung mit Leistungsbesoldung, die ja nicht nur an Krankenhäusern gang und gäbe ist. Es wäre darüber zu sprechen, wie an der Zahl der Organtransplantationen auch das Gehalt der operierenden Ärzte und die Möglichkeiten der behandelnden Kliniken hängen – und damit auf systemimmanente Schwachstellen aufmerksam zu machen. Aber es überrascht nicht, dass statt über strukturelle Bedingungen über die handelnden Personen gesprochen und dann geurteilt wird. Mit dem Slogan »Don't blame the player, blame the game« kann man sich in der derzeitigen Debatte kein Gehör verschaffen. Wahrscheinlich auch, weil zu deutlich sichtbar würde, wie stark der menschliche Körper bereits in eine ökonomische Logik eingebunden ist, bevor die Prüfkommission von einem Organhandel sprechen mag.

Die Sorge, es könnte sich bei den Geschehnissen um einen verbotenen Akt des Organhandels handeln, war nicht völlig realitätsfern. Die Befürchtung erhält ihre Nahrung nicht aus Filmen und Romanen, denn es gibt den Handel mit menschlichen Organen im vollen Sinne des Wortes durchaus. Nur findet er bisher noch nicht in Deutschland statt. Das kann aber nur zum Teil beruhigen, denn wie wir gesehen haben: Auch in Deutschland ist der menschliche Körper in die Logik eines Rohstoffs eingebunden, wenn auch für solide Organe ausdrücklich gilt, dass sie nicht mit einer Gewinnabsicht transplantiert werden dürfen. Der menschliche Körper ist nichtsdestotrotz in die Verwertungslogik der instrumentellen Vernunft eingebunden. Und wenn transplantiert wird – egal ob eine Spende post mortem oder zu Lebzeiten erfolgte –, wird durch die Schwierigkeiten nach einer Transplantation auch Eines sichtbar: Ob die Patienten berichten, von dem fremden Organ »besessen« zu sein oder es in »Besitz« genommen zu haben oder ob sie an der Schwierigkeit laborieren, den Spender ohne Möglichkeit der Reziprozität beschädigt zu haben: Besitz- und Gabenlogik treten deutlich hervor. Sicher, die Gabenlogik ist noch keine Marktlogik. Gabe verpflichtet zur Gegengabe, aber ein Markt ist damit noch nicht vorhanden. Trotzdem wird deutlich, dass so leicht nicht zu verhindern ist, was verhindert werden soll: dass der menschliche Körper in eine Tauschlogik integriert ist. Und so ist es vielleicht nicht verwunderlich, dass die Forderungen nach einer Freigabe des Organhandels in Deutschland durchaus regelmäßig und nicht mit schwacher Stimme vorgetragen werden.

Die Vorschläge reichen von Anreizsystemen über direkte Zahlungen zwischen Spendern und Empfängern in der Lebendorganspende bis hin zu einem staatlich vermittelten Tauschsystem. Schlagendes Argument aus Sicht der Befürworter ist der Organmangel. Die Freigabe des Organhandels und eine von manchen auch etwas verschämt als Anreiz bezeichnete Bezahlung sollen die Anzahl der verfügbaren Spenderorgane erhöhen. Die Befürworter legitimieren ihre Position mit dem Argument, der Tod auf der Warteliste könnte verhindert werden: »Financial incentives will increase donation, so fewer of our waiting transplant candidates will die while waiting« (Matas, 2006, S. 1129). Die »Wege aus dem Organmangel« führen nach Ansicht der Befürworter eines Organhandels nur am altruistischen Motiv vorbei. Da auch Formen immaterieller Anreize als nicht ausreichend angesehen werden, um das Organaufkommen zu verbessern, treten sogenannte »Marktmodelle« in den letzten Jahren verstärkt in den Vordergrund. Mit oder ohne staatliche Regulierung für die postmortale oder Lebendorganspende soll ein wirtschaftlicher Ausgleich – oder konkreter: eine Geldzahlung – möglich sein. Mit zunehmender Lautstärke wird in den letzten Jahren international und auch national die Zulassung eines Marktmodells zur Gewinnung von Organen für die Transplantation gefordert. Die Logik dahinter scheint einfach zu sein: »Wenn man Menschen zu Leistungen motivieren will, die sie allein aufgrund eines inneren Antriebs nicht in hinreichender Zahl erbringen, setzt man gewöhnlich als Anreiz auf eine wirtschaftlich relevante Gegenleistung« (Mona, 2007, S. 89). Wenn die meisten potenziellen Spender nicht spenden wollen, dann muss auch über die »prohibition of sales« nachgedacht werden. Das fordert eine Autorengruppe um Radcliffe-Richards nicht irgendwo, sondern in der prominenten Fachzeitschrift *Lancet* (Radcliffe-Richards et al., 1998). Die wirtschaftlichen Anreize oder Reziprozitäten bestehen faktisch in der Freigabe des Organhandels. Aus Spendern sollen Verkäufer werden.

Die Argumente setzen außer bei der Organknappheit auch bei der Autonomie der Individuen an, die mit dem Verbot des Organhandels in ihren Freiheitsrechten eingeschränkt würden. Das klingt dann so:

> »If the rich are free to engage in dangerous sports for pleasure, or dangerous jobs for high pary, it is difficult to see why the poor who take the lesser risk for kidney selling […] be thought so misguided as to need saving from themselves« (ebd.).

Dieses Argument richtet sich gegen einen staatlichen Paternalismus und wird für die einheimische Bevölkerung am unteren Ende der Einkommenspyramide ins Feld geführt. »Immerhin eröffnet man ihnen [ärmeren Bevölkerungsschichten, O. D.] eine zusätzliche Einnahmemöglichkeit, die jeder Einzelne vollkommen freiwillig annehmen oder ablehnen kann« (Breyer & Kliemt, 2007, S. 481). Wer doppelt frei ist, musste sich noch zu keiner Zeit über einen Mangel an solchen Fürsprechern sorgen. Die Ursache für die mangelhafte Bedarfsdeckung ist damit im staatlichen Organhandelsverbot leicht auszumachen: »Damit wird deutlich werden, dass man die Gesetze des Marktes nicht ungestraft verleugnen darf«, so Breyer und Kliemt (ebd., S. 467). Es zeichnet sich ab, was sie später schreiben: es soll keine »unveräußerlichen Dinge« (ebd., S. 482) geben, nichts dem Markt entzogen sein, sonst straft dieser mit einer Mangelsituation. Die Gegner des Organhandels führen weniger moralische Gründe, sondern die Befunde der Sozialpsychologie an. Seit Titmuss' Untersuchung des veränderten Spendenaufkommens nach Beginn der Bezahlung der Blutspende (Titmuss, 1971) weiß man: Wer aus altruistischen Gründen spendet, verkauft dasselbe Gut nicht gegen Geld. Mit einer

Freigabe des Organhandels würden nicht mehr, sondern andere Organspender zur Verfügung stehen. Und wenn eine altruistisch motivierte Handlung durch eine kommerzielle Motivation ersetzt wird, verändert das die Nachfrage nach und den Charakter der Leistung, die moralischen Barrieren fallen: »Once a commodity, always a commodity« (Gneezy & Rustichini, 2000, S. 16). Was das bedeutet, kann man im Iran beobachten. Es ist das einzige Land, in dem der global gesehen bereits florierende Organhandel legalisiert ist. Dort können Menschen vermittelt durch staatliche Organisationen ihre Organe verkaufen. Weltweit existiert eine deutliche *»gender imbalance«* in der Lebendorganspende, auch im Iran. Während aber unter der Auflage, dass Organe nur aus altruistischen Motiven gespendet werden dürfen, diese in der Regel von Frauen kommen, dreht sich das Verhältnis im Iran um.[1] Dort sind es Männer, die für 80 Prozent der transplantierten Organe aufkommen. Und das bedeutet nichts anderes als: Das eine Ziel – mehr Organe zu transplantieren – wird verfehlt. Es gibt nicht *mehr* Spender, sondern *andere*. Aber um das Mehr geht es den Befürwortern des Organhandels auch gar nicht primär. Es geht um die Ausweitung des Marktes. Dabei steht der Organhandel nicht alleine.

Im Jahr 2000 wurde von den europäischen Regierungschefs der Lissabon-Prozess angestoßen, mit dem ein europäischer Binnenmarkt für soziale Dienstleistungen entstehen sollte. Das brachte eine neue Dynamik auch in die bundesrepublikanische Auseinandersetzung um eine Neustrukturierung des Sozialen – weg von einer solidarischen Finanzierung hin zu einem wirklichen Markt mit der Möglichkeit zur Kapitalbildung. Das gilt nun ausdrücklich auch für das Gesundheitssystem, in welchem die größte Marktdynamik erwartet wird. Sie soll so groß sein, dass sie den Kondratjew-Zyklus anstößt. Die nächste 60- bis 80-jährige Wachstumsphase soll ihren Motor in der Medizin finden. Dafür muss aber im Gesundheitssystem ein Markt existieren. Und das ist es, was die Verfechter einer Liberalisierung des Gesundheitssystems und des Organmarktes umtreibt: Der »GKV-Markt« ist keiner. Er soll es aber werden und das hat keine Kosten-, sondern ideologische Gründe. Gesundheitsökonomen wie der Regensburger Peter Oberender und seine Co-Autoren (Oberender et al., 2006, S. 173) fordern gerade wegen der höheren Morbidität in den nächsten Jahren eine Abkehr von der »künstliche[n] Eindämmung eines möglichen Marktwachstums im Gesundheitswesen[…]« (Oberender, 2002, S. 2), damit der hohe Bedarf auch wirtschaftlich zu einer Kapitalbildung genutzt werden kann. Nicht weniger soll es kosten, sondern die Menschen sollen sich Gesundheit etwas kosten lassen. Und hierdurch soll Gesundheit Kapitalakkumulation ermöglichen wie jede andere Ware auch. Damit rückt der Markt auch ohne Organhandel an den Körper heran. Um was sonst geht es denn bei der Gesundheit als um den menschlichen Körper?

Wir leben in einer Gesellschaft der Warenproduzenten. Und wie überall sonst in dieser Gesellschaft, so geht es auch bei der Gesundheit als Ware um Kapitalbildung. Ein Produkt wird nicht produziert, um sinnliche Bedürfnisse zu befriedigen, sondern um den Kapitalstock des Produzenten zu vermehren. Er produziert (oder lässt produzieren), damit sein Geldvermögen anwächst.

Nun soll also auch der menschliche Körper in diese ökonomische Logik der Schatzbildung einbezogen werden. Es ist eine »commodification of the body and its parts«, wie es im Englischen heißt. Dabei findet eine von Karl Marx vom Deutschen ins Englische vorgenommene Übertragung des Begriffs Kommodifizierung Verwendung, um das Zur-Ware-Werden zu kennzeichnen (Haug, 2010). Der Mensch wird zugleich Rohstoff und Handelsware. Das passiert nicht nur in einem vermittelten Sinne über die Gesundheit. Denn dieselben Protagonisten, welche den Weg frei machen wollen für den nächsten Kondratjew-Zyklus, fordern mit aller Nachdrücklichkeit auch die Freigabe des Organhandels. Diese Kommodifizierung des menschlichen Körpers hat also eingestandenermaßen nur vordergründig etwas mit der Beseitigung der Organknappheit zu tun. Worum es geht, ist die Durchsetzung des Marktes – um die Möglichkeit, an allen Orten schatzbildend wirken zu können.

Die lauter werdende Forderung nach einer Kommodifizierung des menschlichen Körpers bleibt nicht ohne Resonanz. Es können sich durchaus 27,2 Prozent der Männer und 16 Prozent der Frauen in Deutschland vorstellen, dass dem Spender vom Empfänger ein Geldbetrag gezahlt wird, die überwältigende Mehrheit der Männer (62,7 Prozent) und Frauen (56,1 Prozent) befürworten eine Bezahlung der Spende durch die Krankenkasse (Decker et al., 2008). Und in Gruppendiskussionen stellen ForscherInnen fest, dass die Rede über den eigenen Körper schon längst von einer kommerziellen Logik geprägt ist (Schicktanz & Schweda, 2009). Und dann verwundert es nicht mehr, dass sich im Jahre 2011 das Amtsgericht Leipzig mit einem Fall verbotenen Organhandels befassen musste, weil ein Mann via eBay versuchte, seine Organe zu verkaufen (Decker, 2012). Wo Resonanz ist, da gibt es auch einen Resonanzraum, die Bereitschaft, etwas zum Schwingen kommen zu lassen.

Offensichtlich geschieht in der modernen Gesellschaft etwas mit dem menschlichen Körper, was die Grenze zur Dingwelt verschiebt. Müssen wir eine »ökonomische Landnahme« beobachten, wie es der Soziologe Klaus Dörre (2010) formulierte, ein Übergreifen des Marktes auf jene Bereiche, die ihm bisher noch entzogen waren? Allerdings hat bereits Carl Offe auf eine Bewegung hingewiesen, die diese einseitige Richtung fraglich erscheinen lässt, nämlich eine »Dekommodifizierung der Arbeitskraft durch Ausbau der ›Reichtum-zehrenden Arbeit‹« (Offe, 1972, S. 30). Der teilweisen Dekommodifizierung der Arbeitskraft folgt nun die Re-Kommodifizierung, und in dieser Bewegung wird nicht nur die abstrakte Arbeit zum Tauschwert, das Pendel schlägt weiter aus, erhält mehr Schwung: Der ganze menschliche Körper wird erfasst. Die Frage wäre allerdings, ob sich die ganze aktuelle Entwicklung unter diese kapitalistische Bewegung der Kommodifizierung, Dekommodifizierung und eben dann Re-Kommodifizierung subsumieren lässt. Möglicherweise wird eher ein richtiges Bild daraus, wenn man es vom Kopf auf die Füße stellt und die Kommodifzierungen von Anfang an auf den Körper bezieht, selbst als dieser Prozess dem Körper noch äußerlich blieb. Immerhin gilt für alle Dinge, die die warenproduzierende Gesellschaft hervorbringt, immer schon, dass sie Waren *(commodities)* sind – und dass sie sich auf den menschlichen Körper beziehen. Der Wahrheitsgehalt des Marx'schen Diktums von den fünf Sinnen, die der Mensch in einem historischen Prozess im Stoffwechsel mit der Natur hervorbringt und gestaltet, besteht ja gerade darin, dass mit den Produkten der Mensch auch seinen Körper verändert, gestaltet (Marx, 1844, S. 518). Das macht er unabhängig davon, auf welche Art und Weise er den Austauschprozess mit der Natur und seinesgleichen organisiert: In der kommunistischen Gesellschaft würde sich dieser Prozess der Gestaltung des Körpers durch gemeinschaftliche Produktion genauso vollziehen wie in der Feudalgesellschaft oder eben in der warenproduzierenden. Die äußere Natur wird verstoffwechselt, die innere wurde lange Zeit vornehmlich durch die Interpretation und Sinnzuschreibung der Bedürfnisse vergesellschaftet (Habermas, 1973, S. 20). Das hat sich offensichtlich verändert, nun ist auch der menschliche Körper nicht mehr nur interessant als stofflicher Träger der Arbeitskraft, die wiederum als wertschaffende Kraft kommodifiziert werden konnte – und auch kommodifiziert werden musste, damit überhaupt so etwas wie Kapitalbildung funktionieren konnte.

Hervorragendes Kennzeichen der Vergesellschaftung des menschlichen Körpers in der kapitalistischen Gesellschaft ist zunächst die Verwandlung der Arbeit in Tauschwert (Marx, 1844, S. 474). Die Arbeit wird zur »commodity«, einem Handelsgut. Transformationsprozesse dieser Art, so dachte Polanyi noch, dürften nicht die Arbeitskraft erfassen – so wenig, wie die Natur eine Ware sein kann: Beide seien nicht für den Markt produziert worden, deshalb müssten sie ihm auch entzogen bleiben (Polanyi, 1944). Dass es in einer warenproduzierenden Gesellschaft genau um die Produktion von Körpern gehen könnte und sich diese Transformation sogar bereits zu Lebzeiten Polanyis mittels der Medizin vollzog, schien diesem damals vielleicht zu fantastisch. Aber die Verobjektivierung des Körpers – durch den medizinischen Blick (Duden, 1987) – ist die Bedingung der Möglichkeit seiner Kommodifizierung. Gestaltet, mit allen seinen fünf Sinnen im Prozess hervorgebracht, wurde der menschliche Körper mit Beginn der Menschwerdung. Aber die Hervorbringung eines neuen Verhältnisses zum Körper bedeutete die Entwicklung eines *possessive indivualism* nicht nur mit Blick auf die Objektwelt, sondern gerade auch in der Beziehung zum eigenen Körper (Macpherson, 1962). Wie gut sie funktionierte, kann man bei Kracauer nachlesen – und sich wundern, wie vertraut seine Beobachtungen für den heutigen Leser wirken:

> »Der Andrang zu den Schönheitssalons entspringt auch Existenzsorgen, der Gebrauch kosmetischer Erzeugnisse ist nicht immer ein Luxus. Aus Angst, als Altware aus dem Gebrauch gezogen zu werden, färben sich Damen und Herren die Haare, und Vierziger treiben Sport, um sich schlank zu halten« (Kracauer, 1929, S. 25).

Die Warenästhetik sollte nicht nur auf den Menschen überspringen, damit er ausreichend und mit wachsender Begeisterung Dinge konsumiert, um den Imperativ des Wachstums zu erfüllen (Haug, 1971), er glich sich auch an seine Produkte an. Und wenn Zygmunt Bauman konzis feststellt, »[n]ur Waren haben das Recht, die Konsumtempel zu betreten, sei es durch den ›Waren‹- oder den ›Kunden‹-Eingang« (Bauman, 2007, S. 83), dann gibt er vielleicht nicht nur den an dieser Stelle als Motiv vermuteten Zwang, »selbst ›für den Konsum geeignet‹ zu sein und damit markttauglich zu sein« (ebd.), wieder. Vielmehr ist es die Sehnsucht der Konsumenten, prothetisiert mit den Produkten die Mangelbehaftetheit des menschlichen Körpers zu überwinden: die prometheische Scham abzuwerfen. Es scheint verlockender zu sein, ein iPhone und ein iPad zu besitzen, als die eigene Niere. Zumindest für jenen chinesischen Jugendlichen, der sein Organ im Austausch für genau diese Sehnsuchtsobjekte hergab (Siemons, 2011).

Die Vergesellschaftung des menschlichen Körpers über den Markt ist das historisch Besondere an der Gestaltung des Körpers. Das bedeutet aber auch, dass nicht nur das Besondere, also die Vergesellschaftung des Körpers über den Markt, untersucht werden muss, sondern dass an diesem Besonderen wiederum das Allgemeine des geschichtlichen Prozesses freigelegt werden muss. Das Vorhaben ist dringend, die Körperökonomien und ihre Traditionslinien müssen untersucht werden. Denn wenn auch die Entwicklung der Körperökonomie neu ist, so gibt es doch Identisches im Wechsel (Decker, 2011) und es müssen sich Schritte nachzeichnen lassen, die zu diesem vorläufigen historischen Ende geführt haben.

Zu Anfang der 1980er Jahre wurde die »Wiederkehr des Körpers« konstatiert (Kamper & Wulf, 1982) – eine Feststellung, die häufig genug missverstanden worden ist: Keinesfalls ging es den Autoren darum, die neue Aufmerksamkeit zu bejubeln, die dem Körper zuteilwurde. Sondern es war von einer Wiederkehr in einem eminent psychoanalytischen Sinne die Rede: von etwas vorher Verdrängtem. Und die Wiederkehr des Verdrängten vollzieht sich selten in der ureigensten Gestalt dessen, was einmal der Verdrängung zum Opfer fiel. Wie der Psychoanalytiker aus den verschiedenen Fehlleistungen, Träumen und Übertragungsreaktionen erst einmal das Verschüttete freilegen muss, so gilt es auch für den Sozialforscher: Er muss nehmen, was er an Hinweisen kriegen kann.

Sie sind nicht zu knapp bemessen, das nun gerade nicht. Aber sie sind disparat. Schon die historische Tiefe des Handels mit menschlichen Körperteilen zeigt mehr an als archaische Vorläufer. Der Reliquienhandel im europäischen Mittelalter (Decker, 2011) oder die Verwendung von Körperteilen in der pharmazeutischen Produktion (Kopp, 2014) setzen die Umwandlung menschlicher Körperteile in ökonomische Substrate, in Biobanken (Mayrhofer, 2014) in eine Tradition, die einer aufgeklärten Gesellschaft nicht geheuer sein darf: Zu eng treten plötzlich heils- und handelsökonomische Logiken ineinander. Im Reliquienhandel des europäischen Mittelalters war dies der Fall, die Körperteile verstorbener Heiliger das wertvollste Gut, welches über Jahrhunderte zu haben war (Decker, 2011). Und sie waren einem Akkumulationsprozess ohne Begrenzung unterworfen. Noch heute ist in jedem katholischen Altar ein menschliches Körperteil als Heilsgut eingelassen und offenbart denselben als das, was er einmal war: Ein Opferstein und Schlachtort. Tritt die Ökonomisierung des menschlichen Körpers am sichtbarsten im weltweiten Organhandel in Erscheinung (Kierans, 2014; Orr, 2014), so zeigt sich dadurch der Opfercharakter in einer Deutlichkeit, die an anderer Stelle erst mühselig freigelegt werden muss. Dass Opfer geschichtlich an erster Stelle Menschenopfer waren, liefert den Fingerzeig für die Quelle der Ökonomisierung des Körpers in der Gegenwart (Türcke, 2002). Ist aber erst einmal der Verdacht aufgekommen, dass Ökonomie, Medizin und sakrales Opfer aufs Innigste verbunden sind (und das nicht nur beim medizinischen Tierexperiment; vgl. Lynch, 1988; Remy, 2006), dann ist auch augenfällig, wie stark die Ökonomisierung des menschlichen Körpers von sakralen Wünschen und Erwartungen getragen wird. Es ist eben nicht ein ökonomischer Kolonialismus, der zu beobachten ist, wenn die Ökonomie den menschlichen Körper erfasst. Sondern diese Kommodifizierung offenbart etwas von der kapitalistischen Wirtschaftslogik selbst. »Kapitalistisch« heißt die Art und Weise der Produktion unserer Lebensgrundlage ja vor allem aus einem Grund: Weil diese die Gegenwart total beherrschende Ökonomie auf die Kapitalakkumulation zielt. Alles, was in dieser Wirtschaftsweise produziert wird, bedient sich des sinnlichen Bedürfnisses zunächst nur als Vehikel: Brot wird nicht mehr gebacken, um Hunger zu beseitigen. Der Hunger erlaubt nur die Aussicht, dass man für ein Produkt auch mit einiger Berechtigung einen Abnehmer finden wird. Produziert wird, um am Ende mehr Geld zu haben als ursprünglich investiert worden ist. Marx brachte dies mit seiner klassischen Formel zum Ausdruck. G–W–G' meint, dass man mit Geld (G) Waren produziert (W), um anschließend über mehr Geld zu verfügen (G'). Das Brot in unserem Beispiel wird zum Akkumulat, es dient der Vermehrung des Kapitalstocks.[2] Max Weber war sich mit Karl Marx in Einem einig: der Kapitalist ist der rationale Schatzbildner (Marx, 1867; Weber, 1904/1905), dem es um die Ansammlung eines absoluten Reichtums geht. Worum Weber allerdings wusste und was Marx nicht loswerden konnte, war die Erkenntnis der sakralen Wurzeln der Akkumulation. Weber zeigte, wie das Kapital der Rückversicherung eigener Erwähltheit diente. Aber auch Weber täuschte sich in einem Punkt, nämlich einer fortschreitenden Rationalisierung des Handelns in einer entzauberten Gesellschaft. Rationalisiert, davon kann man bei genauem Hinsehen nur sprechen, wenn man damit die Motivlage des Kapitalisten in einem immanent psychoanalytischen Sinne meint: als Abwehrmechanismus, zur Verschleierung der tatsächlichen Gründe des Handelns. Bei genauem Hinsehen offenbart sich nämlich auch der akkumulierte Schatz des Kapitalisten als auf den menschlichen Körper bezogen. Das, was Marx als »allgemeines Äquivalent« bezeichnete, das Geld, hatte diese Eigenschaft ja, weil es in alles, was für Geld zu haben ist, auch eintauschbar ist. Nun werden alle Güter, die als Akkumulat hervorgebracht werden, immer auch als Mittel zu Befriedigung menschlicher Bedürfnisse hervorgebracht. Das Versprechen des absoluten Reichtums (Deutschmann, 1999) besteht in der Verfügung über potenziell alle Objekte der Bedürfnisbefriedigung. Auch deshalb darf kein Objekt dem Markt entzogen bleiben, selbst der menschliche Körper nicht. Denn erst wenn alles sich in allgemeinem Äquivalent beschaffen lässt, hat das Versprechen des absoluten Reichtums Aussicht auf seine Einlösung.[3]

Anmerkungen

1 Es gibt einen Gender-Gap in der Lebendorganspende: Frauen spenden mehr Organe als Männer (Biller-Andorno, 2002). Dabei scheint in der Organspende ausgeprägt, was akademisch ausgedrückt als höhere Bereitschaft zum prosozialen Verhalten bei Frauen bezeichnet wird (Decker et al., 2008). Bedenkt man allerdings die Dynamik des Gabentauschs, wie sie Marcel Mauss (1950) beschrieb – eine Gabe muss erwidert werden können, damit ein Ausgleich möglich ist –, wird auch noch eine weitere Dimension sichtbar: eine Entschuldung ist bei einer altruistischen Handlung schwerer möglich. Hier fällt ein Schlaglicht auf das versöhnende Motiv des Marktes, nämlich

durch den Tausch auch Schuldverhältnisse aufzuheben (Türcke, 2002). Warum dieses Motiv gerade durch die Eigenlogik des Marktes trotzdem nicht zu realisieren ist, hängt mit dem folgenden Gedankengang zusammen.

2 Da es nur eine Ware gibt, die Wert schaffen kann, nämlich menschliche Arbeitskraft, beruht dieser ganze Vorgang auf einem Betrug: Der Enteignung eines bestimmten Quantums an Arbeitskraft, für die der Arbeiter nicht bezahlt wird und die der Kapitalist als Mehrwert einstreichen kann. Das ist das bis heute gültige Ergebnis der Marx'schen Wertformanalyse. Geld arbeitet nicht, arbeiten tun nur Menschen. Und wenn jemand am Ende mehr hat als vorher, muss dieser Mehrwert an anderer Stelle fehlen. Schon hier scheint ein Opfer durch, welches uns gleich noch beschäftigen wird.

3 Dabei haben die Waren in der kapitalistischen Gesellschaft immer noch bloßen Surrogatcharakter. Will sagen: Sie sind noch nicht die ersehnte Sache selbst, dafür bleiben sie zu sehr in der Unlust/Lust-Relation des Triebes verhaftet. Diesen können sie nicht abstellen, sie gestatten nur einen Ausblick auf die auf Dauer gestellte Befriedigung. Dass dieses Versprechen mit der kapitalistischen Wirtschaftsweise ebenfalls aufs Engste verbunden ist, darüber geben idealtypisch die Transhumanisten Auskunft (Decker, 2014).

Literatur

Bauman, Z. (2007). *Leben als Konsum.* Hamburg: Hamburger Edition.

Biller-Andorno, N. (2002). Gender imbalance in living organ donation. *Medicine, Health Care and Philosophy, 5*, 199–204.

Breyer, F. & Kliemt, H. (2007). Der Mangel an Spenderorganen – Ursachen und Lösungsmöglichkeiten aus ökonomischer Sicht. *Jahrbücher für Nationalökonomie und Statistik, 227*, 466–484.

Decker, O. (2011). *Der Warenkörper. Zur Sozialpsychologie der Medizin.* Springe: Zu Klampen.

Decker, O. (2012). Organe und Waren. In S. Lettow (Hrsg.), *Bioökonomie. Die Lebenswissenschaften und die Bewirtschaftung des Körpers* (S. 85–108). Bielefeld: transcript.

Decker, O. (2014). Prothesengötter und transhumane Versprechen. *Jahrbuch für Pädagogik, 29*, 69–82.

Decker, O., Winter, M., Brähler, E. & Beutel, M. (2008). Between Commodification and Altruism: Gender Imbalance and Attitudes toward Organ Donation. A Representative Survey of the German Community. *Journal of Gender Studies, 17*, 251–255.

Deutschmann, C. (1999). *Die Verheißung des Kapitalismus. Zur religiösen Natur des Kapitalismus.* Frankfurt/M.: Campus.

Dörre, K. (2010). Soziale Klassen im Prozess kapitalistischer Landnahmen. In H. Bude, E.M. Damitz & A. Koch (Hrsg.), *Marx. Ein toter Hund? Gesellschaftstheorie reloaded* (S. 198–236). Hamburg: VSA.

Duden, B. (1987). *Geschichte unter der Haut. Ein Eisenacher Arzt und seine Patientinnen um 1730.* Stuttgart: Klett-Cotta.

Gneezy, U. & Rustichini, A. (2000). A Fine is a Price. *The Journal of Legal Studies, 29*, 1–17.

Habermas, J. (1973 [1979]). *Legitimationsprobleme im Spätkapitalismus.* Frankfurt/M.: Fischer.

Haug, W.F. (1971). *Kritik der Warenästhetik.* Frankfurt/M.: Suhrkamp.

Haug, W.F. (2010). Kommodifizierung. In F. Haug & W.F. Hauf (Hrsg.), *Historisch-Kritisches Wörterbuch des Marxismus. Band 7/II* (S. 1243–1255). Berlin: Argument-Verlag.

Kamper, D. & Wulf, C. (1982). Zur Parabel der Wiederkehr. Eine Einführung. In D. Kamper & C. Wulf (Hrsg.), *Die Wiederkehr des Körpers.* Frankfurt/M.: Suhrkamp.

Kierans, C. (2014). Organ Transplantation in Mexico. The anthropology of an ambivalent technology. In L. Schumacher & O. Decker (Hrsg.), *Körperökonomien. Der Körper im Zeitalter seiner Handelbarkeit* (S. 123–142). Gießen: Psychosozial-Verlag.

Kopp, J. (2014). Rohstoff Mensch. Die Geschichte vom menschlichen Körper als medizinische Ware. In L. Schumacher & O. Decker (Hrsg.), *Körperökonomien. Der Körper im Zeitalter seiner Handelbarkeit* (S. 25–42). Gießen: Psychosozial-Verlag.

Kracauer, S. (1929 [1971]). *Die Angestellten. Aus dem neuen Deutschland.* Frankfurt/M.: Suhrkamp.

Lynch, M.E. (1988). Sacrifice and the Transformation of the Animal Body into a Scientific Object – Laboratory Culture and Ritual Practice in the Neurosciences. *Social Studies of Science, 18*, 265–289.

Macpherson, C.B. (1962 [1973]). *Die politische Theorie des Besitzindividualismus.* Frankfurt/M.: Suhrkamp.

Marx, K. (1844). Ökonomisch-philosophische Manuskripte. *Karl-Marx/Friedrich-Engels-Werke, Bd. 40 (Ergänzungsband Erster Teil, Schriften bis 1844)* (S. 465–588). Berlin: Dietz.

Marx, K. (1867). Das Kapital. Kritik der politischen Ökonomie. Erster Band. *Karl-Marx/Friedrich-Engels-Werke, Bd. 23* Berlin: Dietz.

Matas, A.J. (2006). Why We Should Develop a Regulated System of Kidney Sales: A Call for Action! *Clinical Journal of the American Society of Nephrology, 1*, 1129–1132.

Mauss, M. (1950). *Die Gabe. Form und Funktion des Austausches in archaischen Gesellschaften.* Frankfurt/M.: Suhrkamp.

Mayrhofer, M.T. (2014). Das Ver-/Be- und Abhandeln von Körperproben in Biobanken-Proben und Daten als Objekte wissenschaftsökonomischer Produktion. In L. Schumacher & O. Decker (Hrsg.), *Körperökonomien. Der Körper im Zeitalter seiner Handelbarkeit* (S. 43–55). Gießen: Psychosozial-Verlag.

Mona, M. (2007). Ignoranz, Risiko und Ausbeutung – kritische Bemerkungen zur Begründung des Verbots von finanziellen Anreizen für die Nierenlebendspende. In P. Becchi, A. Bondolfi, U. Kostha & K. Seelman (Hrsg.), *Die Zukunft der Transplantation von Zellen, Gewebe und Organen* (S. 87–107). Basel: Schwabe.

Oberender, P. O. (2002). Stellungnahme zum Entwurf eines Beitragssicherungsgesetzes in der gesetzlichen Krankenversicherung und in der gesetzlichen Rentenversicherung (Drucksachen 15/27 und 15/28). *Ausschuss für Gesundheit und Soziale Sicherung – Ausschussdrucksache 0024– 15. Wahlperiode.*

Oberender, P. O., Hebborn, A. & Zerth, J. (2006). *Wachstumsmarkt Gesundheit.* Stuttgart: Lucius & Lucius (UTB).

Offe, C. (1972). *Strukturprobleme des kapitalistischen Staates.* Frankfurt/M.: Suhrkamp.

Orr, Z. (2014). Organhandel in Israel. Wie Moral und Politik geformt werden. In L. Schumacher & O. Decker (Hrsg.), *Körperökonomien. Der Körper im Zeitalter seiner Handelbarkeit* (S. 143–176). Gießen: Psychosozial-Verlag.

Polanyi, K. (1944 [2001]). *The Great Transformation.* Boston: Beacon Press.

Radcliffe-Richards, J., Daar, A. S., Guttmann, R. D., Hoffenberg, R., Kennedy, I., Lock, M., Sells, R. A. & Tileny, N. (1998). The Case of Allowing Kidney Sales. *The Lancet, 351*, 1950–1952.

Remy, C. (2006). The practice of sacrifice and the pursuit of science – Fieldwork in a physiology laboratory. *Sociology du Travail, 48*, 226–239.

Schicktanz, S. & Schweda, M. (2009). ›One Man's Trash is Another Man's Treasure‹: Exploring Economic and Moral Subtexts of the ›Organ Shortage‹ Problem in Public Views on Organ Donation. *Journal of Medical Ethics, 35*, 473–476.

Siemons, M. (2011). In diesem Apfel steckt kein Wurm. *Frankfurter Allgemeine Zeitung, Nr. 194,* 22.8.2011, S. 23.

Titmuss, R. M. (1971). *The Gift Relationship: From Human Blood to Social Policy.* New York: Vintage Books.

Türcke, C. (2002). *Erregte Gesellschaft.* München: Beck.

Weber, M. (1904/1905). *Die Protestantische Ethik und der ›Geist‹ des Kapitalismus.* Weinheim: Beltz.

Autorin und Autor

Oliver Decker, PD Dr. phil., Dipl.-Psych., ist Sozial- und Medizinpsychologe an der Universität Leipzig und 2015 als Visiting Professor an das Department for Critical Theory and the Arts der New Yorker School of Visual Arts eingeladen.

Lea Schumacher, Jg. 1982, ist Ärztin in der Abteilung für psychosomatische Medizin des Robert-Bosch-Krankenhauses Stuttgart. Ihre medizinsoziologische Dissertation schreibt sie über die Behandlungsmethode der tiefen Hirnstimulation.

Kontakt

PD Dr. Oliver Decker
Universität Leipzig
Philipp-Rosenthal-Straße 55
D-04103 Leipzig
E-Mail: Oliver.Decker@medizin.uni-leipzig.de

Lea Schumacher
Robert-Bosch-Krankenhaus
Abteilung für Psychosomatische Medizin
Auerbachstraße 110
D-70376 Stuttgart
E-Mail: lea.schumacher@rbk.de

Das technisierbare Selbst

Orientierungsversuche im Spannungsfeld von Selbstgewinn und Selbstverlust

Oliver Müller

Zusammenfassung
In diesem Beitrag geht es um Selbstgewinn und Selbstverlust im Kontext von Technisierungsprozessen. Der Begriff des »technisierbaren Selbst« ist Ausgangspunkt für Überlegungen, wie wir Technisierungsprozesse überhaupt beschreiben und in Selbstdeutungskategorien überführen können. Im Rückgriff auf ein Konglomerat technikphilosophischer Positionen, die Anfang und Mitte des 20. Jahrhunderts formuliert wurden (Husserl, Cassirer, Heidegger, Arendt, Anders, Blumenberg, Horkheimer) wird ein Raster von Beschreibungen vorgestellt, das Formen des Selbstgewinns Formen des Selbstverlusts gegenüberstellt. Dieses Raster kann dialektisch verstanden werden in dem Sinne, dass die Verschränkung von Selbstgewinn und Selbstverlust und mögliche Umschlagpunkte den Phänomenbereich der Selbsttechnisierung erschließen. Abschließend erfolgt ein Blick auf das biotechnische Enhancement als exemplarische Selbsttechnisierungsform.

Schlüsselwörter: Selbst, Technisierung, Selbstgewinn, Selbstverlust, Dialektik, Enhancement

Abstract
The »technologiable self«. Orientation between self-loss and self-achievement
This paper deals with self-achievement and self-loss in the context of mechanization processes. The concept of a »technologiable self« is the starting point for considerations on how we generally can describe the processes of mechanization and how we can transfer them to categories for the interpretation of the individual self. Referring to an assembly of philosophical positions, developed at the beginning and the middle of 20th century (Husserl, Cassirer, Heidegger, Arendt, Anders, Blumenberg, Horkheimer) a pattern of descriptions will be presented, which contrasts forms of self-achievements with forms of self-loss. This pattern can be understood dialectically in the sense that self-achievement and self-loss and the possible turning point make the phenomenon of mechanization of a self accessible. Finally, the biotechnical enhancement serves as an example for individual mechanization.

Keywords: self, mechanization, self-achievement, self-loss, dialectics, enhancement

---

1. Einleitung

Die Verschränkung von eher perfektionierenden technischen Eingriffen in den Menschen auf der einen Seite und eher zerstörerischen Interventionen durch Technik auf der anderen Seite kann als ein dialektisches Deutungsinstrument verstanden werden. Denn »die« Technik umreißt par excellence einen Phänomenbereich, den man dialektisch erschließen kann: Schon im Alltagsverständnis werden Technisierungsprozesse zumindest als ambivalent angesehen. Technik geht mit Verbuchungen von Gewinn (an Lebensqualität, Freiheitsgraden etc.) einher oder aber mit Verlusterfahrungen (an vertrauten Ordnungsrahmen, Kommunikationsformen etc.). Technik wird auf der einen Seite mit einem positiv verstanden Fortschritt konnotiert, auf der anderen Seite werden aber Technisierungsprozesse auch mit Entfremdungserfahrungen in Verbindung gebracht. Dabei ist es wichtig zu sehen, dass Technisierung und sprachliche Artikulation eng zusammenhängen. Individuelle Selbste artikulieren ihre Erfahrungen mit der Technik auch immer vor dem Hintergrund kultureller Deutungsmuster, im Rückgriff auf ein bestimmtes Sprachrepertoire.

Die Verbuchungen von Gewinn- und Verlusterfahrungen können auch so beschrieben werden, dass technischer Selbstgewinn in Selbstverlust umschlagen kann – und Selbstverlust in Selbstgewinn (vgl. Seel, 2014). Selbstverständlich müssen wir hier Vorsicht walten lassen: Denn nicht jeder Selbstgewinn muss in Selbstverlust umschlagen und noch weniger jeder Selbstverlust in Selbstgewinn. Beide Begriffe könnten auch gut ohne einander auskommen. Doch trotz dieses caveats dürfte man analytisches Potenzial gewinnen, wenn man diese Begriffe zumindest auch in jener potenziellen dialektischen Verschränkung denkt.

Um mich der Dialektik von technischem Selbstgewinn und Selbstverlust zu nähern, will ich im Folgenden einige Überlegungen zum Begriff des technisierbaren Selbst anstellen, das wir vor der Rede eines *technisierten* Selbst beschreiben müssen. Dazu will ich erstens zeigen, dass und wie ich das technisierbare Selbst verstehen will. Dann will ich zweitens ein Raster entwickeln, in dem die genannte dialektische Struktur von (Selbst-)Technisierungsbegriffen in den Blick geraten kann. Abschließend will ich knapp auf einige mögliche dialektische Umschlagpunkte an Fragen der medizintechnischen »Selbstverbesserung« (Enhancement) hinweisen.

2. Zum Begriff des »technisierbaren Selbst«

Das »Selbst« ist ein vielschichtiger Begriff (Gallagher, 2011). Ohne begriffliches Geländer vom »technisierbaren Selbst« zu reden, ist daher riskant. Zunächst will ich vom Begriff des »technisierbaren Selbst« ausgehen, weil dies die Voraussetzung dafür ist, über Formen der Technisierung des Selbst überhaupt reden zu können. Es mag zwar trivial klingen, aber Selbste können technisiert werden, weil sie technisierbar sind. Das heißt: Unser Selbst- und Weltverständnis ist derart, dass Selbste sich in Bezug auf Techniken und Technologien selbst verstehen und ihre Identität in Bezug auf diese Techniken und Technologien ausbilden. Besonders prägnant hat dies Cassirer auf den Punkt gebracht, indem er unterstreicht, dass die Technik als »Medium der Selbsterkenntnis« zu verstehen ist, denn vermittels des technischen Wissens gelangt der Mensch »erst zu sich selbst, zu einem Selbstbewußtsein […]. Jedes neues Werkzeug, das der Mensch findet, bedeutet demgemäß einen neuen Schritt nicht nur zur Formung der Außenwelt, sondern zur Formierung seines Selbstbewußtseins« (Cassirer, 2004, S. 254).

Ich gehe davon aus, dass es mehrere Möglichkeiten gibt, sinnvoll von einem technisierbaren Selbst zu sprechen, will meinen Überlegungen aber nur eine Dimension dieses Begriffes zugrunde legen: Selbste sind meines Erachtens dadurch charakterisiert, dass sie auf verschiedenen Ebenen ein spezifisches Selbst- und Weltverhältnis ausprägen, indem sie sich in Bezug auf kulturelle Artefakte, Normen der Gesellschaft und den Stand der Wissenschaft selbst deuten und zu verstehen suchen. In diesem Sinne deuten sich Selbste auch in Bezug auf Technisierungsprozesse selbst. Das heißt, Selbste bewegen sich in einer Welt technischer Produkte und Optionen und haben zu entscheiden, wie sie mit bestimmten Möglichkeiten umgehen, welche technologischen Eingriffe sie selbst wollen oder nicht (z. B. reproduktionsmedizinische Techniken wie IVF), wie sie sich zu bestimmten Technologien verhalten, auf deren Entwicklung sie keinen Einfluss haben (z. B. Atomtechnik). Selbste bewegen sich in einer technisierten Welt und deuten sich selbst in Bezug auf die sie umgebende »Technosphäre« (Böhme, 1992, S. 17–39) – und begreifen sich zugleich als Wesen, dessen Denk- und Handlungslogiken zum Teil schon technikorientiert sind.

Das Selbst ist ein »Akteur«, der sich innerhalb bestimmter anthropologischer und ontologischer Zusammenhänge bewegt. Handlungsstrukturen sind in den kulturellen und sozialen Raum, in dem sich Menschen bewegen, eingebettet. Die Orientierung in Bezug auf die Technik, das Sich-zu-eigen-Machen technischen Könnens und die »Weltkonstitution« durch Technik sowie die damit zusammenhängende Selbstverortung in der technischen Zivilisation kann man auch als eine »Quelle des Selbst« bezeichnen. Charles Taylor hat in seinem Buch *Quellen des Selbst* diese »Quelle« nicht untersucht (sondern z.B. die expressive Qualität des »Natürlichen«, des »Innerlichen« und des »normalen Lebens«, vgl. Taylor, 1994). Doch kann die Technik als ein vergleichbarer identitätsstiftender »Raum« verstanden werden, wie ihn Taylor in seiner moralischen Ontologie beschreibt. Denn zur Konstitution unserer Identität gehören auch die Selbstbeschreibungen, Deutungsmuster und Metaphern, die in Bezug auf die Anwendung technischer Mittel, in Bezug auf die Benutzung von Maschinen oder hinsichtlich der Selbstgestaltung mittels Technik generiert werden. Aus den Selbstdeutungen in Bezug auf Technisierungsprozesse und aus der Selbstverortung in der technischen Welt können Orientierungen im Blick auf die Konstituierung praktischer Selbstverhältnisse gewonnen werden, die Rahmen und Horizont für ein deskriptives und normatives Verständnis menschlicher Praxis sein können.

Individuelles Handeln ist immer von sozialen und ontologischen Kontexten abhängig und wird von diesen Kontexten geprägt. Nehmen wir die Medizin als Beispiel: Eine Ärztin oder ein Arzt agiert in der Regel im Horizont verschiedener Techniken und Technologien. Dies liegt an bestimmten anthropologischen und ontologischen Vorannahmen: Der menschliche Körper muss »technomorph« interpretiert werden, als etwas, das mit Technik interagieren kann, in dem bestimmte technisch kontrollierbare und manipulierbare chemische und physikalische Prozesse stattfinden; aus dieser Perspektive auf den Körper ergibt sich wiederum die »Logik« und »Richtigkeit« der einzusetzenden Techniken – nicht selten geschieht dies dann auch noch vor dem Hintergrund ökonomischer Strukturgesetzlichkeiten. So ist fast jede »Handlung« des Arztes gleichzeitig auch Anwendung von Technik (samt ihren ökonomischen und juristischen Implikationen). Darüber hinaus ist es auch so, dass Technisierungsformen unseren »Gegenstandsbereich« ändern, was Auswirkungen auf den Umgang mit den »neuen« oder neu verstandenen Entitäten hat: Was wir insbesondere unter lebendig und tot verstehen, ist abhängig vom Stand der Technik – mit allen biopolitischen Konsequenzen (vgl. Gehring, 2006).

Hannah Arendt hat in *Vita activa* mehrfach unterstrichen, dass sie der Rede einer unveränderlichen »Natur des Menschen« skeptisch gegenübersteht und dass sie lieber den Begriff der Bedingtheit verwendet, um sich der conditio humana zu nähern (sie nimmt damit den Begriff der »conditio« semantisch ernst, vgl. Arendt, 1981, S. 19f.). Ihre These ist, dass der Mensch als bedingtes Wesen in dem Sinne zu verstehen ist, »daß jegliches, was er vorfindet oder selbst macht, für ihn sofort eine Bedingung seiner Existenz wird« (ebd., S. 173). Als bedingtes Wesen produziert der Mensch eine Dingwelt als einen Lebensraum, der seine Identität bestimmt, weil er die mit Erinnerungen verknüpfte Dingwelt in sein Selbst- und Weltverhältnis integriert. Die technische Welt wirkt aber auch in gewisser Weise auf den Menschen zurück, insofern der Mensch sich schon immer ab dem Zeitpunkt ihrer Erfindung an seine Maschinen anpasst: »Die Maschinen sind heute für unsere Existenz eine nicht weniger unabdingbare Bedingung als Werkzeuge und Geräte für alle früheren Epochen« (ebd.). Das bedeutet nun aber nicht, dass der Mensch von seinen Maschinen versklavt wird, sondern verdeutlicht die Interdependenz der menschlichen Existenz und der technischen Welt. Eine von der Technik isolierte »Natur des Menschen« kann es nicht geben, der Mensch »ist« in einem emphatischen Sinne erst und nur mit und in seiner technischen Welt.

An diese Überlegungen Arendts soll hier angeschlossen werden: Selbste schaffen sich einen variablen Orientierungsrahmen, innerhalb dessen sie die Bedingungen ihrer Existenz thematisieren können. Menschen als sich selbst deutende Wesen greifen auch auf kulturelle Artefakte zurück, um sich selbst zu verstehen. Was wir Menschen sind, zeigt sich in unseren Werken, Taten und Produkten; auch und gerade die Technik gehört dazu. Einige Formen der Selbstauslegung durch technische Produkte hat Käte Meyer-Drawe (1996) in ihrem Buch über

Menschen im Spiegel ihrer Maschinen untersucht. Weil der Mensch nicht »feststellbar« ist, prägt die von uns hergestellte Welt unser Bild von uns selbst.

Auf dieser Grundlage soll im Folgenden nun ein Raster vorgestellt werden, in dem die ambivalente Selbstdeutung in Bezug auf Technisierungsprozesse plausibel gemacht werden kann. Ausgangspunkt dabei ist der Befund, dass eine Reihe von DenkerInnen unterschiedlicher Provenienz Mitte des 20. Jahrhunderts nach adäquaten Beschreibungen der technischen Welt suchten (insbesondere Husserl, Cassirer, Heidegger, Arendt, Anders, Blumenberg, Horkheimer), weil die Technik das Selbst- und Weltverständnis fundamental zu ändern schien. Und da wir bei diesen AutorInnen auf der einen Seite technikkritische bis dystopische Erklärungsfiguren finden und auf der anderen Seite eher technikoptimistische Deutungen zu verzeichnen haben, ist es möglich, auf dieser Grundlage ein dialektisches Raster zu erstellen, mit dem die Ambivalenz der Selbstdeutung in Bezug auf Technisierungsprozesse erfasst werden kann (vgl. Müller, 2010, 2014c).

3. Ein dialektisches Raster zur Selbstdeutung in Bezug auf Technisierungsprozesse

3.1 Formen des Selbstgewinns

Technisierungsprozesse generieren und etablieren Rationalität. Die Technik erschließt Funktionszusammenhänge, die zu unserer Welt gehören, sie garantiert den gleichförmigen Ablauf der industriellen Fertigung. Technik schließt auch die Kompetenz ein, Dinge sachgerecht herzustellen und anzuwenden. Damit dient sie der Gestaltung des Raumes als Lebensraum (vgl. Fischer, 2004). Die Technik hat ihre Wurzeln also im Bereich des sich Einrichtens in der Lebenswelt, im Lebensdienlichen, sie ist eben eine »Methode des Lebens«. Die Technik trägt nicht nur zur Befriedigung von Grundbedürfnissen bei, sondern dient ganz wesentlich dazu, unser Leben komfortabler zu gestalten.

3.1.1 Wirklichkeit und Verlässlichkeit

Ernst Cassirer hat 1930 die Bedeutung der Technik für die Entdeckung der »Objektivität« unseres Weltbezuges herausarbeitet (Cassirer, 2004, S. 139–183). Die technische Welterschließung ist nicht nur durch eine Distanz zwischen Subjekt und Objekt möglich, sondern das Bewusstsein der Mittel ist die Grundlage des Einblicks in das »kausale Gefüge« der Welt. Die Wirklichkeit wird durch sachgerechten und funktionalen Gebrauch der Werkzeuge konstituiert, und seien sie noch so primitiv: »Diese Entdeckung ist Aufdeckung: ist das Erfassen und Sichzueigenmachen eines wesenhaften und notwendigen Zusammenhangs, der zuvor verborgen lag« (Cassirer, 2004, S. 157). Die Welt des Menschen erhält durch den Raum des »Objektiv-Möglichen« neue Konturen; die Möglichkeiten und Grenzen des technischen Wirkens lassen sich ausgehend von den objektiven Gegebenheiten immer genauer bestimmen. Die Technik ist ein »Durchgangspunkt des Verstehens« (Cassirer, 1995, S. 256).

Auch Heidegger hat diese Funktion von Technik beschrieben. In *Sein und Zeit* begreift er das technische Herstellen als eine Vorform des Verstehens:

> »Der gebrauchend-hantierende Umgang ist aber nicht blind, er hat seine eigene Sichtart, die das Hantieren führt und ihm seine spezifische Sicherheit verleiht. Der Umgang mit Zeug unterstellt sich der Verweisungsmannigfaltigkeit des ›Um-zu‹. Die Sicht eines solchen Sichfügens ist die Umsicht« (Heidegger, 1993, S. 69).

Um die Bedeutung der Technik für das Selbst zu analysieren, hat Heidegger dem Begriff des Zuhandenen eine zentrale Stellung eingeräumt (ebd., S. 66ff.). Unter dem Zuhandenen versteht Heidegger die Dinge, mit denen der Mensch im Alltag umgeht. Sein Beispiel ist der Hammer. Wir verstehen die Funktion des Hammers, indem wir ihn gebrauchen. Haben wir einmal einen Nagel damit eingeschlagen, wissen wir, wozu er gut ist. Verwenden wir den Hammer, um etwas herzustellen, dann verweist das herzustellende Werk auf andere Werkzeuge und

Materialien; wir erkennen einen gewissen Zusammenhang (»Verweisungszusammenhang«). In dieser pragmatistischen Perspektive erscheinen die Dinge nicht einfach nur als »vorhandene« Objekte wie die Gegenstände unserer theoretischen Erkenntnis. Wir verstehen die Dinge erst, wenn wir mit ihnen umgehen, wenn wir ihre »Bewandtnis« kennen. Heideggers Dasein präsentiert sich als Techniker – eben weil die Technik elementare Strukturen und Formen des menschlichen In-der-Welt-Seins ermöglicht.

Hannah Arendt hat diesen Punkt Heideggers radikalisiert, wenn sie sagt, dass die menschliche Existenz auf Gegenständlichkeit und Objektivität angewiesen ist (Arendt, 1981, S. 16). Die oben erwähnte Bedingtheit und die technische Produktion von Dingen stehen nach Arendt in einem Wechselverhältnis: »weil menschliche Existenz bedingt ist, bedarf sie der Dinge« (ebd., S. 19). Dass die uns umgebenden Dinge eine größere Dauerhaftigkeit haben als die Technik, die sie produzierte, ist für Arendt der Grund für die »Wirklichkeit und Verläßlichkeit der Welt«, derer wir zu unserer Existenz und zu unserer fundamentalen Orientierung bedürfen (ebd., S. 114). Durch Technik kann dem Nicht-Greifbaren und Flüchtigen Bestand gegeben werden, damit kann der menschliche Erfahrungsraum gleichsam technisch »präpariert« werden (ebd., S. 108). Durch die Vertrautheit der hergestellten Dinge wird die Erfahrung von Beständigkeit möglich. Der Mensch als das weltbedürftige Wesen findet durch die Technik Momente der »Verläßlichkeit der Welt« (ebd., S. 114), erbaut und erschließt eine »eigentlich menschliche Heimat« (ebd., S. 161).

3.1.2 Vereinfachung und Funktionalisierung

José Ortega y Gasset hat die Leistung der Technik in die griffige Formel »Anstrengung, Anstrengung zu ersparen« (Ortega y Gasset, 1949, S. 24) gebracht. Damit beschreibt er die Tatsache, dass sich in der Technik eine bestimmte Form der Rationalität ausdrückt, die nicht nur an den Herstellungsprozess geknüpft ist, sondern sich in Formalisierungen und Funktionalisierungen zeigt. Technisierung bedeutet (oft) Vereinfachung von Verfahren und Abläufen mit dem Ziel, ihre Effektivität zu steigern oder Prozesse zu beschleunigen. Die Frage, wie etwas besser funktionieren könnte, gehört zu den leitenden Fragen der Technikentwicklung. Die Technisierung beruht auf einer Ökonomie des Denkens, sie ist, mit Robert Musil gesprochen, eine »Leidenschaft des Sparens« und ein »Triumph der geistigen Organisation« (1983b, S. 593). Die menschliche Vernunft generiert die Normen der Funktionalisierung, Vereinfachung und Mechanisierung aus ihrer eigenen Verfasstheit. Es ist ein der Struktur der menschlichen Vernunft eingeschriebenes Prinzip der Ökonomie und die in der Verfasstheit des Menschen liegende intrinsische Tendenz der Technisierung, die Motor in der Entwicklung der Technik sind. Diese der menschlichen Ratio intrinsische Tendenz zur Technisierung ist auch Kern von Automatisierungsvorgängen: Man stellt Bedingungen für Abläufe her, die ohne individuelles Zutun vonstatten gehen (vgl. Arendt, 1981, S. 135ff.; Gehlen, 1957, S. 20ff.). Solche Automatisierungen machen nicht nur Hochtechnologien überhaupt erst möglich, sondern sind das Prinzip von Technisierung überhaupt:

> »Die Maschine übernimmt dann diejenigen Verrichtungen, die nicht der höchsten Qualität des originären Denkens bedürfen, wie sie die Erfindung selbst repräsentiert. Technisierung erweist sich daran paradigmatisch als der Prozeß, in dem sich der Mensch von den Leistungen entlastet, die seine Anstrengung nur ein einziges Mal erfordern, oder in denen er sich überbieten zu lassen ein einsichtiges Interesse hat« (Blumenberg, 2009, S. 78).

Historisch gesehen ist diese Form der Technisierung von der Ausprägung eines bestimmten Wissenschaftsideals in der Neuzeit nicht zu trennen. Der eben schon zitierte Hans Blumenberg hat diesen Zusammenhang folgendermaßen beschrieben: Das wissenschaftliche Paradigma der Neuzeit verlangt,

> »daß das geschichtlich je schon Geleistete zur Voraussetzung des noch zu Leistenden gemacht werden kann, also seine Funktionalisierung als nur noch erlernbarer Erkenntnisbesitz und als

übernehmbare Methodik. Nur so kann der Ausgangspunkt des Fortschreitens immer weiter ins Unbegangene vorgeschoben werden. Und Formalisierung ist nichts anderes als die handlichste, dienstbarste Art solcher Funktionalisierung des einmal Geleisteten; aber sie ist eben auch schon potentiell Technisierung, denn was formalisiert werden kann – das heißt: was seine Anwendbarkeit unabhängig von der Einsichtigkeit des Vollzuges gewinnt –, das ist auch im Grunde schon mechanisiert, auch wenn die realen Mechanismen zu seiner Speicherung und geregelten Assoziation nicht bereitgestanden haben« (Blumenberg, 1981, S. 41f.).

Dass die »selbständige, sich gleichförmig wiederholende Funktion« das »Hauptkennzeichen unserer Technik« sei, hatte schon Friedrich Georg Jünger hervorgehoben (1953, S. 39). Doch verstehen wir unter Technisierung mehr, nämlich effizienzorientierte Logiken und Beschleunigung von Abläufen. Und vor diesem Hintergrund ist es eben nur konsequent, wenn die Prinzipien eines in sich schon »mechanisierten Geistes« sich in der Technik dann materialisieren.

3.1.3 Neue Möglichkeitshorizonte und Verfügbarkeitsrahmen

Technik ist ganz wesentlich dadurch charakterisiert, dass sie neue Möglichkeiten, auch neue Denk-Möglichkeiten erschließt. Schon das elementare technische Wirken ist nur unter der Maßgabe des Möglichen zu verstehen. Das Werkzeug, so Cassirer, »kann erst dort entstehen, wo der Geist fähig geworden ist, ein ›mögliches‹ Objekt zu ergreifen und zu konzipieren, statt sich direkt an ein wirkliches herzugeben und an dasselbe zu verlieren« (Cassirer, 2004, S. 40). Die Leistung der Technik besteht darin, das Wirkliche aus dem »Reich des ›Möglichen‹« (ebd., S. 176) her zu betrachten; es ist diese Blickrichtung, die nach Cassirer »die vielleicht größte und denkwürdigste Leistung der Technik« darstellt, denn von jenem »Reich des Möglichen« inspiriert, fragt der Techniker »nicht in erster Linie nach dem was ist, sondern was sein kann« (ebd.). Der Techniker braucht also neben dem Wirklichkeitssinn einen »Möglichkeitssinn«, den Musil im *Mann ohne Eigenschaften* als Fähigkeit beschreibt, »alles, was ebensogut sein könnte, zu denken und das, was ist, nicht wichtiger zu nehmen, als das, was nicht ist« (Musil, 1983a, S. 16).

Die Betrachtung der Wirklichkeit vor dem Hintergrund des Möglichen ist somit ein Motor von Technisierungsprozessen, denn das »Bewußtsein von der Kontingenz der Wirklichkeit ist«, so Blumenberg,

> »die Fundierung einer technischen Einstellung gegenüber dem Vorgegebenen: Wenn die gegebene Welt nur ein zufälliger Ausschnitt aus dem unendlichen Spielraum des Möglichen ist, wenn die Sphäre der natürlichen Fakten keine höhere Rechtfertigung und Sanktion mehr ausstrahlt, dann wird die Faktizität der Welt zum bohrenden Antrieb, nicht nur das Wirkliche vom Möglichen her zu beurteilen und zu kritisieren, sondern auch durch Realisierung des Möglichen, durch Ausschöpfung des Spielraums der Erfindung und Konstruktion das nur Faktische aufzufüllen zu einer in sich konsistenten, aus Notwendigkeit zu rechtfertigenden Kulturwelt« (Blumenberg, 1981, S. 47).

So weit die strukturierte Zusammenstellung der zentralen Positionen. Die Pointe ist nun, dass diese drei Weisen der Beschreibung von Technisierungsprozessen gleichzeitig auch als Selbstdeutungsformen in Bezug auf diese Technisierungsprozesse fungieren, denn das technische Selbst- und Weltverhältnis ist als verschränkt zu denken (Müller, 2014c). Wenn hier über die Verlässlichkeit der Technik gesprochen wird, korrespondiert dies mit dem Verlässlichkeitsbedürfnis von Selbsten; wenn von technischen Verfügungen die Rede ist, geht es auch um Selbstverfügungen. Selbste orientieren sich an Objektivität und Verlässlichkeit der Technik, sie können sich die Effizienzsteigerung zu eigen machen und als lebensweltlichen »Gewinn« verbuchen. Selbste können sich selbst aus dem Blickwinkel des Möglichen betrachten und technische Selbstverfügungen für sich nutzen. Diesen drei Formen von technischem Selbstgewinn können drei Formen des Selbstverlusts gegenübergestellt werden.

3.2 Formen des Selbstverlusts

Die Bemühungen zur Gestaltung des Lebensraums können auch dazu führen, dass die Technik (Erfahrungs-)Räume homogenisiert. Sie kann zur Vereinheitlichung der Lebensführung werden, die zwar die Handlungsspielräume erweitern mag – dies jedoch mitunter vor dem Hintergrund eines bestimmten Repertoires von Optionen, das für Alternativen desensibilisieren kann. Die Erweiterung des Verfügbarkeitsrahmens kann zu überfordernden Beschleunigungserfahrungen und zur Unterminierung traditioneller Orientierungen und Selbstbilder führen. Daher können Technisierungsprozesse nicht nur als stabilisierend, sondern auch als destabilisierend wahrgenommen werden.

3.2.1 Erfahrungsschwund und Entfremdung

Hannah Arendt hat, wie schon gesehen, die Bedeutung der Technik für die Konstitution der Objektivität betont:

> »Nur weil wir aus dem, was die Natur uns gibt, die objektive Gegenständlichkeit einer eigenen Welt errichten, weil wir in den Umkreis der Natur eine nur uns eigene Umgebung gebaut haben, die uns vor der Natur schützt, sind wir imstande, nun auch die Natur als einen ›Gegenstand‹ objektiv zu betrachten und zu handhaben. Ohne eine solche Welt zwischen Mensch und Natur gäbe es ewige Bewegtheit, aber weder Gegenständlichkeit noch Objektivität« (Arendt, 1981, S. 162f.).

Gleichzeitig wird diese Objektivität aber mit einer die Wirklichkeitserfahrung verarmenden Verdinglichung erkauft. Die Technik wird in diesem Zusammenhang oftmals als eine die menschliche Erfahrungssphäre überformende und dominierende Dimension wahrgenommen und beschrieben; der Technik wird dann eine realitätsbestimmende Macht beigemessen, die das individuelle Handelnkönnen obsolet erscheinen lässt. Wie man exemplarisch an der Technokratie-Debatte zwischen Helmut Schelsky und Jürgen Habermas (vgl. dazu Fischer, 2004, S. 161ff.) sehen kann (siehe auch Galimberti, 1999, S. 457), formuliert Hannah Arendt damit einen Eindruck, den eine Reihe von Denkern verschiedener Couleur mit ihr teilen: »Die Technik« scheint den Menschen von sich selbst und seinem reichen Weltbezug zu entfremden. Arendt spricht von einem »enormen Erfahrungsschwund« (1981, S. 410).

Und dieser Erfahrungsschwund hat nun Konsequenzen für die Selbstdeutung. Max Horkheimer zum Beispiel versucht diesen Erfahrungsschwund greifbar zu machen, indem er die Internalisierung von Technisierungsvorgängen zu beschreiben sucht: »Deutlich scheint, selbst mit der Erweiterung des Denk- und Handlungshorizonts durch das technische Wissen, die Autonomie des Einzelsubjektes, sein Vermögen, dem anwachsenden Apparat der Massenemanzipation zu widerstehen, die Kraft seiner Phantasie, sein unabhängiges Urteil zurückzugehen« (Horkheimer, 2007, S. 14). Horkheimer behauptet also, dass durch Technik und die Anpassung an ihre Rationalität sowohl Kreativität als auch Urteilsfähigkeit Schaden nehmen können. In der Orientierung an technische Funktionsweisen kann es unter Umständen dazu kommen, dass sich Selbstdeutungsmuster etablieren, in denen andere Aspekte der Selbsterfahrung marginalisiert werden.

Das Entfremdungsmoment scheint hier letztlich die Homogenisierung von Erfahrungswelten zu sein. Die dialektische Figur, die man hinter dieser ersten Ambivalenz beobachten kann, ist, dass die Technik zwar den Weltzugang objektiviert und Strukturen der Verlässlichkeit schafft, dass diese technische Objektivierung aber umschlagen kann in einen zwar gemeinsam erfahrbaren und garantierten Raum, der aber bestimmte Erfahrungen nicht mehr ermöglicht oder nicht mehr zulässt.

Günther Anders hat für Entfremdungserfahrungen die Deutungsfigur der »prometheischen Scham« eingeführt, die noch ein weiteres Moment von Selbsttechnisierung erfasst. Der Mensch schämt sich angesichts der hohen Qualität der von ihm selbst gemachten Produktwelt. Der Mensch erfährt sich selbst als »antiquiert«, schämt sich »[i]n seiner fleischlichen Tölpelhaftigkeit«, schämt sich, in seiner »kreatürlichen

Ungenauigkeit [...] vor den Augen der perfekten Apparaturen stehen zu müssen« (Anders, 1956, S. 23). Die Selbstdeutung in Bezug auf Technisierungsprozesse kann zu einem Sich-selbst-Schämen angesichts von Unzulänglichkeitserfahrungen führen – induziert durch die der Technik zugeschriebene Perfektion. Anhand der Scham macht Anders sogar eine spezifische Identitätsstörung deutlich, die er als Folge von Technisierungsvorgängen betrachtet. Die prometheische Scham bezeichnet das Verhältnis der Perfektion der Technik zu dem als imperfekt empfundenen eigenen Selbst. Scham ist ein reflexives Verhältnis: Man verhält sich im Modus der Scham zu sich selbst, man begegnet sich als durch Angleichung an technische Normvorgaben optimierbar, man begegnet sich selbst also als zugleich identisch und nicht-identisch. Der Sich-Schämende wird mit der widerspruchsvollen Selbstbegegnung nicht fertig. Die Folge ist nach Anders Desorientiertheit, eine Störung der eigenen Identität (Anders, 1956, S. 65f.).

3.2.2 Beschleunigung und Desynchronisation

»Direkt oder indirekt«, schreibt Hans Blumenberg, »ist diese Steigerung von Geschwindigkeiten die einheitliche Wurzel aller technischen Antriebe des Menschen« (2009, S. 80). Menschen sind Wesen mit endlicher Lebenszeit, die jedoch unendliche Wünsche haben, die also die limitierte ihnen zur Verfügung stehende Zeit auf einen unendlichen Möglichkeitshorizont ausrichten. Diese Zeiterfahrungen haben in der Endlichkeit des Menschen ihren anthropologischen Ursprung, sie machen ihn konstitutiv zu einem Zeitmangelwesen (Marquard, 1995). Mit der Technik können Menschen auf diese Erfahrung reagieren, indem sie in der der Technik eigenen »Anstrengung, Anstrengung zu sparen«, um erneut die Formel von Ortega aufzugreifen, auf »Zeitgewinn« aus sind. Blumenberg vermutet sogar: »Zeitgewinn für Zeitvertreib, das scheint mir die Grundstruktur in der ganzen Neuzeit zu sein« (2006, S. 616).

Die Erfahrung der konstitutiv knappen Zeit setzt die Handlungsdynamik des modernen Selbst in Gang. Eine alltägliche Konsequenz der Endlichkeit ist das Rechnen mit der Zeit, ihre »Buchhalterisierung«, die in der frühen Neuzeit mit dem ökonomischen Gebot »non perdere tempo« des Humanisten Leon Battista Alberti einsetzt und in Benjamin Franklins »time is money« ihre unüberbietbare Formulierung findet (vgl. Weinrich, 2004; Adam, 2005). Dieses zeitökonomische Denken findet sich in Heideggers *Sein und Zeit* existenzialphilosophisch gewendet: »Das Rechnen mit der Zeit ist konstitutiv für das In-der-Welt-Sein« (1993, S. 333). Das klingt kulturkritischer, als es an dieser Stelle gemeint ist. Doch spätestens in den *Beiträgen zur Philosophie* wird das Rechnen oder die »Berechnung« in diesem Kontext nur in diskreditierender Absicht geredet und die »Schnelligkeit« als »mechanische Steigerung der technischen Geschwindigkeiten«, als »das rasche Vergessen«, das »Sichverlieren im Nächsten«, als »Blindheit« und »Gejagtwerden« begriffen (Heidegger, 2003, S. 120f.).

Die buchhalterische Ökonomisierung und »Verfristung« der Zeit ist dabei nur ein Aspekt, der die Lebenszeit-Weltzeit-Spannung zeigt. Die prinzipielle Inkongruenz von Lebenszeit und Weltzeit und die daraus resultierenden vergeblichen Versuche, Kongruenz herzustellen, führen zu verschiedenen Dynamisierungen der Lebensgestaltung. Die technisierte Zeit erscheint einerseits als »gestundete Zeit« (Ingeborg Bachmann), die in den Zeit-Standardisierungen und Chronometrisierungen des 19. Jahrhunderts eine ihrer Wurzeln hat (vgl. Osterhammel, 2009, S. 116ff.; Jünger, 1953, S. 49ff.). Andererseits ist die Linearisierungserfahrung an die Idee des Immer-weiter-Fortschreitens geknüpft, sie kennt kein Ende. Dies ist damit die Voraussetzung der Akzeleration von Zeiterfahrungen.

Wie solche Zeitstrukturen sich auf unser individuelles In-der-Welt-Sein auswirken, hat Hartmut Rosa (2005) in seinem Buch *Beschleunigung* untersucht. Darin versucht er, die Frage nach dem guten Leben unter temporalstrukturellen Aspekten zu reformulieren:

> »Die Frage danach, wie wir leben möchten, ist gleichbedeutend mit der Frage, wie wir unsere Zeit verbringen wollen, aber die Qualitäten

›unserer‹ Zeit, ihre Horizonte und Strukturen, ihr Tempo und ihre Rhythmen, stehen nicht oder nur zu einem geringen Maße in unserer Verfügung. Zeitstrukturen sind kollektiver Natur, gesellschaftlichen Charakters; sie treten den handelnden Individuen stets in solider Faktizität entgegen. Die Temporalstrukturen der Moderne […] stehen vor allem im Zeichen der Beschleunigung« (ebd., S. 15).

Vor diesem Hintergrund interessiert ihn das Paradox, dass wir durch die technischen Beschleunigungsprozesse unser Leben nicht etwa entschleunigen, sondern, im Gegenteil, dass sich die Tendenz der Akzeleration auch in unserer Lebens- und Arbeitswelt derart niederschlägt, dass die Allokation von Zeitressourcen typisch für unsere Lebensform wird. Der geschickte Umgang mit der Zeit gehört zum gelingenden Leben; Rosa diagnostiziert in diesem Zusammenhang Erfahrungen der Desynchronisation, die zu Desintegrationsphänomenen führen können, im Extrem sogar zum Anstieg von Depressionen und ähnlichen Krankheiten (Rosa, 2005, S. 387; Fuchs, 2003).

Der andere Effekt, den die Technisierung haben kann, ist die Anästhesierung der Endlichkeitserfahrung. Das Gewahrsein der eigenen Endlichkeit, das Gewahrsein der Begrenztheit der Lebensmöglichkeiten und des Sterbenmüssens kann dazu führen, dass man nicht länger wahrhaben will, dass die Zeit vergeht. Sie wird dann in erster Linie als eine zu managende Abfolge (prinzipiell unendlich vieler) Zeitpunkte wahrgenommen; die Endlichkeit als wesentliche Zeiterfahrung des personalen Selbst wird verdrängt. Insbesondere der »optimierende« Einsatz von Medizintechnologien im Auftrag einer wunscherfüllenden Medizin (Kettner, 2009) kann zu einer solchen »Anästhetisierung« der Endlichkeitserfahrung führen und damit elementare Selbsterfahrungen unterlaufen (vgl. Müller & Bozzaro, 2010).

Auch wenn Technik nicht die alleinige Ursache von Akzelerationen ist, da immer auch soziale und ökonomische Transformationen zu berücksichtigen sind, so spielt die Technik aber doch eine herausragende Rolle, weil es meist Techniken sind, die Arbeitsabläufe erleichtern oder die das Reisen beschleunigen etc. Wichtig ist aber zu sehen, dass über einzelne Erfindungen und Technologien hinaus Technisierungsvorgänge durch prekäre Zeitverhältnisse fundiert sind. Technisierung ist aus der ihr eigenen Struktur heraus immer Akzeleration. Und dies birgt die Gefahr, dass Verstehensprozesse unterlaufen werden, dass das Wissen um »richtige« und »angemessene« Zeit für bestimmte Erfahrungsformen verloren geht, sich Erfahrungen von Desynchronisation einstellen.

3.2.3 Kontrollverlust und Destruktion

Auch wenn Hannah Arendt die Bedeutung der Technik für die Konstitution der objektiven Welt betont – »In dieser Dingwelt ist menschliches Leben zuhause, das von Natur in der Natur heimatlos ist« (Arendt, 1981, S. 16) –, ist diese Objektivität immer auch durch einen gewalttätigen Aspekt gekennzeichnet. In der Technik liegt in ihren Augen eine »gewalttätige Vergewaltigung eines Teils der von Gott geschaffenen Natur« (ebd., S. 165). Arendt vermutet hinter dem technischen Herstellen eine neue Art des Umgangs mit der Welt, die weitreichende ontologische und anthropologische Konsequenzen hat:

> »Unabhängig von Allem und Allen, allein mit dem ihm vorschwebenden Bild des herzustellenden Dinges, steht es Homo faber frei, es wirklich hervorzubringen; und wiederum allein, konfrontiert mit dem Resultat seiner Tätigkeit, kann er entscheiden, ob das Werk seiner Hände der Vorstellung seines Geistes entspricht, und ist frei, wenn es ihm nicht gefällt, es zu zerstören« (ebd., S. 170).

Seit dem Prometheus-Mythos wird immer wieder behauptet, dass die menschliche Kulturentfaltung und mit ihr die Technik in sich gewalttätig sei. Als Stichwortgeber der modernen Kulturkritik hatte dann Simmel in seiner These von der »Tragödie der Kultur« das Moment des Gewalttätigen als konstitutiv für die menschliche Selbstbehauptungsleistung diagnostiziert (Simmel, 1998, S. 195). Dabei stellt der konkrete Raubbau an der Natur oder an sich selbst gar nicht den entscheidenden Aspekt von Arendts Kritik dar, sondern die veränderte Perspektive auf die Wirklichkeit, die als Anmaßung empfunden wird. Die Gewalttätigkeit besteht in der Neu-Definition des Wirklichen durch die eigenen Produkte, in der die Etablierung einer aus dem natürlichen Zyklus von Entstehen und Vergehen herausgenommenen eigenen Objektwelt, die der Mensch beherrscht, weil er weiß, wie sie hergestellt werden.

Diese Verbindung von Gewalt und Technik scheint konstitutiv für das Aufspüren der Gründe für die Erweiterung der Verfügbarkeitssphäre. Am radikalsten hat dies Emanuele Severino formuliert, der aus seiner These, technisches (und in seiner Argumentation auch metaphysisches) Denken sei in seinem Kern nihilistisch, weil es davon ausgehe, Seiendes könne entstehen und vergehen, und man daher das prinzipielle Nicht-Sein-Können der Dinge annehmen müsse, ebenfalls die gewaltsame Verfügung über die Wirklichkeit ableitete. Im *Wesen des Nihilismus* schreibt er: »Im Horizont der wissenschaftlich-technologischen Aktion ist ein ›Ding‹ eben ein absolutes Verfügbarsein, hergestellt um zerstört zu werden; ein Ding, das nicht so verfügbar ist, ist unwirklich« (Severino, 1983, S. 17).

Die These von der Technik als gewalttätige Unterwerfung der Natur bekommt bei Simmel die Wendung, dass Gewalt der Technik auf den Menschen zurückfällt. In seiner *Philosophie des Geldes* beschreibt er den Eindruck, »daß die Maschine, die den Menschen doch die Sklavenarbeit an der Natur abnehmen sollte, sie zu Sklaven eben an der Maschine selbst herabgedrückt hat« (Simmel, 1989, S. 673). Das Bedürfnis nach größtmöglicher Kontrolle hat also eine dunkle Kehrseite (vgl. Taylor, 1995), die sich oft in der Angst ausdrückt, die Technik nicht mehr kontrollieren zu können. Eine klassische Stelle findet sich dazu in Max Horkheimers *Kritik der instrumentellen Vernunft*. Dort schreibt er: »Die Maschine hat den Piloten abgeworfen; sie rast blind in den Raum. Im Augenblick ihrer Vollendung ist die Vernunft irrational und dumm geworden. Das Thema dieser Zeit ist Selbsterhaltung, während es gar kein Selbst zu erhalten gibt« (Horkheimer, 2007, S. 146). Die Anwendung von Technik generiert den Anspruch, möglichst große Kontrolle über die Abläufe zu haben. Gleichzeitig ist aber auch deutlich geworden, dass der Anspruch der Kontrollierbarkeit Kontrollverlustängste produziert. Die Formen der Verfügung, die es dem Menschen erlauben, die Welt zu humanisieren, können also ebenfalls von Selbstgewinn zu Erfahrungen des Selbstverlusts führen, nämlich dann, wenn der der Technik zugrunde liegende Kontrollanspruch totalisiert wird.

Mit diesem Material, das gewissermaßen in einem Destillationsverfahren gewonnen wurde, haben wir eine Reihe von Sprach- und Beschreibungsformen zur Hand, die es möglich machen, technische Eingriffe differenziert zu beschreiben. Dies sind selbstverständlich nicht die einzigen Beschreibungsformen. Die heutige Sprache ist eine andere als die der 1950er Jahre. Doch würde ich behaupten, dass die Formulierungsbemühungen aus jener Zeit insofern repräsentativ sind, als sie die mit der Technik verbundenen Selbsterfahrungen derart ausloten, dass sie von der Sache her immer noch Gültigkeit beanspruchen können. Dass dem so ist, will ich nun abschließend kurz am Beispiel medizinischer Verbesserungen des Menschen verdeutlichen.

4. Ausblick: Technische Selbstdeutungsformen und medizinisches Enhancement

Seit einigen Jahren wird der verbessernde medizinische Eingriff unter dem Begriff des »Enhancement« diskutiert (siehe zum Überblick Eßmann et al. 2011; Heilinger, 2010; Schöne-Seifert et al., 2009; Müller, 2008; Parens, 1998). Dies wird vor allem mit Medikamenten versucht, insbesondere in Bezug auf kognitive Leistungen wie Aufmerksamkeitssteigerungen und längeres Wachsein. Auch wenn die Wirkungen sich noch in Grenzen halten, gibt es eine recht große Dunkelziffer von Nutzern solcher Präparate. Es scheint ein Bedürfnis nach solchen Präparaten zu geben. Und wo ein Bedürfnis ist, ist offenbar auch hier ein Markt. Man spricht daher schon von »life style neuroscience« oder »wunscherfüllender Medizin«. Aufgrund derartiger Entwicklungen und den Innovationsschüben, die man aus der Computerindustrie und Robotik kennt, wird daher die Überschreitung des Menschen zu einem trans- oder posthumanen Wesen vielfach diskutiert.

Ohne in die ethische Debatte selbst einzusteigen, soll vor dem Hintergrund der Überlegungen zum technisierbaren Selbst und im Blick auf die entwickelten Beschreibungsformen gezeigt werden, wie man im Rückgriff auf die genannten Überlegungen Orientierungsräume erschließen kann, die zur Einschätzung und Bewertung »optimierender« medizinischer Eingriffe beitragen können. Bei derartigen Eingriffen geht es nicht nur um medizinethische Fragen im engeren Sinne – also etwa um Nutzen-Risiko-Abwägungen, die Freiwilligkeit der Selbstoptimierung oder die Gerechtigkeit bzw. die Fairness, die mit der Nutzung derartiger Möglichkeiten einhergeht –, sondern auch um veränderte Selbstverhältnisse. Die Debatten um die »Natürlichkeit« oder »Unnatürlichkeit« des Enhancement oder anderer medizinischer Eingriffe kann man als Problemindikator sehen – doch bietet es sich grundsätzlich an, einen Schritt weiterzugehen und die Technisierbarkeit des Selbst als prinzipiell gesetzt anzusehen: Es ist aus dem oben Dargelegten nämlich vor allem die Selbstinterpretation in Bezug auf technische und medizinische Möglichkeiten, die die Selbstverhältnisse von Personen verändern.

Vor dem Hintergrund der durch technische Deutungskategorien veränderten Selbstverhältnisse kann nun auch die Verschränkung von Selbstgewinn und Selbstverlusterfahrungen für die Evaluierung von Enhancement-Technologien fruchtbar gemacht werden. Denn der Selbstgewinn, dass jemand sich besser konzentrieren kann, ist möglicherweise ein Selbstverlust, wenn diese Person sich auf die Medikamente angewiesen empfindet, weil sie sonst vielleicht nicht mitzuhalten können glaubt. Die Vorstellung der Selbstverfügung über Medikamente mag als Selbstgewinn betrachtet werden, weil man vielleicht »auf den Punkt« Leistungen bringen kann. Doch kann eine derartige Selbstverfügung auch dazu führen, das Vertrauen in die eigenen Leistungen zu untergraben. Der Selbstgewinn, durch die Medikamente effizienter zu arbeiten, kann zur Erfahrung von Selbstverlust führen, wenn die betreffende Person in eine Akzelerationsspirale hineingerät. Die Orientierung an dem medizinisch-technisch Möglichen kann dazu führen, andere Möglichkeiten der Gestaltung von Arbeit und Leben zu marginalisieren. Der in der *Zeit* erschiene Text *Ich bin ein Zombie, ich lerne wie eine Maschine* beschreibt einen Selbstversuch mit Ritalin.[1] Und schon der Titel zeigt, dass sich die Tradition, sich auf technische Möglichkeiten hin selbst zu deuten, fortgesetzt findet. Der Text selbst führt dann den Übergang von Selbstgewinn – Konzentriertersein bei Prüfungen – in Selbstverlust – sich wie eine Maschine fühlen – exemplarisch vor. Dies ist nur ein Beispiel für mögliche Selbstgewinn - und Selbstverlust-Bilanzen, die wir angesichts medizinischer und technischer Optionen vornehmen können. Mir geht es an dieser Stelle darum, einen groben Eindruck zu vermitteln, wie man die vorangegangen Überlegungen operationalisieren kann.

Wir sind in der Lage, uns selbst in Bezug auf technische Optionen hin zu interpretieren, weil wir schon technisierbare Selbste sind. Das heißt auch: Verstehen wir uns als prinzipiell technisierbare Selbste, erweitern und bereichern wir die Sprache unserer Selbstdeutung. Und dies trägt nicht nur zur Orientierung in der technischen Zivilisation bei, sondern ergänzt auch die Sprache der Selbsterkenntnis.[2]

Anmerkungen

1 Online verfügbar unter: http://www.zeit.de/campus/2009/02/ritalin (Stand: 30.06.2015).

2 Dieser Aufsatz entstand mit Unterstützung durch das Exzellenzcluster BrainLinks-BrainTools der Universität Freiburg (EXC 1086).

Literatur

Adam, B. (2005). *Das Diktat der Uhr. Zeitformen, Zeitkonflikte, Zeitperspektiven.* Frankfurt/M.: Suhrkamp.

Anders, G. (1956). *Die Antiquiertheit des Menschen. Bd. 1: Über die Seele im Zeitalter der zweiten industriellen Revolution.* München: Beck.

Anders, G. (1980). *Die Antiquiertheit des Menschen. Bd. 2: Über die Zerstörung des Lebens im Zeitalter der dritten industriellen Revolution*. München: Beck.

Arendt, H. (1981). *Vita activa oder Vom tätigen Leben*. München: Piper.

Blumenberg, H. (1981). *Lebenswelt und Technisierung unter Aspekten der Phänomenologie. Wirklichkeiten, in denen wir leben. Aufsätze und eine Rede*. Stuttgart: Reclam.

Blumenberg, H. (2006). *Beschreibung des Menschen*. Frankfurt/M.: Suhrkamp.

Blumenberg, H. (2009). *Geistesgeschichte der Technik*. Frankfurt/M.: Suhrkamp.

Böhme, G. (1992). Technische Zivilisation. *Technik und Gesellschaft, Jahrbuch 6*, 17–40.

Cassirer, E. (2004). Form und Technik. In E. Cassirer, *Gesammelte Werke. Bd. 17. Aufsätze und kleine Schriften* (S. 139–183). Hamburg: Meiner.

Cassirer, E. (1995). *Zur Metaphysik der symbolischen Formen. Nachgelassene Manuskripte und Texte (Bd. 1)*. Hamburg: Meiner.

Eßmann, B., Bittner, U. & Baltes, D. (2011). Die biotechnische Selbstgestaltung des Menschen. Neuere Beiträge zur ethischen Debatte über das Enhancement. *Philosophische Rundschau, 58*(1), 1–21.

Fischer, P. (2004). *Philosophie der Technik. Eine Einführung*. München: Fink.

Fuchs, T. (2003). Die Zeitlichkeit des Leidens. In M. Heinze, C. Kupke & C. Kurth (Hrsg.), *Das Maß des Leidens. Klinische und psychoanalytische Aspekte seelischen Krankseins* (S. 59–78). Würzburg: Königshausen & Neumann.

Galimberti, U. (1999). *Psiche e teche. L'uomo nell'età della tecnica*. Mailand: Feltrinelli.

Gallagher, S. (Hrsg.). (2011). *The Oxford Handbook of the Self*. Oxford: Oxford University Press.

Gehlen, A. (1957). *Der Mensch und die Technik. Die Seele im technischen Zeitalter Sozialpsychologische Probleme in der industriellen Gesellschaft*. Reinbek: Rowohlt.

Gehring, P. (2006). *Was ist Biomacht? Vom zweifelhaften Mehrwert des Lebens*. Frankfurt/M., New York: Campus.

Heidegger, M. (1993). *Sein und Zeit*. Tübingen: Niemeyer.

Heidegger, M. (2003). *Beiträge zur Philosophie (Vom Ereignis). Gesamtausgabe, Bd. 65*. Frankfurt/M.: Vittorio Klostermann.

Heilinger, J.-C. (2010). *Anthropologie und Ethik des Enhancements*. Berlin: de Gruyter.

Horkheimer, M. (2007). *Zur Kritik der instrumentellen Vernunft*. Frankfurt/M.: Fischer.

Jünger, G.F. (1953). *Die Perfektion der Technik*. Frankfurt/M.: Vittorio Klostermann.

Kettner, M. (Hrsg.). (2009). *Wunscherfüllende Medizin. Ärztliche Behandlung im Dienst von Selbstverwirklichung und Lebensplanung*. Frankfurt/M.: Campus.

Marquard, O. (1995). Menschliche Endlichkeit I & II. Menschliche Endlichkeit und Kompensation. In O. Marquard, H.-G. Gadamer, H.M. Baumgartner & W.Ch. Zimmerli (Hrsg.), *Bamberger Hegelwochen '94* (S.19–48). Bamberg: Fränkischer Tag.

Meyer-Drawe, K. (1996). *Menschen im Spiegel ihrer Maschinen*. München: Fink.

Müller, O. (2008). Der Mensch zwischen Selbstgestaltung und Selbstbescheidung. Zu den Möglichkeiten und Grenzen anthropologischer Argumente in der Debatte um das Neuroenhancement. In J. Clausen, O. Müller & G. Maio (Hrsg.), *Die »Natur des Menschen« in Neurowissenschaft und Neuroethik*. Würzburg: Königshausen & Neumann.

Müller, O. (2010). *Zwischen Mensch und Maschine. Vom Glück und Unglück des Homo faber*. Berlin: Suhrkamp.

Müller, O. (2014a). Neurotechnologie und Menschenbild. Überlegungen zu imaginativen Überschüssen und Selbstdeutungsformen. *Jahrbuch für Pädagogik 2014 (Menschenverbesserung – Transhumanismus)*, 175–189.

Müller, O. (2014b). Prothesengötter. Zur technischen Optimierung von Menschen. In W.-A. Liebert, S. Neuhaus, D. Paulus & U. Schaffers (Hrsg.), *Künstliche Menschen. Transgressionen zwischen Körper, Kultur und Technik* (S. 69–80). Würzburg: Königshausen & Neumann.

Müller, O. (2014c). *Selbst, Welt und Technik: eine anthropologische, geistesgeschichtliche und ethische Untersuchung*. Berlin: de Gruyter.

Müller, O. & Bozzaro, C. (2010). Endlichkeit und Technisierung. Philosophische und anthropologische Überlegungen zur Veränderung von Zeiterfahrungen und zum angemessenen Umgang damit am Beispiel der Anti-Aging-Medizin. In M. Höfner, S. Schaede & G. Thomas (Hrsg.), *Endliches Leben. Interdisziplinäre Zugänge zum Phänomen der Krankheit* (S. 93–112). Tübingen: Mohr Siebeck.

Musil, R. (1983a). *Der Mann ohne Eigenschaften*. Reinbek: Rowohlt.

Musil, R. (1983b). *Tagebücher*. Reinbeck: Rowohlt.

Ortega y Gasset, J. (1949). *Betrachtungen über die Technik. Gesammelte Werke, Bd. 4*. Stuttgart: Deutsche Verlags-Anstalt.

Osterhammel, J. (2009). *Die Verwandlung der Welt. Eine Geschichte des 19. Jahrhunderts*. München: Beck.

Parens, E. (Hrsg.). (1998). *Enhancing Human Traits. Ethical and Social Implications*. Washington D.C.: Georgetown University Press.

Rosa, H. (2005). *Beschleunigung. Die Veränderung der Zeitstrukturen in der Moderne*. Frankfurt/M.: Suhrkamp.

Seel, M. (2014). *Aktive Passivität. Über den Spielraum des Denkens, Handelns und anderer Künste*. Frankfurt/M.: Suhrkamp.

Schöne-Seifert, B., Talbot, D., Opolka, U. & Ach, J.S. (Hrsg.). (2009). *Neuro-Enhancement. Ethik vor neuen Herausforderungen*. Paderborn: Mentis.

Severino, E. (1983). *Vom Wesen des Nihilismus*. Stuttgart: Klett-Cotta.

Simmel, G. (1989). *Philosophie des Geldes*. Frankfurt/M.: Suhrkamp.

Simmel, G. (1998). Der Begriff und die Tragödie der Kultur. In G. Simmel, *Philosophische Kultur. Über das Abenteuer, die Geschlechter und die Krise der Moderne* (S. 195–219). Berlin: Wagenbach.
Taylor, C. (1994). *Quellen des Selbst. Die Entstehung der neuzeitlichen Identität*. Frankfurt/M.: Suhrkamp.
Taylor, C. (1995). *Das Unbehagen an der Moderne*. Frankfurt/M.: Suhrkamp.
Weinrich, H. (2004). *Knappe Zeit. Kunst und Ökonomie des befristeten Lebens*. München: Beck.

Der Autor

Oliver Müller, Dr., ist Privatdozent am Philosophischen Seminar der Universität Freiburg. Er wurde mit einer Arbeit über philosophische und ethische Fragen des technischen Selbst- und Weltverhältnisses habilitiert und leitet einige interdisziplinäre Projekte zu Mensch-Maschine-Schnittstellen im Freiburger Exzellenzcluster BrainLinks-BrainTools. Weitere Arbeitsgebiete: phänomenologische Anthropologie, Grundlagen der Ethik und angewandte Ethik, Kultur- und Naturphilosophie.

Kontakt

PD Dr. Oliver Müller
Albert-Ludwigs-Universität Freiburg
Philosophisches Seminar
Exzellenzcluster BrainLinks-BrainTools
Bernstein Center Freiburg
Hansastr. 9a
D-79104 Freiburg
E-Mail: oliver.mueller@philosophie.uni-freiburg.de

Perfektionierung des Unverbesserlichen: unvermeidbar und unmöglich

Michael Wimmer

Zusammenfassung
Ausgehend von den jüngsten Versuchen, noch die letzten und bisher unverfügbaren Bereiche des Menschen der Kontrolle und Effizienzsteigerung zugänglich zu machen, wird am Beispiel der Optimierung des Schlafs durch Selbstvermessung (self-tracking) die paradoxe Verschränkung von Perfektionierung und Destruktivität aufgezeigt. Dabei wird deutlich, dass es aufgrund der Verknotung differenter Perspektiven und unklarer Grenzen zwischen Heilung und Normalisierung kaum möglich ist, zu einer klaren Einschätzung des Leitbildes der Selbstoptimierung zu kommen. Die Grenzen zwischen Selbstbestimmung und Unterwerfung, Perfektion und Destruktion erodieren, weshalb auch die Oppositionslogik als Operator der Kritik versagt. Deshalb, so wird argumentiert, bedarf es einer dekonstruktiven Perspektive, für die Ambivalenzen und Paradoxien keine Unmöglichkeiten darstellen. Vor dem Hintergrund einer Unterscheidung zwischen einer anthropologisch bedingten Selbsthervorbringung des Menschen und der Selbstoptimierung als einer kulturell und historisch spezifischen Form der Arbeit an sich selbst wird zum einen die Unvermeidbarkeit einer Optimierung des Selbst angesprochen, die ihre Grenzen aber an der Selbstfremdheit des Ich findet. Zum anderen wird am Beispiel des Transhumanismus der Versuch der Optimierung des Körpers bis hin zu seiner Ersetzung durch die Maschine als »Rebellion des Menschen gegen sein eigenes Dasein« (Arendt, 1981, S. 9) problematisiert. Beide Perfektionierungsvorstellungen, so wird gezeigt, würden als realisierte zu einem fatalen Verlust des Anderen führen, das heißt zu einem katastrophalen Scheitern im »Erfolg«.

Schlüsselwörter: Selbstoptimierung, Selbsterschaffung, Selbstvermessung, Posthumanismus, Transhumanismus, Anthropotechnologie, Unverbesserlichkeit, Technik, Dekonstruktion

Abstract
Perfection of the incorrigible: inevitable and impossible
Based on recent attempts to control and make available for improvement even the last – and until now inaccessible – areas of man, this study aims to show the paradoxical entanglement of perfection and destruction, using the example of sleep-optimization by self-tracking. A clear assessment of the paradigm of self-optimization is hardly possible because of overlapping different perspectives and blurred boundaries between healing and normalization. The boundaries between self-determination and submission, perfection and destruction are eroding, which is why oppositional logic becomes impossible as a critical standpoint. The article argues for a deconstructive perspective for which ambiguities and paradoxes are no impossibilities. Against the background of a distinction between the self-production of man for anthropological reasons and self-optimization as a culturally and historically specific form of work on oneself, the article tries to show that self-optimization is inevitable but finding its limit in the self-alienation of the ego. Furthermore the optimization of the human body as understood in transhumanism – with the machine as a final replacement – is discussed as a »rebellion of man against its own existence« (Arendt, 1981, S. 9). Both efforts would, as is shown, lead to a fatal loss of the other, making »success« a catastrophic failure.

Keywords: self-optimization, self-creation, self-tracking, posthumanism, transhumanism

---

1. Schneller schlafen: Die Mess-Diener der Selbstoptimierung

> »Wenn du Fitness zu deinem Lifestyle machen willst, dann ist der One™ genau das Richtige für dich. Der Tracker ist pausenlos im Einsatz. Tagsüber zeichnet er deine Schritte, die zurückgelegte Strecke, die verbrannten Kalorien und die Etagen auf. Nachts misst er dein Schlafverhalten, damit du anhand dieser Werte deine Schlafqualität verbessern kannst, und in der Früh weckt er dich. Mit The One™ bist du motiviert, deine Ziele zu erreichen und dein Leben durch mehr Bewegung zu verbessern – überall, zusammen mit deinen Freunden, rund um die Uhr« (Fitbit.com, o.J.).

Diese Werbung gilt einem kabellosen Aktivitäts- und Schlaf-Tracker von Fitbit, der im Unterschied zu früheren Geräten dieser Art auch den Schlaf in all seinen Facetten erfasst und dabei nicht nur Menschen mit Schlafstörungen, sondern allen helfen soll, ihn zu verbessern, denn, so wird suggeriert, jeder kann und sollte seinen Schlaf und damit auch sich selbst perfektionieren, nicht nur Kranke. Die Quantified-Self-Bewegung, für die das dauerhafte Messen und Verwalten von allen möglichen Vitalitätswerten und Aktivitäten zum alltäglichen Leben gehört, hat seit einiger Zeit nach dem Sport, der Fitness, der Ernährung und der Gesundheit auch den Schlaf als Datenquelle zur Selbsterkenntnis und Selbstoptimierung entdeckt. Die Labors für technologische Entwicklung liefern dazu die Software und die entsprechenden Gadgets wie zum Beispiel Fitness-Armbänder. Es gibt bereits eine kaum noch überschaubare Zahl von Healthcare- und Fitness-Apps und weit über 500 Gadgets und Tools, die die digitale Selbstvermessung in allen Lebensbereichen, die Weiterverarbeitung der Daten und ihren Austausch mit anderen möglich gemacht haben (Heinze, o.J.). Dieser Trend zum Self-Tracking hat nicht nur Sportler oder Kranke erfasst, die sich auch schon vorher um ihre Leistungswerte, die Ernährung oder um ihren Blutzucker sorgen und die Werte kontrollieren mussten. Auch für alle, die dem Fitness- und Well-Being-Lifestyle nahestehen und ohne große Ambitionen nur ein aktives und ausgeglichenes Leben führen wollen, gewinnt die Selbstvermessung zunehmend an Attraktivität. Inzwischen »bastelt in den USA bereits jeder Fünfte computergesteuert am eigenen Selbst« (Werle, 2014). Aber insbesondere Führungs- und sogenannte Leistungseliten haben eine besondere Affinität zu dieser Form der Selbsterkenntnis und Selbststeuerung durch Zahlen, vor allem Manager und Technikbegeisterte, die allerdings, wie schon die »kreative Klasse« (Florida, 2002), durchaus neue Normen und kulturelle Orientierungsmaßstäbe für große Bereiche der Bevölkerung durchsetzen können. So konnten zum Beispiel Dave Asprey, Silicon-Valley-Investor, oder Thomas Rabe, Leiter von Bertelsmann, auch dank ihrer medialen Präsenz die Bewegung der Self-Tracker populär machen (vgl. Werle, 2014).

Allein das Messen, so ist man in der Szene überzeugt, verändere das Verhalten, weil man gute Werte erzielen wolle und dadurch auf Dauer neue Gewohnheiten entstünden. Alle Formen des Self-Tracking basieren auf dem Hawthorne-Effekt, dass »sich mehr anstrengt, wer beobachtet wird – und sei es nur durch sich selbst« (ebd.). Habitualisierte und daher unbeachtete ungünstige Verhaltensweisen könnten nur verändert werden, wenn man sie kenne. Nur dann könne man sich zu dem Menschen entwickeln, der man sein wolle, die eigene Leistungsfähigkeit verbessern, gesund leben und fit sein (vgl. Räsch, o.J.). Dave Asprey, so berichtet Werle, habe dadurch »fast 50 Kilogramm abgenommen, […] seinen IQ um 20 Punkte gesteigert und sein biologisches Alter gesenkt, weil er jetzt weniger als fünf Stunden pro Nacht schläft. Nicht zu vergessen den Orgasmus von 20 Minuten Dauer, den er durch intensive Selbstvermessung erreicht haben will« (Werle, 2014). Auch in den intimsten Situationen wird gemessen, zum Beispiel die Hüftbewegungen beim Sex, sodass die Selbstkontrolle keinen Moment ruht.

Selbstverbesserung durch Messen, Leibesertüchtigung nach Zahlen hat allerdings nur Erfolg, wenn diese so angesetzt werden, dass es weh tut, denn Fortschritte werden nur dann gemacht, wenn die Grenze eine stete Herausforderung zur Überwindung darstellt, weshalb es nicht um Lust geht, sondern um Selbstüberwindung, Selbststeigerung, Selbsttranszendierung. Selbstvermessung ist daher gebunden an Askesetechniken, weshalb die entsprechenden Messgeräte oder Armbänder nicht zu Unrecht auch »Sklaventreiber« genannt werden, obwohl es nur externalisierte Medien des sich und seinen Körper nach Maßgabe normativer quantitativer Vorgaben kontrollierenden Selbst sind. Diese Selbst-Beherrschung wird jedoch interpretiert als Emanzipation: »Früher waren Gesundheitswerte etwas Abstraktes von irgendeinem Bundesamt für soundso. Mit Quantified Self kann sich jeder an seiner Peergroup orientieren und gewinnt Autonomie über seinen Körper zurück« (Grasse & Greiner, 2013). Paradoxerweise wird diese Emanzipation bezahlt mit dem Glück, der Wunscherfüllung, der Selbstbestimmung und der Zufriedenheit mit sich selbst, um derentwillen diese Selbsttechnologien letztlich doch angewendet werden, weil die Optimierungsanstrengungen alles zu einer Pflicht machen. Die Individuen gehorchen damit weniger ihrem Lustprinzip als vielmehr einem neuen sozio-kulturell-medial informierten Über-Ich, das umso strenger wird, je gewissenhafter seine Gesetze befolgt werden (Freud, 1933).

Und das nun auch bei Nacht. Jetzt wird auch der Traum, der »Wächter des Schlafes« (Freud, 1900, S. 240 u. a.), selbst beobachtet, indem die Individuen sich selbst beim Schlafen beobachten lassen, um ihre Nachtruhe zu optimieren. Ursprünglich für Menschen mit Schlafstörungen entwickelt, hat zum Beispiel die Firma Beddit eine Messapparatur entwickelt, die Schlafzeiten, Schlafart, Lärm- und Lichtverhältnisse, Atmung, Schnarchen, Bewegungen, Herzfrequenz und anderes mehr erfasst, die Daten auf das Smartphone schickt und neben der Speicherung, Analyse und statistischen (Langzeit-)Darstellung auch die Interpretation zusammen mit Verhaltensempfehlungen liefert, um durch Ernährungstipps oder Einschlafhilfen die Nachtruhe zu verbessern. »Ein Schlaflabor für zu Hause«, wie die Firma wirbt. Die App des »Beddit Schlaf-Managers« analysiert nicht nur, »ob die Schlafziele erreicht wurden«, also wie lange die gesunde Tiefschlafphase wirklich gedauert hat, wie einer der Firmengründer, Lasse Leppäkorpi, sagt, sondern die Apps »entwickeln sich vom reinen Messen in Richtung Coaching und Unterstützung« (Werle, 2014). Etwa zur gleichen Zeit sind auch intelligente Wecker entstanden, die den perfekten Aufwachmoment ermitteln und innerhalb eines voreingestellten Zeitintervalls erst dann in Funktion treten, wenn der Körper optimal erfrischt ist. So hat Philips ein Wake-Up-Light mit Sonnenaufgangsfunktion in 3 Farbstufen entwickelt, das neben dem eingebauten Radio verschiedene Klänge zum Aufwachen bereitstellt. Doch nur ein Gesamtpaket, wie es der *Zeo Personal Sleep Coach* (o. J.) bereitstellt – »A wireless headband, bedside display, set of online analytical tools, and an email-based personalized sleep coaching program« (http://quantifiedself.com, o. J.) – deckt mit seinen Features alle Funktionen ab: Zeo zeigt, wie man wirklich schläft und wie der Schlaf verbessert werden kann, denn »Without Zeo, sleep is a Mystery«. Nur das System kann dem Nutzer jeden Morgen visualisieren, wie er geschlafen hat und aus welchen Gründen, sodass er Verbesserungen vornehmen kann: »so you can *take control* of your night. […] Sign up for the 7 Step *Sleep Fitness Program* […] Zeo will help you get the most from your sleep so you can be your best« (http://www.amazon.com/Zeo-Model-ZEOBP01-Personal-Sleep-Manager/dp/B002IY65V4). Alle Schlaf-Tracker werden also mit dem Versprechen beworben, dass es mit ihnen gelingen kann, den Schlaf zu optimieren, ihn effizienter zu gestalten, denn alle wissen: »Gesundheit, innere Balance und Leistungsfähigkeit – guter Schlaf ist die Voraussetzung!«

Schlaf soll heute also effizient sein, keine Zeit des Träumens und des passiven Genusses, der Unterbrechung und der unproduktiven Nutzlosigkeit, der Arbeitslosigkeit und des Dämmerzustands, der Willens- und Bewusstlosigkeit, sondern selbst diese Zeit des Kontrollverlusts und der Passivität wird der intentionalen Gestaltung und Optimierung unterworfen. Schlafen wird selbst zu einer Aktivität umdefiniert, die man lernen, formen und verbessern kann. Das Selbst wacht selbst noch über seinen Schlaf und seine eigene Abwesenheit, um in einem »Sleep Fitness Program« seine Schlafkompetenz zu steigern, und das heißt letztlich, gesund zu bleiben und leistungsfähiger zu werden. Problematisch wird es nur, wenn der Wille zum wirkungsvollen Schlaf zu Einschlafschwierigkeiten führt, so wie der Satz des Meditationsmeisters »Du sollst nicht denken« dem Schüler sofort zu denken gibt.

Dass der Schlaf so ins Zentrum der Aufmerksamkeit gerückt ist, liegt wohl zum einen daran, dass er eine der letzten Schranken für die Ökonomisierung aller gesellschaftlichen Sphären mit ihrer Vorstellung der Dauer-Verwertbarkeit darstellt (Crary, 2014). Zum anderen – und wohl schon als Folge von der Beschleunigung in einer ohne Pause von Kommunikation, Mobilität und Konsum bestimmten Gesellschaft – liegt es wahrscheinlich daran, dass fast die Hälfte der Bevölkerung unter Schlafstörungen leidet. Die Deutschen schlafen mit sieben Stunden circa eine Stunde weniger als vor 30 Jahren, die Amerikaner und Japaner sogar noch weniger, weshalb auch von einer schlaflosen, einer chronisch unausgeschlafenen Gesellschaft (Spork, 2014; Köppchen, 2015) oder von einer Müdigkeitsgesellschaft (Han, 2010) gesprochen wird. Weil es in einer globalisierten Gesellschaft immer Tag ist und neue Zeitzwänge entstanden sind, wird wieder einmal und auf neue Weise der Schlaf bedroht, was einen Boom von Ratgebern und Helfern ausgelöst hat (z. B. Müller & Paterok, 2010). Umgekehrt gilt als besonders leistungsstark und als Führungskraft, wer wenig schläft. Schon in der Aufklärung galt, zu viel Schlaf mache dumm und träge. Stattdessen hieß es: »Seid wach und wachsam!« Es wurde Selbstkontrolle und Verantwortung verlangt, Transparenz und Sichtbarkeit. Die Nacht war suspekt und ihre Dunkelheit wurde von den ersten Straßenlaternen dem Licht ausgesetzt und vertrieben (Seitter, 1999). Ebenso galt der Schlaf als Störung. Das autonome Subjekt, zumal das cartesische und das transzendentale Kants, schläft nicht.

Nach Hannah Ahlheim handelt es sich hier um eine historische und auch politische Frage (Ahlheim, 2014a). Schon in den 20er Jahren sei die Frage diskutiert worden, ob man auch ohne Schlaf auskommen oder ob man schneller schlafen könne (Ahlheim, 2014b), und auch heute gibt es Überlegungen, ob man die Schlafzeit nicht verkürzen könne. So weiß man zwar, dass der Traumschlaf für das Gedächtnis wichtig ist und der Tiefschlaf für den Körper, hofft aber einen Weg zu finden, die restlichen 50% des Leichtschlafs, der dazwischen liegt, einsparen zu können, was aber nach Aussagen von Schlafforschern unmöglich wäre. Chemische Lösungen, durch die der Schlaf-Wach-Rhythmus medikamentös gesteuert werden kann, liegen da näher, was aber die grundlegende Problematik unseres Verhältnisses zum Schlaf nicht lösen kann (Spork, 2014), da Schlafen kein Leistungssport ist und auch nicht der Kontrolle und Steuerung eines autonomen Subjekts unterliegen kann. Der Schlaf ist neben dem Atmen, Essen und Trinken für die ökonomische Verwertungslogik immer noch »der nicht verwertbare Rest« (Köppchen, 2015). Die neuen Versuche der Effizienzsteigerung des Schlafs werden daran wohl kaum etwas Wesentliches ändern, auch wenn sie wie in der Schlafforschung des 19. Jahrhunderts versuchen, den Schlaf für die funktionalen Anforderungen des Arbeitslebens zu optimieren.

Was diese neue Aufmerksamkeiten für den Schlaf aber fast ganz übersehen und was auch die Perfektionierungsbemühungen mit keinem Wort tangieren, sind die sozio-kulturellen und ökologischen Bedingungen und Zusammenhänge, die sich durch bloß individuelle Bemühungen kaum ändern lassen. So hat in allen großen Städten die Lichtverschmutzung derartig zugenommen, dass nicht nur die Tierwelt aus dem Takt geraten ist, sondern auch die innere Uhr der Menschen. In den Ballungszentren ist die Nacht nahezu abgeschafft. Die biologische Innenzeit ist deshalb gegenüber der Außenzeit verschoben, weshalb 87% der Bevölkerung vom »sozialen Jetlag« betroffen sind (Rutta, 2014). Schlafstörungen sind die Folge und andere Krankheiten, »die man so schnell nicht bekommen würde, wenn man richtig schläft«, wie Till Roenneberg vom »Human Sleep Project« an der LMU München sagt (vgl. Preger, 2014). So begünstigt Kunstlicht auch Krebserkrankungen, weil die Ruhezeit verkürzt und die innere Uhr verstellt wird. Die von dem Sonnenaufgang abhängige Nullstellung der inneren Uhr und die damit verbundene Regulation der Melatonin-Produktion geraten durcheinander, weil der Unterschied zwischen Sonnenlicht und nächtlicher Beleuchtung nicht mehr als Schalter fungieren kann. Da Melatonin außerdem als Anti-Oxidant Krebszellen aktiv bekämpft, wird von Annette Krop-Benesch, Leiterin des Forschungsprojekts »Verlust der Nacht«, vermutet, »dass – wenn wir zu viel Licht bekommen –, einfach nicht genügend Melatonin im Körper ist, um die Krebszellen, die einfach ganz natürlich entstehen – [...] abzubauen, wie es normalerweise in unserem Körper jede Nacht passiert« (Badenschier, 2013).

Eine Aktivitäts- und Leistungssteigerung durch eine Perfektionierung und Effizienzerhöhung des Schlafes birgt also erhebliche Risiken und ein hohes Destruktionspotenzial. Insbesondere bei Schlafverkürzung steigen die Risiken für Gedächtnisstörungen, Übergewicht, Diabetes, Depression und Krebs, da das Ich mit all seinen intentionalen Akten im Schlaf zwar ruht, das Gehirn jedoch sehr aktiv ist. Es schafft Ordnung, knüpft neue Kontakte zwischen Nervenzellen und schafft Abfallstoffe beiseite, wozu es Zeit benötigt (Spork, 2014). Wie in der Herbstausgabe von *Science* zu lesen ist, haben Neurowissenschaftler außerdem herausgefunden, dass im wachen Gehirn zu wenig Platz zwischen den Zellen für den Abtransport des Stoffwechselmülls (wie z. B. des Alzheimer-Eiweißes A-Beta) besteht. Die Astrozyten, die statt der im Gehirn fehlenden Lymphe den Abtransport erledigen, und die Nervenzellen wären im Wachzustand zu sehr angeschwollen. Erst im Schlaf gäbe es genügend Platz zwischen den Zellen (Wildermuth, 2013). Doch schon der Kontrollversuch des Unkontrollierbaren, der Zeit des Schlafens, verändert das Verhältnis dazu und damit auch den Schlaf selbst, allerdings mit ungewollten und unvorhersehbaren Effekten, die die Zielvorstellungen konterkarieren oder ganz negieren.

2. Pluralität der Perspektiven: individuell, gesellschaftlich, historisch

Der Schlaf ist nur ein Bereich des Self-Tracking und der Selbstoptimierung, wenn auch ein relativ neu beachteter. An weiteren Beispielen für das paradoxe Verhältnis zwischen Perfektionierung und Destruktivität mangelte es daher nicht. An Analysen und theoretischen Perspektiven, die helfen könnten, das aktuelle Unbehagen in der Kultur genau zu artikulieren und diese Prozesse verstehen, beschreiben und kritisieren zu können, mangelt es dagegen sehr. Kernbegriffe wie der der Selbstoptimierung haben zwar seit einiger Zeit den Weg aus den sozial- und kulturwissenschaftlichen Spezialdisziplinen in die Medien und den öffentlichen Diskurs gefunden. Doch auch bei denen, die das in diesem Begriff enthaltene Versprechen nicht naiv affirmieren, sondern seinen imperativen Ton und den drohenden Unterton bei Ungehorsamkeit durchaus vernehmen, herrscht eine gewisse Ohnmacht, sich dem Druck zur permanenten Steigerung und Verbesserung von allem – den Kompetenzen, der Leistung, der Bereitschaft, der Fitness, der Erscheinung, der Attraktivität, des Ich, des Lebens etc. – zu entziehen und dieser das Liebesleben genauso wie das Arbeitsleben umgreifenden Rhetorik der Selbstvermarktung und Selbstverbesserung widerstehen zu können. Was kann man schon gegen eine Verbesserung einwenden?

Wie soll man also diese Zusammenhänge bewerten? Klar scheint zu sein, dass die Verkürzung des Schlafs hohe Kosten verursacht, individuell und im Gesundheitswesen. Aktivitätsgewinne gehen oft zusammen mit erhöhten Destruktivkräften, die die Gesundheit und die Lebensqualität erheblich beeinträchtigen. Bedeutet dies aber, dass das Leitbild der Perfektionierung deshalb nur negativ zu beurteilen ist? Und gilt das auch für diejenigen, die zum Beispiel unter Schlafstörungen leiden? Welche Verbesserungsmaßnahmen für wen sinnvoll und legitim sind, ist schwer zu entscheiden, da die Grenzen zwischen Therapie, Normalisierung und Lifestyle unscharf sind

(Lenk, 2006; Link et al., 2003; Link, 2006), denn was als normal und gesund gilt, ist ebenso kontingent wie die Differenz zwischen Heilung und Anpassung. Selbstoptimierungen bis hin zu biotechnologischen Eingriffen und Körpermodifikationen werden gemeinhin akzeptiert, wenn sie medizinisch begründet sind oder (wieder) zur Partizipation am gesellschaftlichen Leben befähigen. Kritisch betrachtet werden diese Maßnahmen hingegen oft, wenn sie mit dem Recht auf individuelle Selbstbestimmung begründet werden (Villa, 2013), aus egoistischen Motiven, als reine Wunscherfüllung oder aus Gründen individueller Vorteile egal welcher Art erfolgen oder aus Anpassung an die Erwartungen des Marktes oder an die Mode (Degele, 2004; Posch, 2009).

Eine kritische Perspektive ist jedoch problematisch, da sie kaum ein eindeutiges Urteil ermöglicht, wenn es sich um ambivalente und paradoxe Verhältnisse handelt. Stattdessen unterhöhlen diese die Möglichkeiten der kritisch-theoretischen Instanz, eindeutige Entscheidungen treffen zu können. Es wäre nämlich zu einfach, im Leitbild der Selbstoptimierung nur eine ideologische Verblendung neoliberaler Verhältnisse und im individuellen Streben nach Vervollkommnung nur den Ausdruck eines narzisstischen Egoismus, eine blinde Anpassung an Normen oder eine Unterwerfung unter das Diktat der Mode oder des Marktes zu sehen. Techniken der Selbstoptimierung lassen sich nämlich immer aus verschiedenen Perspektiven betrachten, zum Beispiel aus derjenigen der Individuen, deren Begehren mit den für sie bedeutsamen Leitbildern immer verbunden ist (positiv, negativ oder ambivalent), oder aber mit dem funktionalen Blick der sie beobachtenden Soziologie, für die die Individuen den Imperativen neoliberaler Gouvernementalität folgen, der marktkompatiblen Selbstfunktionalisierung und der Norm der Effizienzsteigerung. Beide Perspektiven sind nicht restlos aufeinander reduzierbar, da das Begehren der Subjekte auch dann nicht in ihrer Funktionserfüllung aufgeht, wenn die Verbesserungsmaßnahmen dieser zugutekommen. Das nach einer Schönheitsoperation gewonnene neue Selbstbewusstsein mag im Arbeitsleben von großem Vorteil sein, für das Selbstverständnis und das Lebensglück kann es jedoch nicht nur nützlich, sondern von existenzieller Bedeutung und erheblich wichtiger sein.

Vollends kompliziert wird es jedoch, wenn man neben den gesellschaftlichen Transformationsprozessen im Zuge der Globalisierung, insbesondere der Überkreuzung der Subjektivierung der Arbeit und der Ökonomisierung des Subjekts, sowohl die individuelle als auch die gesellschaftliche Perspektive historisch betrachtet. Denn in der modernen Leitvorstellung einer permanenten Selbstvervollkommnung (Gamm, 2013) manifestiert sich eine Machbarkeitsfantasie und Vorstellung der Selbstschöpfung und Selbstermächtigung, die weit zurückreicht und spätestens seit Beginn der Neuzeit wirkungsmächtig geworden ist, wobei die sie fundierenden phantasmatischen Tiefenstrukturen jedoch bis in die frühesten Zeiten zurückreichen. Dietmar Kamper hat schon vor Jahren die Beobachtung gemacht, dass das Programm, »zur gegebenen Welt eine eigene Welt der Menschen mittels und nach Maßgabe der Einbildungskraft zu erschaffen«, über das der Moderne triumphiere, und zwar dank »einer Verknüpfung des Imaginären mit dem uralten Traum von der Unsterblichkeit […], der einen Bogen von der ältesten Theologie zur neuesten Technologie zu spannen erlaubt« (Kamper, 1995, S. 7). Im Programm der Transhumanisten (Herbrechter, 2009; Vita-More, 2013; Kluge et al., 2014) zeigt sich diese religiös gespeiste Triebkraft des Phantasmas einer technologischen Überwindung menschlicher Unverbesserlichkeit fast in Reinform, das heißt in der Vorstellung einer auf die Spitze getriebenen Selbstvervollkommnung und Weltbemächtigung vermittels der Supplementierung des Menschen durch die Maschine, des Übergangs von der Ergänzung zur Ersetzung.

Alle drei Perspektiven, die individuelle, die soziologische und die historische, sind nicht aufeinander reduzierbar und auch nicht hierarchisch bestimmt durch eine von ihnen. Es gibt sie nicht isoliert voneinander. Sie verknoten sich im Axiom der Unbestimmtheit der menschlichen Natur und der heteronomen Bedingtheit individueller Werdensprozesse, das heißt der Notwendigkeit sich selbst zu erfinden, sich zu bilden, und der Unvermeidbarkeit von »Anthropotechniken« (Sloterdijk, 1999, 2009a, b), weil es keine vorgegebene authentische Seinsweise und Bestimmung des Menschen gibt. Bevor ich aber die Problematik der Unvermeidbarkeit anthropo(techno)logischer Perfektionierungsprozesse (4) und die Unmöglichkeit einer Abschaffung der Unverbesserlichkeit der menschlichen Natur skizziere (5), möchte ich wenigstens kurz einige grundlegende Schwierigkeiten ansprechen, die einer radikalen Kritik an Perfektionierungs- und Selbstoptimierungsvorstellungen im Wege stehen.

3. Grenzerosionen: Dekonstruktion statt Kritik

Wie vielleicht deutlich geworden ist, kann man Selbstoptimierung als Leitbild nicht prinzipiell negativ beurteilen, weil sie ökonomisch funktional ist, aber auch nicht allein deshalb ablehnen, weil sie mit Destruktivität verbunden ist. Perfektionierung und Destruktivität gibt es nicht isoliert voneinander, so wenig wie Selbstbestimmung und Unterwerfung (Reckwitz, 2008; Gelhard et al., 2013). Es scheint sich um etwas komplexere Zusammenhänge zu handeln, die eindeutige Urteile und klare Entscheidungen allein schon dadurch erschweren, dass nicht nur Grenzerosionen bisher geltende Unterscheidungen auflösen (vgl. Wimmer, 2014a, S. 77ff., 377ff.), sondern auch, weil sich diese neue, zugleich ökonomische, kulturelle und individuelle Leitvorstellung einer ständigen und das ganze Leben durchdringenden Optimierung mit einem gänzlich formalen und a-teleologischen Imperativ der permanenten Selbstüberschreitung ohne vorstellbaren Endzustand und ohne erreichbare Erfüllung und Vollendung mit dem Begehren verbindet, dem es strukturell ähnelt (ziellos, ohne feste Objektbindung, drängend). Indem eine leidenschaftliche Verhaftung des Subjekts an jene Bedingungen hervorgerufen wird, von denen es fundamental abhängig ist, »wird aus der Unterwerfung des Begehrens ein Begehren der Unterwerfung« (Butler, 2001, S. 23). Die Individuen werden von der Macht nicht einfach unterdrückt, sondern subjektiviert, das heißt, sie nehmen sie an. Sie übernehmen das Leitbild der Perfektionierung für sich selbst und gewinnen in dieser Annahme ihre Handlungsfähigkeit, die sich wiederum nicht auf eine Wirkung der Macht reduzieren lässt. Sie handeln nicht als unterdrückte, fremdbestimmte Subjekte, die die Macht verkennen, der sie gehorchen. Sie folgen dem Leitbild der Selbstoptimierung vielmehr, weil sie ihrem eigenen Begehren folgen. Der Imperativ der Selbstoptimierung muss sich nämlich mit der libidinösen Ökonomie der Individuen verbinden, da er sonst keinerlei Wirksamkeit besäße. Diese Logik kann von einer kritischen Perspektive nur verfehlt werden, da sie nur die Wahl lässt zwischen Selbstbestimmung und Unterwerfung. Dass eine Macht nicht nur auf das Subjekt *ein*wirkt, sondern seine Entstehung als Handlungssubjekt *be*wirkt (ebd., S. 18), sprengt den Gegensatz von Freiheit und Herrschaft und damit die Unterscheidungskraft der Kritik im Allgemeinen wie auch im transzendentalphilosophischen Sinn des Wortes.

Eine kritische Perspektive ist darüber hinaus auch deshalb problematisch, weil ein explizit normatives Kriterium fehlt, das es erlauben würde, Perfektionierung zu bewerten. Im Unterschied zur Fortschrittsrhetorik, in der immerhin noch die emanzipatorischen Aufklärungsideale von Freiheit, Gleichheit und Gerechtigkeit einen Nachhall in Form einer normativen Orientierung fanden, und auch im Unterschied zur neuhumanistischen Bildungsidee, die einen prinzipiell unvollendbaren Prozess an die Vision einer Höherbildung der Menschheit band, hat die neoliberale Transformation der Gesellschaft diesen ebenso politischen wie auch kulturellen Subtext der Moderne gelöscht und durch eine rein ökonomische am Markt ausgerichtete Modernisierungslogik überschrieben. Und im Unterschied zum Telosschwund in der frühen Neuzeit und dem Aufstieg des Prinzips der Selbsterhaltung (Blumenberg, 1966; Ebeling, 1976) in Zusammenhang mit dem Axiom der Unbestimmtheit des Menschen (Kamper, 1973; Gamm, 2004) und Rousseaus Idee der perfectibilité geht es auch nicht mehr um das Problem einer Versöhnung von Subjektivität und Objektivität, von Individuum und Gesellschaft oder von individueller Freiheit und sozialer Integration, das in der Moderne verschiedene Antworten gefunden hatte. Statt um Selbsterhaltung geht es heute primär um Selbststeigerung und -optimierung, aber nicht um seiner eigenen humanen Vervollkommnung und Bildung Willen, sondern als funktionale Bedingung der Systemerhaltung, die nur als permanente Steigerung seiner Leistungsfähigkeit und der Verbesserung seiner Marktstellung im globalen Konkurrenzkampf möglich ist.

Kann man aber daraus den Schluss ziehen, dass die Subjekte vollständig in der ökonomischen Funktionalität verschwinden? Dies behauptet Byung-Chul Han, wenn er schreibt, »dass *das neoliberale Herrschaftsregime die Technologie des Selbst für sich vollständig vereinnahmt*, dass die permanente Selbstoptimierung als neoliberale Selbsttechnik nicht anderes ist als eine effiziente Form von Herrschaft und Ausbeutung«. Und gegen Foucault: »Das Selbst als Kunstwerk ist ein schöner, trügerischer Schein, den das neoliberale Regime aufrechterhält, um es gänzlich auszubeuten [...] Selbstoptimierung und Unterwerfung, Freiheit und Ausbeutung fallen hier in eins« (Han, 2014, S. 42). Das Subjekt wird völlig zerstört, von seiner Handlungsmacht und Freiheit bleibt nichts übrig: »Die permanente Selbstoptimierung, die gänzlich mit der Optimierung des Systems zusammenfällt, ist destruktiv. Sie führt zu einem *Mentalkollaps*. Selbstoptimierung erweist sich als totale Selbstausbeutung« (ebd., S. 44).

Das Dual »Perfektionierung und Destruktivität«, das bei Han selbst in einer negativen Identität kollabiert, codiert nun eine bestimmte Perspektive auf diese historischen und aktuellen, sozio-kulturellen wie auch individualpsychologischen Phänomene, die es erlaubt, sie in einer bestimmten Weise zu problematisieren und zu kritisieren, weil neben den angestrebten Gewinnen auch die Zwänge und vor allem die Kosten in Form von negativen Folgen in den Blick geraten (Ehrenberg, 2004; Koppetsch, 2011). Diese Perspektive ist allerdings selbst nicht ganz unproblematisch, insofern zur Bestimmung von ökologischen Kosten, negativen sozialen Folgen oder psychischen Schädigungen als Grenzen dieser Steigerungslogik normative Bezugspunkte als Maßstäbe in Anspruch genommen werden müssen, die jenseits dieses Duals liegen und deren Geltung in ihnen selbst gründen müsste. Aber lässt sich ein derartiger Maßstab angeben, der dem Spannungsfeld von Perfektionierung und Destruktivität nicht unterliegt? Gibt es sozusagen absolute oder »natürliche« Grenzen dessen, was uns die Natur zu sein und zu werden erlaubt? Oder lässt sich eine unüberschreitbare Grenze dessen angeben, was ein Mensch ertragen kann oder was sein ethisches Verhältnis zu sich, zu Anderen und zur Welt definitiv zerstört? Gewiss, Menschen können nicht alles ertragen und auch nicht alles (mit sich und anderen) machen, ohne dafür mit ihrem Lebensglück, ihrer Lebenskraft oder ihrem Lebenswillen einen hohen Preis zahlen zu müssen. Weder der Körper noch die Psyche sind grenzenlos formbar. Doch ihre Zeitlichkeit impliziert unvermeidbar, dass sie sich immer in Veränderungsprozessen befinden, in denen stets beides zusammenspielt, das Werden und das Vergehen, das Erlernen und das Verlernen, Verbesserungen und Abbauprozesse. Ist also das Oppositionspaar »Perfektionierung und Destruktivität« dazu geeignet, die Form von Subjektivität zu begreifen und die sozialen, kulturellen, psychischen und ethischen Probleme zu erfassen und einer Kritik zu unterziehen, die mit dem quasi-anthropologischen Selbstverständnis des unternehmerischen Selbst (Bröckling, 2007) und dem Imperativ der Selbstoptimierung zusammenhängt? Und wodurch unterscheidet sich dieses Verhältnis von anderen, älteren, aber durchaus verwandten Fassungen dieses Gegensatzes, was gibt ihm seine aktuelle Form und Fassung?

Als Dialektik onto-theologischer Seinsverhältnisse lässt sich das Dual von Sein und Nichts, Werden und Vergehen, Kreation und Zerstörung nämlich bis in die Anfänge der abendländischen Metaphysik, das heißt bis zu den Vorsokratikern zurückverfolgen, vertrat doch schon Heraklit die Auffassung von der unsichtbaren Harmonie und Einheit der Gegensätze (Rapp, 1997, S. 61–90). In den sogenannten »Flußfragmenten« formulierte er zum Beispiel das paradoxe Verhältnis von Identität und Veränderung, die Einheit von Persistenz und Wandel, dass also nichts absolut identisch bleiben könne, sondern nur durch Veränderung bestehen bleibe. Obwohl hier eine Rekonstruktion der Geschichte dieses Duals, die die Kontexte und Bedeutungsverschiebungen berücksichtigen müsste, nicht möglich ist, können doch einige Anhaltspunkte aus der Geschichte hilfreich sein, um die gegenwärtige Problematik des Diskurses um Perfektionierung und Destruktion etwas weiter zu erhellen. So gewinnt das Dual von Vervollkommnung und Zerstörung seine bis heute andauernde gesellschafts- und kulturkritische Kraft erst in der Aufklärung, insbesondere durch Rousseau, der im vermeintlichen gesellschaftlichen und kulturellen Fortschritt durch die Aufklärung nur einen Fortschritt in der Zerstörung der gelebten Sitten und Gebräuche und vor allem der menschlichen Natur diagnostizierte. War für Rousseau allerdings die Bemühung um Vervollkommnung mit der Entfremdung von der Natur identisch, weil diese Perfektionierungsanstrengungen notwendig zur Verfehlung der natürlichen Identität im Sinne von Authentizität führten, so erkannten Hegel und Marx in dem Verhältnis zwischen Vervollkommnung und Destruktivität, Fortschritt und Verfall ein dialektisches Bewegungsgesetz und zugleich das Prinzip von Geschichte, das nicht nur für die Entfremdung verantwortlich wäre, sondern auch deren Aufhebung erst ermöglichen würde. Noch die *Dialektik der Aufklärung* von Horkheimer und Adorno zitiert diese fatale Logik von Gewinn durch Verlust, die auf der »Introversion des Opfers« beruhe, da in der Naturgeschichte der modernen Subjektivität Selbsterhaltung nur durch das Opfer des Selbst ermöglicht werde (Horkheimer & Adorno, 1968, S. 70f.) und gesellschaftlicher Fortschritt unter den Bedingungen von Kapitalismus und Kulturindustrie nur in einer Zerstörung der Erfahrungsfähigkeit und der Bildung mit ihren Emanzipationspotenzialen bestünde. Der Diskurs der Kritik ist aus dieser Dialektik kaum zu lösen. Noch aktuelle Diagnosen bewegen sich in dem Raum, der vom Spannungsfeld dieses Gegensatzes konstituiert wird (z. B. Liessmann, 2006; Maset, 2010). Bis heute und vielleicht besonders im Gegenwartsdiskurs dient die kontradiktorische Begriffskonstellation zur Beschreibung und Analyse all derjenigen Phänomene und Entwicklungen, die bezogen auf die mit ihnen verbundenen expliziten und offiziellen Ansprüche, Zielsetzungen, Intentionen und Versprechungen seitens der maßgeblichen Akteure und Diskurse widersprüchliche, paradoxe, absurd anmutende und zuweilen geradezu entgegengesetzte Ergebnisse und Wirkungen zeitigen. Kaum ein Bereich ist davon ausgenommen. Ob im Sozial-, Wirtschafts-, Gesundheits- oder Bildungssystem, immer scheint es sich um die gleiche fatale Logik zu handeln, dass Verbesserungs- und Optimierungsmaßnahmen ungewollte destruktive Wirkungen mit sich bringen, sei es, dass die Zielsetzungen verfehlt oder ins Gegenteil verkehrt werden, sei es, dass sich in einem ganz anderen Bereich schwerwiegende Probleme einstellen und unvorhersehbare negative Folgen zeigen.

Eine Kritik muss jedoch stets ein Kriterium oder einen Bezugspunkt *jenseits* des Kritisierten in Anspruch nehmen, ohne den es nicht möglich wäre, von Perfektionierung oder von Destruktivität zu sprechen und den Unterschied zwischen Perfektionierung und Destruktion zu bestimmen. Berief sich Rousseau auf einen ganz und gar unbestimmten Begriff von Natur als Kriterium der Kritik und als Maßstab für die Beurteilung gesellschaftlicher und auch individueller Entwicklungen, so rekurrieren viele Diskurse heute auf Normalitätsvorstellungen, wenn es darum geht, Defizite zu erkennen, Verbesserungsvorstellungen zu formulieren, Entwicklungen in ihrer Qualität zu beurteilen und Abweichungen oder Fehlentwicklungen zu diagnostizieren. Dass das kritische Paradigma jedoch zunehmend selbst problematisch wird, zeigt sich unter anderem daran, dass Unterscheidungen oft schwierig sind, für Urteile nur selten klare Kriterien zur Verfügung stehen und Entscheidungen (z. B. zwischen Therapie, Egoismus und Normalisierung) kaum noch begründet werden können. Das macht es nicht leicht, gegenwärtige Phänomene angemessen beurteilen zu können, was schon mit der Wahl der leitenden Kategorien für ihre Beschreibung beginnt. Perfektionierung und Destruktivität als Beobachtungskategorien lenken die Aufmerksamkeit dabei quasi automatisch in eine kritische Richtung, wenn es darum geht, Phänomene der Perfektionierung, der Qualitätssteigerung und Optimierung zu erfassen und zu beurteilen.

Problematisch daran ist, dass die kritische Kraft mit dem Begriff der Destruktivität bereits mitgeliefert wird, da er weniger deskriptiven als wertenden Charakter hat, allerdings nur dann, wenn man ihn als reinen Gegensatz zum Begriff der Perfektionierung verwendet. Damit suggeriert dieses Gegensatzpaar, dass man beide Seiten für sich erfassen könnte, also die Verbesserung unabhängig von der anderen Seite als solche, bevor man zusätzlich, danach und getrennt davon, den Blick auf die negativen Aspekte lenkt. Kurz, das Dual suggeriert, es gäbe beide Seiten auch für sich, als handelte es sich um einen Gegensatz. Wenn Vermischungen auftreten, ist es Aufgabe der Kritik, zu unterscheiden und beides wieder voneinander zu trennen. Die Verkennung ihrer irreduziblen Verschränkung – es gibt keine Verbesserung, bei der entsprechende Mittel oder das zu Verbessernde selbst nicht zerstört würde – führt dazu, dass Perfektionierung zu einem rein positiven Term wird und damit zugleich zum normativen Bezugspunkt der Kritik, Destruktivität dagegen zu einem rein negativen, obwohl Destruktivität nicht in jedem Fall vernichtende und schädliche Wirkungen haben muss, sondern auch kreativ, erneuernd und verbessernd sein kann. Wenn es aber das eine nie ohne das andere gibt und das eine im anderen wirksam ist, beides voneinander also wechselseitig kontaminiert ist, versagt die Grenzziehung und klare Unterscheidbarkeit, die jede, die dogmatische wie auch die dialektische, Kritik voraussetzen muss. Dass die ultimative Möglichkeit des Entscheidbaren jedoch fraglich ist, markiert den Unterschied zur Dekonstruktion, der selbst auch unrein ist, insofern auch zwischen Dekonstruktion und Kritik kein Gegensatz besteht (vgl. Gasché, 1994). In den Worten von Derrida:

> »Allem Anschein zum Trotz ist die Dekonstruktion jedenfalls weder eine *Analyse* noch eine *Kritik* […]. Die Instanz des *krinein* oder der *krisis* (Entscheidung, Wahl, Urteil, Unterscheidung) ist, wie der Apparat der transzendentalen Kritik insgesamt, selbst eines der wesentlichen ›Themen‹ oder ›Objekte‹ der Dekonstrutktion« (Derrida, 2013, S. 19).

> »Sie [die Dekonstruktion] ist sogar wesentlich *kritisch* (die Dekonstruktion ist jedoch kein kritisches Verfahren, die Kritik ist ihr Gegenstand; die Dekonstruktion betrifft, früher oder später, immer das Vertrauen, das der kritischen, der kritisch-theoretischen, d. h. der entscheidenden Instanz und der allerletzten Möglichkeit des Entscheidbaren entgegengebracht wird; die Dekonstruktion ist Dekonstruktion des kritischen Dogmatismus)« (Derrida, 1998a, S. 64).

Um zu den oben gestellten Fragen zurückzukommen: Als *Gegensatz* verstanden, ist das Dual »Perfektionierung und Destruktivität« nicht dazu geeignet, die aktuellen psychosozialen Verhältnisse angemessen zu verstehen, die mit der Subjektivierung der Arbeit und der Optimierung des Selbst zu tun haben. Statt um eine Identität beider Seiten und die Möglichkeit reiner Bestimmungen der einen gegen die andere Seite oder ihrer Reduktion aufeinander handelt es sich stets um Differenz- und Ambivalenzverhältnisse und um paradoxale Konstellationen, die ihrer eindeutigen Identifizierung einen Widerstand entgegensetzen und keine Problemlösung, sondern ein dekonstruktives Denken verlangen (Derrida, 1998b, S. 28ff.; 2000, S. 51ff.). Denn von anderen, älteren Fassungen dieses Gegensatzes unterscheidet sich seine aktuelle Form und Fassung gerade durch ihre dialektisch unaufhebbare paradoxale Form, ihre *Aporetik*.

4. Los des Schicksals: Selbst-los

Der Mensch, so weiß es die Anthropologie, ist von Natur aus von Natur frei. Er hat weder eine göttlich-metaphysische noch eine natürlich-biologische Bestimmung, weder die Gene noch die Gesellschaft determinieren das Sein und Werden des Menschen. Sein Wesen besteht darin, kein Wesen zu haben. Nicht nur sein Körper ist aufgrund der (im Vergleich zu anderen Säugetieren) »physiologischen Frühgeburt«

(Portman, 1956, S. 49) unfertig, er kommt sogar ohne (s)ein Ich zur Welt. Schon für den Renaissancephilosophen Pico della Mirandola war der Mensch frei von jedem Vorbild und jeder Vorbestimmung und daher sein eigenes Projekt, ein Wesen, das sich nach seinem eigenen freien Willen gestalten kann, dies aber auch muss. Für ihn war der Mensch ein Bildhauer und Dichter seiner selbst, der sich selbst zu erschaffen hatte (Mirandola, 1990, S. 5–7). Und noch für die philosophische Anthropologie des 19. und des 20. Jahrhunderts war der Mensch von Natur aus unbestimmt, das »nicht festgestellte Tier«, wie Nietzsche schrieb. Er kann nicht einfach sein, was er ist, sondern muss sich zu dem machen, was er glaubt zu sein. Statt einfach nur dahinzuleben, muss er sein Leben führen. Er ist gezwungen, sich selbst zu entwerfen und zu werden, als was er sich imaginiert. Wie Langeveld schrieb, er »muss, um zu sein, was er ist, sich dazu entschließen, es zu werden« (Langeveld, 1968, S. 4). Der Mensch galt als »offene Frage« (Plessner, 1981), für die es keine endgültige Antwort gibt, weil die Frage nach dem Menschen nie mit der Frage identisch sei, in die er selbst gestellt wäre: »Er ist nicht Herr über diese Frage, sondern sie über ihn« (Rombach, 1966, S. 8).

Dennoch oder deshalb gab es – und gibt es immer noch (Macho, 2011) – eine Vielzahl von Menschenbildern, Bildungsidealen, Vorbildern und Leitideen, was und wie man sein und werden sollte, wenn auch je nach Stand, Geburt und Status verschiedene. Diese teleologischen Vorstellungen hatten vorneuzeitlich in ihrem jeweiligen Geltungsbereich eine unhinterfragbare Autorität und Verbindlichkeit, gründeten sie doch in einer Welt- und Gottesgewissheit und in einer Ordnung, an die nicht zu glauben kaum möglich war. Erst im Übergang zu einer offenen ateleologischen Ordnung verloren die vermeintlich letzten Gründe von Kosmos, Gott und Natur ihre fraglose Geltung und allgemeine Verbindlichkeit. Entdeckt wurde die Unbestimmtheit des Menschen als Gattungswesen und dass das Sein und Werden nicht vorbestimmt ist. Rückblickend erschienen daher alle vorherigen Auffassungen zwar als Antworten auf diese Unbestimmtheit, aber als kontingent und nicht mehr, wie vorher, als notwendig. Als letzte Gewissheit blieb bei Descartes dann nur noch das denkende Ich übrig.

Die dann folgende Geschichte der Moderne ist bekannt und außerdem zu komplex und vielschichtig, um hier weiter dargestellt werden zu können. Man kann sie zudem auch anders erzählen, wie dies zum Beispiel Sloterdijk (1999) vorschlägt, indem er die Selbstmodellierungen und die notwendige Selbstzähmung der Menschen als »Anthropotechniken« kennzeichnet, wobei die neueren technologischen Möglichkeiten die älteren »humanistischen Kulturtechniken« ablösen würden. Der Humanismus ist in seiner Lesart eine verhängnisvolle idealisierende Selbstbeschreibung, die die Menschwerdung des Hominiden als Zähmung des Menschen durch den Menschen nur verberge. Wie auch in einem Vortrag im Jahr 2005 (Sloterdijk, 2009a) vertritt er dabei die These von einer »Vertikalspannung«, das heißt einer Sehnsucht nach Perfektionierung. Ohne dies hier weiter verfolgen zu wollen – deutlich geworden ist vielleicht, dass Selbsthervorbringung und Selbstmodellierung unvermeidbar sind und auch immer waren, allerdings nicht notwendig als Perfektionierung und Selbsttransformation verstanden werden müssen. Entscheidend sind daher genau die jeweiligen historisch und kulturell verschiedenen Konstellationen und Praktiken dieser Arbeit des Menschen an sich selbst. Die Differenzen zeigen sich auch in den entsprechenden Diskursen, *wie* also dieser Prozess jeweils verstanden wird, wobei davon auszugehen ist, dass diese Diskurse für das Selbstverständnis der Menschen wie auch für ihre Praktiken konstitutiv sind.

Die Arbeit des Menschen an sich selbst ist also nicht nur möglich, sondern aufgrund seiner anthropologischen Unbestimmtheit auch unvermeidbar. Unvermeidbar und alternativlos ist aber nicht seine *Form* als Selbstoptimierung, wie dies vom Diskurs über Human Enhancement (Coenen et al., 2010) und vom Transhumanismus behauptet wird. Diese ist vielmehr als ein spezifisches, gegenwärtig aktuelles Konzept neoliberaler Techno-Biopolitik zu verstehen, als eine besondere, historisch und soziokulturell bedingte Form der Selbstmodellierung, deren Herkunft mit dem Übergang von der Disziplinargesellschaft zur Gouvernementalität der liberalen Gesellschaft und der Biopolitik des Neoliberalismus zusammenhängt (Foucault, 2004; Lemke, 2007). Die damit einhergehende Verschiebung der Machttechnologien von der Disziplinierung zur Selbstregulierung korreliert mit einer Wandlung des Körperkonzepts vom mechanistischen Maschinenmodell zum »normalistisch-kybernetischen Modell« mit flexiblen »Methoden der Selbststeuerung und der Passung durch Rückkopplung« (Harrasser, 2013, S. 92f.). Insbesondere mit den biotechnologischen Modifikationsmöglichkeiten des Human Enhancement und der technischen Körperbearbeitung geht nicht nur eine »quasi-evolutionäre Teleologie der Unvermeidbarkeit der technischen Überarbeitung des Körpers« (ebd., S. 86) einher, die einer offenen Stufenleiter der Perfektion mit einem Zwang zur Steigerung folgt, sondern auch eine Neubewertung dessen, was Leben ist. Wie Harrasser zeigen kann, liegen die Wurzeln dieses Konzepts des unternehmerischen Selbst im Vitalozentrismus des 19. und 20. Jahrhunderts, der noch die »Allmachtsphantasien à la Transhumanismus, Kryotechnik und Weltraumeroberung« (ebd., S. 13) beseele.

Bisher habe ich nicht unterschieden zwischen den Optimierungsanstrengungen, die anderen gelten, wie zum Beispiel Erziehung, und solchen, die sich auf das eigene individuelle Selbst richten, wie zum Beispiel (Selbst-)Bildung oder aktuelle Eingriffe am und in den eigenen Körper. Nachzutragen ist daher wenigstens dies, dass auch die sogenannte Selbstermächtigung und Selbstschöpfung immer eine fremdbestimmte Seite hatte und hat, nenne man sie Vergesellschaftung, Sozialisation, Erziehung, Disziplinierung, Integration oder Anpassung. Die explizite Beachtung dieser Differenz und Machtdimension, die bisher nur implizit mitlief, ist jedoch wichtig, wenn es genau um die Optimierung des Selbst durch sich selbst geht.

Die kartesische Tradition hindurch galt und gilt vielen noch bis heute dieses Selbst als eine Gegebenheit jedes Individuums. Das Ich als die zentrale und das Individuum zentrierende Instanz kann sich empirisch zwar entwickeln, ist aber im Verständnis dieser Diskurstradition prinzipiell oder wenigstens potenziell schon da. Spätestens mit Nietzsche als dem Beginn der Postmoderne ist auch diese letzte Gewissheit vergangen. Für ihn verliert sich das Ich in einem Spiel von Masken als Vielheit in vermeintlich *einem* Ich, da es unmöglich ist, sich in seinem Persönlichsten anderen verständlich zu machen und damit auch für sich selbst in seiner Singularität zugänglich zu sein (vgl. Klass, 2000, S. 265ff.). Das Ich als Maske unter Masken, die nichts verbergen als weitere Masken, lässt das Selbst zu einem referenzlosen Bild unter Bildern werden und letztlich zu einem Phantom (Wimmer, 2013). Ohne so weit zu gehen wie Nietzsche, konstatierte dann auch Freud, dass das Ich nicht nur eine Geschichte hat, sondern sich selbst erst in der Ontogenese des Individuums konstituiert, sich aus dem Es heraus differenziert, mit dem es immer verbunden bleibt, ohne je »Herr im eigenen Haus« werden zu können (Freud, 1923). Und geht man noch weiter, so trifft man auf Lacan, der die Genese des Ich in der entfremdenden Identifikation des Infans mit seinem Spiegelbild lokalisiert, was zu einer irreversiblen Spaltung des Subjekts führt (Lacan, 1973, S. 61ff.), die auch durch die Einführung in die Sprache nicht aufgehoben werden kann.

Das Ich-Selbst kann nun nicht mehr als letzter Grund verstanden werden, als eine aus sich selbst heraus entstehende und sich aus eigener Initiative entwickelnde und sich bildende Instanz. Das Bewusstsein kann nicht mit sich selbst anfangen und seinen Ursprung auch nicht nachträglich umfassen (Blumenberg, 1996, S. 11), weil sich das Ich-Selbst über den Anderen konstituiert und heteronom bedingt ist. Der Mensch hat also nicht nur von Natur aus kein Wesen, er kommt auch Selbst-los zur Welt.

Wenn das Subjekt aber nur als Gespaltenes ohne vorhergehende Einheit zu begreifen ist, das aus entfremdenden Identifikationen hervorgeht, denen keine ursprüngliche Eigenheit zugrunde liegt, dessen Konstitution aus einem Subjektivationsprozess resultiert, der sein Begehren unterwirft, das aber jenen leidenschaftlich verhaftet bleibt, »von denen es in fundamentaler Weise abhängig ist« (Butler, 2001, S. 12), dies aber notwendig verleugnen muss – was kann da Optimierung des Selbst noch heißen? Das Selbst ist unverbesserlich gespalten, sodass eine auch noch so sehr angestrebte Identität unmöglich bleibt. In den Worten Butlers:

> »Das ›Ich‹ entsteht unter der Bedingung, daß es seine Formierung in Abhängigkeit, daß es seine eigenen Möglichkeitsbedingungen verleugnet. Indes steht das ›Ich‹ durch ebendiese Verleugnung unter der Drohung seiner Zersetzung: Durch das unbewußte Betreiben seiner eigenen Auflösung in neurotischen Wiederholungen jener Urkonstellationen, die es nicht nur nicht sehen will, sondern auch nicht sehen kann, will es es selbst bleiben. Das bedeutet natürlich, daß es, gebunden an das, was es nicht wissen will, von sich selbst geschieden ist und nie ganz es selbst werden oder bleiben kann« (ebd., S. 14f.).

Das Subjekt ist demnach aufgrund seiner Nicht-Identität keine stabile und dauerhafte Instanz, sondern ständig und unvermeidbar in metonymische Wiederholungs- und Wandlungsprozesse involviert, die es nur zum Teil steuern kann. Ihm zuzumuten, das Unkontrollierbare auch seines Selbst einer intentionalen Steuerung zu unterwerfen, ist nicht nur eine Überforderung durch etwas Unmögliches, sondern zerstörte zudem seine eigenen Bedingungen. Keine Selbstoptimierung oder Vervollkommnung kann diese Heterogenität im Ich aufheben und in eine harmonische Einheit und Identität überführen, ohne dabei das Ich auf eine ganz und gar imaginäre und irrealisierende Bahn des Selbstverlustes und in den Wahn zu führen. Anstatt überwunden zu werden, würde die Unverbesserlichkeit auf diese Weise nur gesteigert und perfektioniert.

5. Flucht aus der Leib-Eigenschaft: Verlust des Anderen

Die gegenwärtigen Perfektionierungsprogramme beschränken sich schon lange nicht mehr auf die weichen Anthropotechniken der Athletik, Diäthetik, Kosmetik und Prothetik. In den Laboren geht es um die utopisch-technizistische Arbeit an einer Entgrenzung des Menschen, seiner Entkörperlichung durch die harten Anthropotechnologien, die nicht nur »bis zu einer expliziten Merkmalsplanung vordringen« (Sloterdijk, 1999, S. 46), zu Neu-Züchtungen und entsprechenden Selektionsfolgen, sondern zur Transzendierung des Menschen durch Verschmelzung des Körpers mit der Maschine bzw. seinen Ersatz (Wimmer, 2014b). Das Programm des transhumanistischen Futurismus könnte als der konsequent zu Ende und zur Selbstüberwindung gebrachte Humanismus verstanden werden. Es wäre der letzte Schritt in der Geschichte der Selbstermächtigung und Selbstschöpfung seit Pico della Mirandola, die Erfüllung aller anthropozentrischen Träume.

Gerade diese Erfüllung erschüttert von Grund auf das Selbstverständnis des Menschen als natürliches Lebewesen und als Gattung, als Geschöpf, für dessen Identität ein ihm unverfügbarer Ursprung konstitutiv war, die Kontingenz seiner »natürlichen« Geburt und somatischen Ausstattung, die von keinem anderen Menschen gemacht und ihm von keinem anderen Menschen, sondern dem Zufall gegeben wurde (oder Gott, der Natur, der Evolution). Doch nun erleben wir die Umstellung vom Zufallsprinzip auf Optionsmöglichkeiten (vgl. Buchanan et al., 2000). Waren bisher jedem Versuch, die Bedingungen menschlicher Existenz in die Verfügung des Menschen zu nehmen, unüberwindliche Grenzen gesetzt, die nur imaginär übersprungen werden konnten, sind diese Grenzen der Machbarkeit mit den Konvergenztechnologien von Atomen, Genen, Neuronen und Bits gefallen, die den Durchgriff auf die Grundelemente der Materie, des organischen Lebens, der neuronalen Prozesse und der Informations- und Kommunikationssysteme erlauben und damit ihre Steuerung, technische Synthese, Rekombinierung und Neugestaltung.

So wird heute das Ende der menschlichen Leib-Eigenschaft verkündet, die Beendigung der Abhängigkeit des Menschen von seinem Körper und die Überwindung seiner Körperlichkeit und der damit verbundenen Endlichkeit in Form von Krankheit, Verfall und Tod

(Schäfer & Wimmer, 2003). Man kann das mit Hannah Arendt als Rebellion des Menschen gegen die eigenen Daseinsbedingungen verstehen, »gegen das, was ihm bei der Geburt als freie Gabe geschenkt war, und was er nun gleichsam umzutauschen wünscht gegen Bedingungen, die er selbst schafft. Daß solch ein Umtausch im Bereich des Möglichen liegt, daran haben wir keinerlei Grund zu zweifeln« (Arendt, 1981, S. 9). Weitsichtig schrieb sie bereits 1958:

> »Schon seit geraumer Zeit versuchen die Naturwissenschaften, auch das Leben künstlich herzustellen, und sollte ihnen das gelingen, so hätten sie wirklich die Nabelschnur zwischen dem Menschen und der Mutter alles Lebendigen, der Erde, durchschnitten. Das Bestreben, ›dem Gefängnis der Erde‹ und damit den Bedingungen zu entrinnen, unter denen die Menschen das Leben empfangen haben, ist am Werk in den Versuchen, Leben in der Retorte zu erzeugen oder durch künstliche Befruchtung Übermenschen zu züchten oder Mutationen zustande zu bringen, in denen menschliche Gestalt und Funktionen radikal ›verbessert‹ werden würden, wie es sich vermutlich auch in den Versuchen äußert, die Lebensspanne weit über die Jahrhundertgrenze auszudehnen« (ebd.).

Diese »Rebellion gegen sein eigenes Dasein« und gegen das »Gegebene« in Gestalt seiner Bedingungen, die auf die Transformation des Anderen, Fremden zum Eigenen zielt, deren idealer Endpunkt die vollständige Ent-Fremdung der Welt wäre, würde in der Auflösung der Differenz selbst münden, in einer Immanenz ohne Außen, der vollkommenen Wüste. Denn das Denken ist nach allem, was man weiß (vgl. Zanetti, 1988; Lyotard, 1989), gar nicht von seiner Leiblichkeit lösbar, da das Ich in seiner Leiblichkeit seinen Grund hat oder gar umgekehrt als Eigenschaft des Leibes zu verstehen ist, weshalb das Eigenste des Ich seine Leibeigenschaft ist, das Eigene seines Leibes, seinem Leib gehörig.

Das sehen viele und allen voran die Transhumanisten jedoch vollständig anders. Den Menschen in seinem Kern zu verändern, sein biologisches Schicksal nach seinem eigenen Bilde und seinen Zwecken zu planen und die Evolution endlich auch der eigenen Gattung nun selbst in die Hand zu nehmen, dieser Auftrag, so verstehen es die Transhumanisten, haben die Menschen von der Natur selbst erhalten, weil die Evolution ihnen das entsprechende Wissen selbst in die Hand gegeben habe. Die organische Neukonstruktion, die eugenische Betreuung der Gattung, die Optimierung der Körper sowie die Eliminierung von Mängeln, die Kopplung des Gehirns an die Maschine, all dies könne man nicht ausschlagen, da die Evolution diejenigen hinter sich ließe, die ihr nicht mehr folgen könnten. Der Transhumanismus als finale Stufe des Humanismus macht sich anheischig, den Menschen an die Transzendenz der Maschine anzupassen, denn im Grunde sind biologische Lebewesen für sie schon jetzt nichts anderes als Computer, die mit chemischen Stoffen rechnen (Borrel, 2012).

Mit Blick auf die heutigen Möglichkeiten der Selbsterschaffung des Menschen, die alles in den Schatten stellen, was gegenwärtig vor allem in der Kulturwissenschaft (Villa, 2008; Coenen et al., 2010), der Körpersoziologie (Schroer, 2005) und der Erziehungswissenschaft (Mayer et al., 2013) unter der Optimierung des Selbst diskutiert wird, zeichnet sich eine Entwicklung ab, die gesellschaftlich, politisch und ethisch zukunftsentscheidend ist, die zu denken und einzuschätzen jedoch kaum geeignete Ansätze zur Verfügung stehen. Statt die gegenwärtigen Entwicklungen angemessen zu erfassen und die mit ihnen gegebenen Möglichkeiten wie auch die Gefahren zu begreifen, geraten kritische Diskurse entweder leicht in den Sog eines technikfeindlichen Kulturpessimismus oder sie erliegen ebenfalls der Verführungskraft der Versprechungen des wissenschaftlich-technischen Fortschritts, die Menschen von ihren Unvollkommenheiten, von Krankheiten und körperlichen Mängeln zu befreien und das Leben wenigstens zu verlängern, wenn nicht sogar unsterblich zu machen. Das Problem besteht dabei in einem mit der Trennung von Geistes- und Naturwissenschaften zusammenhängenden Nicht-Denken des Technischen, das als etwas Äußerliches, Sekundäres, rein Instrumentelles und Objekthaftes aufgefasst und dem Menschen als Subjekt entgegengesetzt wird.

Der Posthumanismus ist dagegen ein Versuch, das Humanum neu und anders zu denken, um zu verhindern, dass aus der »Introversion des Opfers« ein vollständiges Selbstopfer wird, weil die Beseitigung aller natürlichen Mängel aus dem Menschen ein Monstrum machen und die Verwirklichung der Vollendungsutopien in einem realisierten Albtraum enden würde. Er versucht, dem Gegensatz von Mensch-Maschine zu entkommen, indem Subjektivität, Selbstbewusstsein und Gedächtnis mit ihren technischen Bedingungen zusammen gedacht werden, ohne dass es in abstrakter Umkehrung zu einem Technikzentrismus kommt (Stiegler, 2009; Hörl, 2011). Hominiden werden »Menschen« nur vermittels technischer, das heißt »unmenschlicher« Bedingungen, weil Mensch und Technik, Natur und Kultur immer schon eine in sich heterogene Einheit bilden (Hardt & Negri, 2002, S. 104ff.).

So geht es *zum einen* darum, eine theoretische Fassung für den Werdensprozess eines Subjekts zu entwickeln, das keines mehr ist, das nur als gespaltenes, als Leerstelle, als nicht mit sich identisches, sich selbst partiell fremdes und nie vollständig bei sich seiendes Wesen beschreibbar ist, das alle Attribute, die dem Menschen in seiner vermeintlichen Sonderstellung zukommen, nicht ohne andere und nicht ohne Techniken erlangen würde, allen voran Sprachwesen (Cremonini, 2010), Bewusstseinsträger und Vernunftinhaber zu sein (Gamm, 2004, S. 40ff.; 63ff.). Und *zum anderen* geht es darum, das Verhältnis Mensch-Maschine neu zu fassen, da es nicht wie im Transhumanismus das Ziel sein kann, die Unvollkommenheiten des Menschen maschinen-technologisch gänzlich zu beseitigen, also seinen Körper letztlich zu ersetzen. Vielmehr gilt es, die technischen Möglichkeiten mit den körperlich-menschlichen Wünschen und Bedürfnissen abzustimmen, jedoch nicht im Namen einer Perfektionierung und Überwindung des Körpers zwecks störungsfreien und effizienten Funktionierens. Nicht der unbesiegbare und sich selbst reparierende Soldat oder der unermüdlich produktive Arbeiter eines Technokapitalismus wären die Zielgrößen, sondern ein mögliches Modell wäre die Cyborg (Haraway, 1995, S. 33–72.) bzw. ihr politisches Zusammenleben als plurale Singularitäten (Nancy, 2004), das die Normalisierungsformen durch Ex- und Inklusion unterläuft im Sinne eines »inklusiven Humanismus« (Macho, 2011, S. 431ff.) bzw. eines »Ko-« oder eines »Parahumanismus« (Harrasser, 2013, S. 60f.), der als »ein wildes Neben- und Durcheinander von unterschiedlichen Existenzformen« zu verstehen wäre, »in den potentiell vieles und viele eingeschlossen sein können, die gemeinhin nicht als Menschen gelten« (ebd.).

Diese beiden Aufgaben, ausgehend von den körperlichen und technologischen Bedingungen eine Theorie der Subjektivation und des politischen pluralen Existierens von Heterogenitäten zu entwickeln, können hier natürlich nicht einmal im Groben umrissen werden. Dennoch dürfte verständlich sein, dass es nicht um die Beendigung der Endlichkeit durch Überwindung der Körperlichkeit des Menschen gehen kann, das heißt um die radikale Abschaffung seiner Unverbesserlichkeit, sondern erst einmal um die Frage, wie wir mit nichtmenschlichen Wesen wie Tieren, Maschinen, technischen Artefakten, mit Cyborgs und Hybriden zusammenleben wollen und welche Selbstmodifikationen für wen und in Bezug auf welche Ziele sinnvoll und wünschenswert und welche Perfektionierungserwartungen zurückzuweisen sind.

Ganz entkommen kann man den Vervollkommnungsansprüchen nicht, bis zu einem gewissen Grad sind Selbstoptimierungen unvermeidbar, denn in der Regel will man, was man kann, gut und immer besser können. Und dass nur das Unverbesserliche perfektioniert werden kann, da alles andere sein Optimum als Grenze der Verbesserungsmöglichkeiten bereits in sich trägt, ist auch nachvollziehbar. Allerdings ändert sich die Perspektive und mit ihr das Problem, wenn man das Unverbesserliche nicht als eine behebbare Mangelstruktur begreift, also nicht als Fehler, sondern als Bedingung, nicht als Privation, sondern als positive Freiheit, nicht als Grenze, sondern als offenen Möglichkeitsraum.

So besteht die Problematik von Vervollkommnungsprogrammen darin, dass sie von unverbesserlichen Menschen unternommen werden, die in der Regel nicht erkennen, dass ihre Vervollkommnungsideen Symptome ihrer Unvollkommenheit sind. Um noch einmal Kamper zu zitieren: »Was vorschwebt, ist die Vision, Menschen nach dem Bilde vollkommener Menschen zu erzeugen und zu züchten. Daß man es könnte, ist ein unverbesserliches Mißverständnis. Denn die Unverbesserlichkeit der Täter wird intervenieren« (Kamper, 1994, S. 276). Mit anderen Worten ist der Traum von der Überwindung der Unverbesserlichkeit selbst Teil der Unverbesserlichkeit. Perfektionierung der Unverbesserlichkeit hieße hier, sie unsichtbar zu machen oder sie zu überwinden, indem ihr Grund negiert bzw. destruiert wird. Perfektionierung wirkt hier paradox, indem sie die Unverbesserlichkeit verstärkt, die ja auch und gerade in ihrer Unbewusstheit, Verdrängung und ihrem Vergessen besteht. Das Leiden aus der Welt schaffen, den Tod überwinden wollen, unverletzlich werden, alles Übel austreiben, alles Bedrohliche, Unangenehme, Widerständige, Fremde vernichten – man kann gut die nihilistische Bahn und den Abgrund zu erkennen, in den dieser Traum führt.

Eine Chance, der Utopie der Vervollkommnung als Symptom der Unverbesserlichkeit zu entkommen, wäre die posthumanistische Einsicht darin, dass dieses Bestreben ein Symptom ist und das Heilmittel nicht im Verschwinden des Menschen durch eine Überdosis Technik und einer Verschmelzung mit der Maschine besteht, was auf die Vernichtung des Humanen hinaus liefe. Oder wie Dietmar Kamper es sagt:

> »Jene Menschen nämlich, die den Weg der Vervollkommnung weit genug gegangen sind, denken nicht im entferntesten daran, mittels der Technologie die Verhältnisse zu verbessern. Ihr Ja zum Leben der Gattung schloß immer auch deren Unverbesserlichkeit ein. Vielleicht besteht Vervollkommnung in nichts anderem als in der schrittweise geleisteten Einsicht in die Unabdingbarkeit des Nicht-Vollkommenen: der Gebrechlichkeit, der Hinfälligkeit, der Sterblichkeit der menschlichen Natur« (Kamper, 1994, S. 276).

Ein möglicher anderer Umgang mit der Unverbesserlichkeit des Menschen, seiner Sterblichkeit, Endlichkeit, seiner heteronomen Bedingtheit und notwendigen Bezogenheit auf Andere wäre die Akzeptanz der eigenen Bedingtheit wie zum Beispiel in der tragischen Weltauffassung, die unserer Zeit jedoch gänzlich fremd ist. Diese Akzeptanz und ethische Verantwortung zeigte sich vor allem auch im Verhältnis zum Anderen in all seinen Formen und Erfahrungsweisen, zum Mitmenschen, zum anderen Geschlecht, zum Fremden und Fremdartigen, zum Körper, zur internen Selbstfremdheit und auch zu den großen Gestalten des ganz Anderen, der Sprache und dem Tod. Die Möglichkeit einer solchen ethisch-politischen Existenzweise kann allerdings nicht als Vervollkommnungs-Ideal einer zukünftigen Gemeinschaft verstanden werden, ohne auf ein Projekt reduziert und einer sozialtechnologischen Produktionslogik unterworfen zu werden. Denn die Destruktivität der Perfektionierungslogik besteht ja vor allem darin, dass sie von den Individuen fordert, auch über ihre Bedingungen die Herrschaft zu gewinnen und das ihnen Unverfügbare zu kontrollieren und zu beherrschen – das Lernen, den Schlaf, die Liebe, die Sexualität. Damit wird das Verhältnis zum Anderen von einer heteronomen Bedingung des Subjekts umcodiert zu einer Beziehung, über die es souverän verfügen können soll, indem es sich seine Bedingungen seiner intentionalen Kontrolle und Steuerung unterwirft. Eine solche unmögliche Selbstvollendung wäre identisch mit dem vollendeten Verlust des Anderen, der nicht Freiheit, sondern zugleich den Selbstverlust des Subjekts bedeuten würde.

Literatur

Ahlheim, H. (Hrsg.). (2014a). *Kontrollgewinn – Kontrollverlust. Die Geschichte des Schlafs in der Moderne.* Frankfurt/M.: Campus.

Ahlheim, H. (2014b). Macht über den Schlaf: Vom Experimentieren mit Schlafentzug in den USA im 20. Jahrhundert. In H. Ahlheim (Hrsg.). *Kontrollgewinn – Kontrollverlust. Die Geschichte des Schlafs in der Moderne* (S. 183–208). Frankfurt/M.: Campus

Arendt, H. (1981). *Vita activa oder Vom tätigen Leben*. München: Piper.

Badenschier, F. (2013). Krebs durch zu wenig Schlaf. Deutschlandradio, 24.06.2013. URL: http://www.deutschlandfunk.de/krebs-durch-zu-wenig-schlaf.676.de.html?dram:article_id=250779 (Stand: 23.02.2015).

Blumenberg, H. (1966). *Die Legitimität der Neuzeit*. Frankfurt/M.: Suhrkamp.

Blumenberg, H. (1996). *Höhlenausgänge*. Frankfurt/M.: Suhrkamp.

Borrel, P. (2012). *Welt ohne Menschen*. Dokumentarfilm Frankreich. Deutsche Erstausstrahlung am 23. Oktober 2012.

Bröckling, U. (2007). *Das unternehmerische Selbst*. Frankfurt/M.: Suhrkamp.

Buchanan, A., Brock, D.W., Daniels, N. & Wikler, D. (2000). *From Chance to Choice*. Cambridge/UK: University Press.

Butler, J. (2001). *Psyche der Macht. Das Subjekt der Unterwerfung*. Frankfurt/M.: Suhrkamp.

Coenen, C., Gammel, S., Heil, R. & Woyke, A. (Hrsg.). (2010). *Die Debatte über »Human Enhancement«*. Bielefeld: transcript.

Crary, J. (2014). *24/7. Schlaflos im Spätkapitalismus*. Berlin: Wagenbach.

Cremonini, A. (2010). Der Mensch als parlêtre. Lacans Versuch einer nicht-humanistischen Anthropologie. *Journal Phänomenologie, 34*, 42–61.

Degele, N. (2004). *Sich schön machen. Zur Soziologie von Geschlecht und Schönheitshandeln*. Wiesbaden: Springer VS.

Derrida, J. (1998a). Ja, oder der faux-bond. In J. Derrida, *Auslassungspunkte. Gespräche* (S. 41–86). Wien: Passagen.

Derrida, J. (1998b). *Aporien. Sterben – »Auf die Grenzen der Wahrheit« gefaßt sein*. München: Wilhelm Fink.

Derrida, J. (2000). *Politik der Freundschaft*. Frankfurt/M.: Suhrkamp.

Derrida, J. (2013). Brief an einen japanischen Freund. In J. Derrida, *Psyche. Erfindungen des Anderen II* (S. 15–22). Wien: Passagen.

Ebeling, H. (Hrsg.). (1976). *Subjektivität und Selbsterhaltung. Beiträge zur Diagnose der Moderne*. Frankfurt/M.: Suhrkamp.

Ehrenberg, A. (2004). *Das erschöpfte Selbst. Depression und Gesellschaft in der Gegenwart*. Frankfurt/M., New York: Campus.

Fitbit.com. (o.J.). URL: https://www.fitbit.com/de/one (Stand: 16.08.2015).

Florida, R. (2002). *The Rise of the Creative Class: And How It's Transforming Work, Leisure, Community and Everyday Life*. New York: Basic Books.

Foucault, M. (2004). *Geschichte der Gouvernementalität. 2 Bde*. Frankfurt/M.: Suhrkamp.

Freud, S. (1900). Die Traumdeutung. *Studienausgabe, Bd. 2*.

Freud, S. (1933). Neue Folge der Vorlesungen zur Einführung der Psychoanalyse. *Studienausgabe Bd. 1*, S. 448–600.

Freud, S. (1923). Das Ich und das Es. *Studienausgabe Bd. 3*, S. 273–330.

Gamm, G. (2004). *Der unbestimmte Mensch. Zur medialen Konstruktion von Subjektivität*. Berlin, Wien: Philo.

Gamm, G. (2013). Das Selbst und sein Optimum. Selbstverbesserung als das letzte Anliegen der modernen Kultur. In R. Mayer, C. Tompson & M. Wimmer (Hrsg.), *Inszenierung und Optimierung des Selbst. Zur Analyse gegenwärtiger Selbsttechnologien* (S. 31–53). Wiesbaden: Springer VS.

Gasché, R. (1994). Über Kritik, Hyperkritik und Dekonstruktion: Der Fall Benjamin. In A. Haverkamp (Hrsg.), *Gewalt und Gerechtigkeit. Derrida–Benjamin* (S. 196–216). Frankfurt/M.: Suhrkamp.

Gelhard, A., Alkemeyer, T. & Ricken, N. (Hrsg.). (2013). *Techniken der Subjektivierung*. München: Wilhelm Fink.

Grasse, C. & Greiner, A. (2013). *Mein digitales Ich: Wie die Vermessung des Selbst unser Leben verändert und was wir darüber wissen müssen*. Berlin: Metrolit.

Han, B.-C. (2010). *Müdigkeitsgesellschaft*. Berlin: Matthes & Seitz.

Han, B.-C. (2014). *Psychopolitik. Neoliberalismus und die neuen Machttechniken*. Frankfurt/M.: Suhrkamp.

Harrasser, K. (2013). *Körper 2.0. Über die technische Erweiterbarkeit des Menschen*. Bielefeld: transcript.

Haraway, D. (1995). *Die Neuerfindung der Natur*. Frankfurt/M., New York: Campus.

Hardt, M. & Negri, A. (2002). *Empire. Die neue Weltordnung*. Frankfurt/M.: Campus.

Heinze, M. (o. J.). Self-Tracking. Sammel dein Leben. URL: http://www.fitforfun.de/sport/weitere-sportarten/self-tracking-sammel-dein-leben_aid_12839.html (Stand: 23.02.2015).

Herbrechter, S. (2009). *Posthumanismus*. Darmstadt: WBG.

Hörl, E. (Hrsg.). (2011). *Die technologische Bedingung*. Frankfurt/M.: Suhrkamp.

Horkheimer, M. & Adorno, T.W. (1968). *Dialektik der Aufklärung*. Amsterdam: de Munter.

Kamper, D. (1973). *Geschichte und menschliche Natur. Die Tragweite gegenwärtiger Anthropologiekritik*. München: Hanser.

Kamper, D. (1994). Der eingebildete Mensch. In D. Kamper & C. Wulf (Hrsg.), *Anthropologie nach dem Tode des Menschen* (S. 273–278). Frankfurt/M.: Suhrkamp.

Kamper, D. (1995). *Unmögliche Gegenwart. Zur Theorie der Phantasie*. München: Wilhelm Fink.

Klass, T.N. (2000). Von Peitschen und Masken. Nietzsches Suche nach Strategien der Selbst-Anrührung. In A. Schäfer & M. Wimmer (Hrsg.), *Masken und Maskierungen* (S. 251–279). Opladen: Leske + Budrich.

Kluge, S., Lohmann, I. & Steffens, G. (Redaktion). (2014). *Menschenverbesserung. Transhumanismus. Jahrbuch für Pädagogik*. Frankfurt/M.: Peter Lang.

Köppchen, U. (2015). Die schlaflose Gesellschaft Warum wir keine Ruhe mehr finden. Deutschlandradio,

02.02.2015, URL: http://www.deutschlandradiokultur.de/die-schlaflose-gesellschaft-warum-wir-keine-ruhe-mehr-finden.976.de.html?dram:article_id=310177 (Stand 23.02.2015).

Koppetsch, C. (Hrsg.). (2011). *Nachrichten aus den Innenwelten des Kapitalismus. Zur Transformation moderner Subjektivität*. Wiesbaden: Springer VS.

Lacan, J. (1973). *Schriften I*. Olten, Freiburg: Walter.

Langeveld, M.J. (1968). *Studien zur Anthropologie des Kindes*. Tübingen: Max Niemeyer.

Lemke, T. (2007). *Gouvernementalität und Biopolitik*. Wiesbaden: Springer VS.

Lenk, C. (2006). Verbesserung als Selbstzweck? Psyche und Körper zwischen Abweichung, Norm und Optimum. In J.S. Ach & A. Pollmann (Hrsg.), *no body is perfect. Baumaßnahmen am menschlichen Körper – Bioethische und ästhetische Aufrisse* (S. 63–78). Bielefeld: transcript.

Liessmann, K.P. (2006). *Theorie der Unbildung*. Wien: Paul Zsolnay Verlag.

Link, J., Loer, T. & Neuendorff, H. (Hrsg.). (2003). *›Normalität‹ im Diskursnetz soziologischer Begriffe*. Heidelberg: Synchron.

Link, J. (2006). *Versuch über den Normalismus. Wie Normalität produziert wird*. Göttingen: Vandenhoeck & Ruprecht.

Lyotard, J.-F. (1989). *Das Inhumane*. Wien: Passagen.

Macho, T. (2011). *Vorbilder*. München: Wilhelm Fink.

Maset, P. (2010). *Geistessterben. Eine Diagnose*. Stuttgart: Radius-Verlag.

Mayer, R., Thompson, C. & Wimmer, M. (Hrsg.). (2013). *Inszenierung und Optimierung des Selbst. Zur Analyse gegenwärtiger Selbsttechnologien*. Wiesbaden: Springer VS.

Mirandola, P.d. (1990). *De hominis dignitate/Über die Würde des Menschen* (Lateinisch-deutsch, übers. v. N. Baumgarten, hrsg. u. eingel. v. A. Buck). Hamburg: Felix Meiner.

Müller, T. & Paterok, B. (2010). *Schlaf erfolgreich trainieren. Ein Ratgeber zur Selbsthilfe*. Göttingen: Hogrefe.

Nancy, L.-L. (2004). *singulär plural sein*. Berlin: Diaphanes.

Platon (1988). *Euthydemos. Sämtliche Dialoge, Bd. 3* (Hrsg., übers. u. erl. v. O. Apelt) [Leipzig 1923]. Hamburg: Felix Meiner.

Plessner, H. (1981). *Die Stufen des Organischen. Gesammelte Schriften, Bd. 4*. Frankfurt/M.: Suhrkamp.

Portman, A. (1956). *Zoologie und das neue Bild vom Menschen*. Reinbek b. Hamburg: Rowohlt.

Posch, W. (2009). *Projekt Körper. Wie der Kult um die Schönheit unser Leben prägt*. Frankfurt/M., New York: Campus.

Preger, A. (2014). Schlafforschung. Big Data für eine gute Nacht. Deutschlandradio, 09.12.2014. URL: http://www.deutschlandfunk.de/schlafforschung-big-data-fuer-eine-gute-nacht.676.de.html?dram:article_id=305600 (Stand: 23.02.2015).

Quantified self.com (o. J.). URL: http://quantifiedself.com/guide/tools?sort=reviews&pg=1 (Stand: 23.02.2015).

Rapp, C. (1997). *Vorsokratiker*. München: C. H. Beck.

Räsch, J. (o. J.). Self-Tracking: Wer bin ich eigentlich? URL: http://www.wissen.de/self-tracking (Stand: 23.02.2015).

Reckwitz, A. (2008). *Subjekt*. Bielefeld: transcript.

Rombach, H. (1966). Einleitung und Widmung. In H. Rombach (Hrsg.), *Die Frage nach dem Menschen. Festschrift für Max Müller zum 60. Geburtstag*. Freiburg, München: Alber.

Rutta, R. (2014). Schlafforschung. Mehr Respekt vor der inneren Uhr. Deutschlandradio, 09.12.2014. URL: http://www.deutschlandfunk.de/schlafforschung-mehr-respekt-vor-der-inneren-uhr.709.de.html?dram:article_id=305654 (Stand: 23.02.2015).

Schäfer, A. & Wimmer, M. (2003). Einleitung: Flucht aus der Leib-Eigenschaft. In A. Schäfer & M. Wimmer (Hrsg.), *Machbarkeitsphantasien* (S. 9–32). Opladen: Leske + Budrich.

Schroer, M. (Hrsg.). (2005). *Soziologie des Körpers*. Frankfurt/M.: Suhrkamp.

Seitter, W. (1999). *Geschichte der Nacht*. Berlin, Bodenheim b. Mainz: Philo.

Sloterdijk, P. (1999). *Regeln für den Menschenpark. Ein Antwortschreiben zu Heideggers Brief über den Humanismus*. Frankfurt/M.: Suhrkamp.

Sloterdijk, P. (2009a). *Optimierung des Menschen? Vortrag am 6.12.2005 in der Universität Tübingen*. DVD München: Quartino.

Sloterdijk, P. (2009b). *Du mußt dein Leben ändern. Über Anthropotechnik*. Frankfurt/M.: Suhrkamp.

Spork, P. (2014). *Aufbruch in eine ausgeschlafene Gesellschaft*. München: Hanser.

Stiegler, B. (2009). *Denken bis an die Grenzen der Maschine*. Zürich, Berlin: Diaphanes.

Villa, P.-I. (Hrsg.). (2008). *schön normal. Manipulationen am Körper als Technologien des Selbst*. Bielefeld: transcript.

Villa, P.-I. (2013). Prekäre Körper in prekären Zeiten – Ambivalenzen gegenwärtiger somatischer Technologien des Selbst. In R. Mayer, C. Thompson & M. Wimmer (Hrsg.), *Inszenierung und Optimierung des Selbst. Zur Analyse gegenwärtiger Selbsttechnologien* (S. 57–74). Wiesbaden: Springer VS.

Vita-More, N. (2013). Perfektion ist ein seltsames Konzept. Gespräch mit Lars Mensel. *The European*, (2/2013). URL: http://www.theeuropean.de/natasha-vita-more/5989-transhumanismus-und-der-mensch-von-morgen# (Stand: 23.02.2015).

Werle, K. (2014). Self-Tracking für Manager. »Blöd, dass der Körper keinen USB-Anschluss hat«. *SpiegelOnline*. URL: http://www.spiegel.de/karriere/berufsleben/self-tracking-im-job-die-besten-self-tracking-apps-fuer-manager-a-964940.html (Stand: 23.02.2015).

Wildermuth, V. (2013). Schlaf reinigt Gehirn. Deutschlandradio, 18.10.2013. URL: http://www.deutschlandfunk.de/schlaf-reinigt-gehirn.676.de.html?dram:article_id=265648 (Stand: 23.02.2015).

Wimmer, M. (2013). Das Selbst als Phantom. In R. Mayer, C. Thompson & M. Wimmer (Hrsg.), *Inszenierung und Optimierung des Selbst. Zur Analyse gegenwärtiger*

Selbsttechnologien (S. 295–321). Wiesbaden: Springer VS.

Wimmer, M. (2014a). *Pädagogik als Wissenschaft des Unmöglichen*. Paderborn: Ferdinand Schöningh.

Wimmer, M. (2014b). Antihumanismus, Transhumanismus, Posthumanismus: Bildung nach ihrem Ende. In Kluge et al. (Redaktion), *Menschenverbesserung. Transhumanismus. Jahrbuch für Pädagogik* (S. 237–266). Frankfurt/M.: Peter Lang.

Zanetti, V. (1988). Kann man ohne Körper denken? Über das Verhältnis von Leib und Bewußtsein bei Luhmann und Kant. In H. U. Gumbrecht & K. L. Pfeiffer (Hrsg.), *Materialität der Kommunikation* (S. 280–294). Frankfurt/M.: Suhrkamp.

Zeo Personal Sleep Coach (o. J.). URL: http://www.amazon.com/Zeo-Model-ZEOBP01-Personal-Sleep-Manager/dp/B002IY65V4 (Stand: 16.08.2015).

Der Autor

Michael Wimmer, Dr. phil. habil., geb. 1951 in Minden/Westf., Abitur 1971 in Duisburg, danach Studium der Pädagogik und Soziologie in Marburg, Abschluss als Diplom-Pädagoge 1978. 1979 bis 1994 Wissenschaftlicher Mitarbeiter an der FU Berlin, TU Berlin und der Universität Magdeburg. Promotion an der FUB 1987 und im Wintersemester 1991/92 Forschungsstipendium an der Universität Leuven. 1994–2000 Assistent an der MLU Halle-Wittenberg und nach der Habilitation seit 2000 Professor für systematische Erziehungswissenschaft an der Universität Hamburg.

Kontakt

Prof. Dr. Michael Wimmer
Universität Hamburg
Fakultät für Erziehungswissenschaft/FB 1
Von-Melle-Park 8
D-20146 Hamburg
E-Mail: Michael.Wimmer@uni-hamburg.de

Freie Beiträge

»Der Teufel hat sich schick gemacht«

Das Täterinnenbild in der journalistischen Berichterstattung zum NSU-Prozess

Isabelle Hannemann

Zusammenfassung
Der Aufsatz widmet sich den medial produzierten Zerrbildern weiblicher Täterinnenschaft anhand von Schlüsseltexten zur weiblichen Entwicklung und frühkindlichen Angst und argumentiert gegen die »Friedfertigkeit der Frau«, um die Nicht-Begabung der Frau zu Antisemitismus, Gewalt und Grausamkeit zu relativieren, zu diskutieren und theoretisch einzuholen.

Schlüsselwörter: weibliche Täterinnenschaft, NSU, Medienbilder, Spaltung, Projektion, Madonna-Hure-Komplex, präformierte Wahrnehmung

Abstract
»The Devil get's dressed up«. Images of the female offender in the journalistic coverage of the NSU trial
The article refers to the caricature, the distored picture of female delinquent that is created and spread by the media. In this regard it uses central text which deals with the female development, early infantile anxieties and argues against the »peaceableness of womankind« in order to discuss and to prove the theory that women are absolut able to be anti-Semits, to get violent and cruel.

Keywords: female delinquent, NSU (National Socialistic Underground), Beate Zschäpe, medial images, division, projection, Madonna-Whore-Complex, preformated perception

---

Einleitung

> »›Alles Projektionen‹
> Berlin. Die Verteidigerin von Beate Zschäpe hat Kritik am Auftreten ihrer Mandantin [...] zurückgewiesen. Die Beurteilungen ihres Verhaltens – von gelöst-freundlich bis genervt, von eiskalt bis arrogant – seien alles Projektionen der Berichterstatter und der Prozessbeobachter, die reine Spekulationen seien, sagte Rechtsanwältin Anja Sturm in einem N24-Interview« (Frankfurter Rundschau online, 07.05.13).

»Zschäpe, das von Rassenhass zerfressene Monster?« (Neues Deutschland, 05.05.13), die »Diddl-Maus« des NSU (taz, 25.07.13), die »Nazi-Braut« (BILD online, 23.07.13; n-tv.de, 05.05.13; TZ online, 07.05.13), »die braune Witwe« (ZEIT online, 30.11.12), das »Oma-Kind« (n-tv.de, 05.05.13). In der Berichterstattung zum NSU-Prozess beziehungsweise über Beate Zschäpe wird die einzige »Überlebende der ›rechten Terrorzelle‹« (N24.de, 24.03.13) wahlweise verkindlicht, sexualisiert oder gar dämonisiert. Öffentliches Rätselraten – wie konnte Beate, die »nette Hausfrau« (n-tv.de, 05.05.13) von nebenan, zur »kaltblütigen Nazi-Braut« (ebd.; s. a. taz.de, 06.05.13) werden. Ganz so als handle es sich um einen tatsächlichen Widerspruch, dass eine Frau gleichzeitig Kümmerin und neonazistische Killerin sein kann. Ganz so als ließen sich ein rassistisch-neonazistisches Weltbild, aktiv aggressives Handeln, Gewalt und Grausamkeit nicht mit »Weiblichkeit« in Einklang bringen.

> »Die Wertungen, die bereits die Schlagzeilen und auch die Titel seriöser Berichte von heute hinausschreien, schwanken zwischen Mensch und Monster, Bestie oder Patient und drücken doch zugleich das Faszinosum dieser ›Heroin[e] des Grauens‹ […] aus« (Lee & Maurer Queipo, 2013).[1]

In Auseinandersetzung mit der journalistischen Berichterstattung über den NSU-Prozess[2] respektive in der Analyse der Betrachtung, Bezeichnung und Bebilderung des Verfahrens und seiner ProtagonistInnen liegt der Fokus nicht darauf, Aussagen zur justiziablen oder moralischen Schuld der Person Zschäpe zu treffen. Der Fokus liegt vielmehr auf jenen bildsprachlichen und symbolischen Tendenzen, die in der Bilderflut, welche sich seit Prozessbeginn – dem 06. Mai 2013 – in Online-, Print- und Fernsehformaten auffallend auf Zschäpe als Hauptangeklagte kaprizierte, dominieren.

Es gilt, die medial (re-)produzierten, variierten und sich zum Teil widersprechenden Zerrbilder Zschäpes im Folgenden zu skizzieren, kritisch zu hinterfragen und – mit Blick auf sozialpsychologische, (medien-)historische, geschlechter- und wahrnehmungstheoretische Ansätze zur TäterInnenfoschung – theoretisch einzuholen. Finden sich Anknüpfungspunkte an Geschlechterklischees, Fantasien, Stereotype und/oder Täter-Opfer-Diskurse, die bereits bekannt sind? Handelt es sich um stimmige oder schiefe, gar ambivalente sprachliche Bilder oder begegnen uns darin klassische Mythen oder gar neue Bilder? Erscheint die TäterInnenschaft in den präsentierten Texten als denkbar oder mit Weiblichkeit (un-)vereinbar?

Sicher ist, dass uns im Rahmen der Berichterstattung auch Formulierungen grotesk, falsch, unsensibel und unkritisch erscheinen, die im juristischen Sinne präzise sein und dem Pressekodex entsprechen mögen. So bezieht sich beispielsweise die Formel »die *mutmaßliche* Rechtsterroristin« auf die *wahrscheinliche*, jedoch juristisch (noch) nicht letztinstanzlich festgestellte Tatbeteiligung der Angeklagten an den rechtsterroristischen Mordanschlägen des NSU.[3] Laut Pressekodex darf »Berichterstattung […] in einem Rechtsstaat nicht eine soziale Zusatzbestrafung Verurteilter mit Hilfe eines ›Medien-Prangers‹ sein. Zwischen Verdacht und erwiesener Schuld ist in der Sprache der Berichterstattung deutlich zu unterscheiden« (presserat.info). Dieses Sprechen von der »mutmaßlichen Rechtsterroristin« lässt jedoch auch die Interpretation zu, es bestünden Zweifel an der rechtsextremen Haltung Zschäpes. Dass es möglich ist, Zschäpe kurz und knapp als ein »Mitglied der [sic] NSU und mutmaßlich mitverantwortlich für die Morde und Gewalttaten der rechtsextremen Gruppe« (Radvan, 2013, S. 9) zu beschreiben und dabei präzise zu sein, ohne der Judikative vorzugreifen, zeigt Heike Radvans Einordnung der Person. Ihr glückt, was der populären, sprachlichen Verkürzung Zschäpes zur »*mutmaßlichen* Rechtsterroristin« misslingt: Die Autorin lässt keinen Zweifel an der neonazistisch-rechtsextremen Gesinnung der Angeklagten, während die viel zitierte journalistische Formulierung Zschäpes ideologischen Hintergrund als Potenzialität apostrophiert. Dies ist fatal, denn es existieren nicht mutmaßlich, sondern tatsächlich Fotografien, die Zschäpe – bereits in den 1990er Jahren – in erster Reihe bei einem »Rudolf-Heß-Gedenkmarsch« zeigen (SPIEGEL online, 13.12.2011). Es lässt sich nur darüber spekulieren, ob sie am Entwurf und Verkauf von »Devotionalien« – wie dem von der »Zwickauer Zelle« entworfenen antisemitischen Monopoly-Spiel »Pogromly« (Die WELT online, 05.12.11) – beteiligt war und von dem perfiden »Paulchen-Panther-Bekennervideo«[4] Kenntnis hatte.

> »In ihrer Garage fanden die Ermittler Rohrbomben, Nazi-Symbole, eine Telefonliste einschlägiger Neo-Nazis aus der Szene – und ein selbst verfasstes Gedicht: ›Ali Drecksau … Er darf jetzt rennen oder flehen, er kann auch zu den Bullen gehen, doch helfen wird ihm alles nicht, denn wir zertreten sein Gesicht. Wer sagt, das wäre zu gemein, der soll es sehen das Türkenschwein. Er plündert, raubt und wird dann frech, doch heute noch stirbt er. ›So ein Pech‹« (Stern.de, 07.05.13).

Gilt Zschäpe – im Lead/Vorspann oder einer Subheadline von Print-, Fernseh-, Onlineberichterstattung etc. – nicht als »mutmaßliche

Rechtsterroristin«, so leiten nationale wie internationale Medien Informationen zur Person auffallend oft mit Variationen der scheinbar neutralen Formulierung »Die [einzige] Überlebende der ›rechten Terrorzelle‹« (ZEIT online, 30.11.12) respektive »Die [einzige] Überlebende des Terror-Trios« (Stern.de, 19.04.12) ein oder aus. So resümiert man auch im britischen *Guardian* über das »surviving member of a neo-Nazi gang Beate Zschäpe« (theguardian.com, 03.05.13). »Zschäpe is the surviving member of what is believed to have been a trio« (theguardian.com, 06.05.13) oder titelt gar »Neo-Nazi cell survivor in dock for biggest German terror trial for decades« (ebd.).

Die Angeklagte als Überlebende zu bezeichnen, dient in Kombination mit Genitivkonstruktionen wie »des Terror-Trios«, »des NSU«, »der ›Zwickauer Zelle‹« offensichtlich der prägnanten Einordnung ihrer Person und ist faktisch auf den Tod von Mundlos und Böhnhardt bezogen, insofern also inhaltlich durchaus korrekt. Allerdings eröffnet die Formulierung einerseits die Assoziation, Zschäpes Leben sei zu irgendeiner Zeit bedroht gewesen, andererseits ist der Begriff der/s »Überlebenden« rechten Terrors assoziativ mit den Holocaust-»Überlebenden« verquickt, sodass ein »schiefes Bild« entsteht, das die Angeklagte gedanklich eher in die Nähe potentieller Opfer rückt, statt sie als »mutmaßliche« Täterin zu denken. Auf diese und weitere Formen der Täter-Opfer-Verkehrung, der Entschuldung und Verharmlosung gilt es – anhand der Medienbilder Zschäpes – zurückzukommen.

Sicher ist, dass der Begriff der/s »NSU-Überlebenden« für die 22 Opfer des Nagelbomben-Attentats in der Kölner Keupstraße vom 9. Juni 2004 und für Martin A. – den Polizeibeamten, der jenen Anschlag, bei dem Michèle Kiesewetter am 25. April 2007 ums Leben kam, überlebte – reserviert bleiben sollte (ZEIT online, 29.08.13).

Bevor es gilt, die medial produzierten Zerrbilder weiblicher Täterinnenschaft mit Hypothesen der Wahrnehmung und Entwicklung von Weiblichkeit, der (Un-)Sichtbarkeit von TäterInnenschaft und wider die »Friedfertigkeit der Frau« zu konfrontieren, um die vermeintliche Nicht-Begabung »der Frau« zu Antisemitismus, Gewalt und Grausamkeit zu relativieren, zu diskutieren und theoretisch einzuholen, scheint es sinnvoll, den Hintergrund des NSU-Prozesses kurz zu umreißen.

»Auf dem rechten Auge blind« – »Blind in the right eye«[5]

Patrick Gensings *Terror von Rechts – Die Nazi-Morde und das Versagen der Politik* (2012) skizziert die NSU-Mordserie vor dem Hintergrund einer Gesellschaft, in der *Deutschland schafft sich ab* (2010) zu den meistverkauften »Sachbüchern« in gebundener Form seit Gründung der Bundesrepublik gehört (Sarrazin, 2010); einer Gesellschaft, in der »öffentlich als umstritten [gilt], ob [Sarrazins] Äußerungen als rassistisch zu bezeichnen [seien]« (Gensing, 2012, S. 14), während der »Verfassungsschutzbericht des Bundes [seit] Jahren eine hohe und stetig zunehmende Anzahl politisch motivierter Straftaten mit extremistischem Hintergrund aus[weist]« (Decker & Brähler, 2006, S. 7) und Studien belegen, dass rechtsextreme und ähnlich antidemokratische Haltungen nicht als Randphänomene behandelt werden dürfen. So weisen beispielsweise die VerfasserInnen der im Auftrag der Friedrich Ebert Stiftung entstandenen Studie *Vom Rand zur Mitte. Über rechtsextreme Einstellungen und ihre Einflussfaktoren* (2006) ausdrücklich darauf hin, dass das Klischee des weißen bildungsfernen, sozial wie politisch deklassierten glatzköpfigen (ost-)deutschen Bomberjackenträgers unzutreffend, selbst der Begriff »Rechtsextremismus« längst überholt sei: »Rechtsextreme Einstellungen sind durch alle gesellschaftlichen Gruppen und in allen Bundesländern gleichermaßen hoch vertreten« (ebd., S. 157f.). Die AutorInnen um Oliver Decker und Elmar Brähler betonen zudem, »dass der Begriff ›Rechtsextremismus‹ irreführend ist, weil er das Problem als ein Randphänomen beschreibt. Rechtsextremismus ist aber ein politisches Problem in der Mitte der Gesellschaft« (ebd.).

Es scheint kaum zu überraschen, dass zu einer Zeit, da ausländerfeindliche Aussagen von einem Viertel der Bevölkerung geteilt werden (vgl. ebd., S. 43), die Sonderkommission, die mit den Morden an neun »Migranten« und der Polizistin Michèle Kiesewetter betraut ist, zwar keine Gemeinsamkeiten zwischen den Opfern erkennt, sich aber dennoch SoKo »Bosporus« nennt.[6]

Am 4. November 2011 »richten« sich Uwe Mundlos und Uwe Böhnhardt vermutlich selbst.[7] Zschäpe, »die einzige Überlebende der rechten Terrorzelle ›Nationalsozialistischer Untergrund‹« (ZEIT online, 30.11.12), brennt den Unterschlupf des Trios in Zwickau nieder, verständigt die Eltern ihrer toten »Kameraden« und rettet neben den »Paulchen-Panther-Bekenner-DVDs« – wie vielfach zu lesen ist – ihre Katzen Lilly und Heidi. Im gleichen Jahr wird der Begriff »Döner-Morde« zum Unwort des Jahres gekürt.[8]

Anlässlich einer Trauerfeier für die Opfer der rechtsextremen Gewalt im Februar 2012 wird – so stellt Gensing fest – »in den Medien über Parallelgesellschaften gefachsimpelt – über türkische, nicht über Neonazi-Erlebniswelten, versteht sich« (Gensing, 2012, S. 10).

Sicher ist, dass Content[9] respektive Medienbilder nicht für sich stehen, sondern einerseits Teil eines Diskurses, Teil der Konstitution von TäterInnenbildern, Teil unserer (Selbst-)Wahrnehmung sowie – im umgekehrt vernichtenden Sinne – Teil von Negation und »Nichtanerkennung« sind. Wie genau dies vor sich geht, lässt sich weder rein medienwissenschaftlich noch linguistisch klären. Um die Wirk*macht* von »Diskursen« als »fundamentale[s] Konstruktionsprinzip von Wirklichkeit« (Bublitz, 2005, S. 8) zu verstehen und der Frage nachzugehen, inwiefern sich die Diskussion der performativen Kraft von Sprache auf diverse Formen von Content – sowohl der klassischen als auch der neuen Medien – übertragen lässt, ist ein Exkurs ins Performative nach Judith Butler zu wagen.

Exkurs: »Taten statt Worte« – »How to do (bad) things with Words«

»Taten statt Worte« (www.apabiz.de) heißt die Parole zu Beginn des »Paulchen-Panther-Bekennervideos«.[10] Dass auch Worte – wie Unworte – Taten nicht ersetzen müssen, da sie unter Umständen einem Tun gleichkommen, sei unter Berufung auf Butler erläutert, die eine gesellschaftstheoretische Interpretation der Theorie der Sprechakte von John L. Austins (1962) mit Louis Althussers Idee der Anrufung (»Interpellation«) verknüpft:

> »Eine performative Handlung ist eine solche, die das, was sie benennt, hervorruft oder in Szene setzt [...]« (Butler, 1993, S. 123f.).

Gehen wir mit Butler davon aus, dass sich erstens zwischen Sagen und Tun eine (politische) Kluft auftut und dass performative Sprechakte einen (Handlungs-)Akt (Tun) darstellen, dass sich zweitens deren performative Wirkung nur im »legitimen Rahmen« gesellschaftlicher Konventionen entfalten kann (Butler, 1997, S. 41ff.), so wird mit dem Ausruf des Arztes »es ist ein Mädchen« aus dem Neugeborenen ein Mädchen. Entsprechend heißt es – was eine für die Geschlechts- und Subjektwerdung besonders interessante These ist – in *Hass spricht* (1997): »Der Akt der Anerkennung wird zu einem Akt der Konstitution; die Anrede ruft das Subjekt ins Leben« (ebd., S. 43) oder auch, dass »Geschlechtsidentität [...] das Ergebnis einer rituellen *Wiederholung* [sei], die sowohl das Risiko des Scheiterns birgt als auch sich langsam sedimentieren und festigen kann« (ebd., S. 74; Hervorh. I. H.). Um legitim zu sein, müssen performative Äußerungen ritualisiert, also wiederholbar sein. Ein performativer Sprechakt ist also nur erfolgreich, wenn er konventional, also durch seinen rituellen Rahmen legitim ist.

So wie einerseits mit der Erklärung eines/r Standesbeamten/in »Kraft des ihm/ihr verliehenen Amtes« eine Ehe gestiftet oder auch durch die richterliche Urteilsverkündung aus der *mutmaßlichen* eine tatsächliche, verurteilte Rechtsterroristin werden kann, so kann andererseits einem Subjekt, das als den »Döner-Killern« oder »Döner-Morden« anheimgefallen gilt, – wodurch diesem also eine ganz bestimmte Anrufung vorenthalten wird – der Status des Opfers rechtsextremer Gewalt abgesprochen werden. Gleichermaßen kann die Täterinnenschaft einer Rechtsextremistin – beschreibt man die Mörderin unentwegt als »Heimchen«, »Hure« oder »Hitlerbraut« – negiert werden.

So können Worte – von einer Autorität »im Munde geführt« – nicht nur Wohltaten sein und in einem positiven Sinne konstitutive Wirkung entfalten, sondern auch Leiden negieren und Subjekte buchstäblich zu »Frischfleisch« und »Dönergemordeten« machen. Nennt sich beispielsweise eine mit den Morden an »Migranten« betraute – also ein gesellschaftlich *legitimiertes Exekutivorgan* – Sonderkommission »Bosporus«, so imponiert dies nicht nur als exemplarisches Beispiel für den in Behörden artikulierten (Alltags-)Rassismus,[11] sondern kann durchaus auch als ein performativer Akt betrachtet werden, der die so »angerufenen« Opfer ein zweites Mal vernichtet – sie gar zu TäterInnen macht – und ihnen damit gleichzeitig die Anerkennung als Opfer verwehrt (SPIEGEL online, 01.08.13).

Nimmt man darüber hinaus zur Kenntnis, dass Medien meinungsbildend wirken und durch den Konsum der Massen einerseits, das Zitieren respektive »Teilen« oder »Retweeten« der dabei in der Regel identisch erhaltenen Inhalte andererseits, eine gewisse Legitimität entfalten, können die durch sie (re)produzierten Bilder und Stereotype auf die Selbstauffassung der Subjekte zurückwirken.[12]

Exemplarisch für das konstitutive Wirken von Worten – das es nicht nur im positiven, sondern auch im negativ-desaströsen und damit Subjektivität negierenden Sinne gibt[13] – sei hier die Begründung der Jury der institutionell unabhängigen Aktion »Unwort des Jahres« angerissen, das Wort »Döner-Morde« mit dem Negativpreis auszuzeichnen:

> »Das Wort ›Döner-Mord(e)‹ [habe] über Jahre hinweg die Wahrnehmung vieler Menschen und gesellschaftlicher Institutionen in verhängnisvoller Weise beeinflusst. Im Jahre 2011 ist der rassistische Tenor des Ausdrucks in vollem Umfang deutlich geworden: Mit der sachlich unangemessenen, folkloristisch-stereotypen Etikettierung einer rechts-terroristischen Mordserie werden ganze Bevölkerungsgruppen ausgegrenzt und die Opfer selbst in höchstem Maße diskriminiert, indem sie aufgrund ihrer Herkunft auf ein Imbissgericht reduziert werden« (Pressemitteilung, unwortdesjahres.net, 17.01.2012; Hervorh. I. H.).

Betrachtet man also ein solches Nicht-Anerkennen der Opfer als Opfer oder Menschen einerseits und das »Sichtbarmachen« des »Döner-Killers« (BILD online, 12.04.06) andererseits als performative (Sprech-)Akte, so liegt hierin ein – wenn auch beunruhigendes – produktiv konstitutives Moment.

Unterstrichen sei, dass in der Empörung, die sich anhand des Unwortes »Döner-Morde« entfesselt, aber auch in der Schelte gegenüber Ermittlungsbehörden (wie MedienvertreterInnen), die »auf dem rechten Auge blind« gewesen seien (Die WELT online, 16.11.11) – da sie mit ihrem »›ganzheitlichen Ansatz‹ bei der Bekämpfung des Deutschen Extremismus«, anders gesagt durch eine fatale »Gleichsetzung von Rechts- und Linksextremismus« die Gefahren des Rechtsterrorismus in Deutschland unterschätz(t)en (spdfraktion.de, 14.12.12; s. a. Gensing, 2012) –, das Thema der (Nicht-)Wahrnehmung überaus zentral ist.

Eine neue, geschlechtlich konnotierte Qualität dieser Thematik taucht jedoch erst im vom Medien-Hype begleiteten Prozess gegen Frau Zschäpe auf. Das Entsetzen gilt hier weniger den Taten an sich, sondern eher dem Umstand, dass eine Frau Anteil an der mehr als 13 Jahre währenden mörderischen »Deutschlandtour« des Terrortrios gehabt haben soll. Die Arbeit von Hyunseon Lee und Isabel Maurer Queipo (2013), die sich der künstlerischen und medialen Inszenierung weiblicher Verbrechen widmet, unterstreicht:

> »Weibliche Verbrechen werden nicht allein als Normverletzungen im ethischen, juristischen oder humanitären Sinne wahrgenommen – sondern auch und vor allem als Verstöße gegen Gendernormen. […] Frauen sind lange Zeit in den feministisch orientierten Kulturwissenschaften vor allem als Opfer von Verbrechen thematisiert worden (Bronfen 1994, Birch 1993, Dane 2005)« (ebd., S. 11).

Einen anderen Zugang zum konstitutiven Moment von Medien, Sprache sowie der (Nicht-)Wahrnehmung einerseits und deren Bedeutung für die Geschlechts- und Subjektwerdung andererseits wählt Christina von Braun. Ihre Analyse der unterschiedlichen Geschlechtercodierungen bei NS-TäterInnen ist vollkommen frei von der Vorstellung performativer (Sprech-)Akte, dennoch geht sie davon aus,

> »dass diese geschlechtsspezifische Wahrnehmung – der unsichtbare Täter einerseits, die sichtbare Täterin andererseits – eng mit den medialen Bedingungen, insbesondere Fragen der Schriftlichkeit und Bildlichkeit, zusammenhängt und dass diese bis in die Selbstwahrnehmung – wenn nicht gar Täterschaft – von beiden gewirkt [habe]« (Braun, 2003, S. 250).

Diese These lässt sich gewiss um ein vielfaches potenziert – dem historischen Kontext entkleidet – auf die Darstellung und Selbstdarstellung der NSU-TäterInnen übertragen und darin eine – von von Braun nicht so genannte – für die Subjekt- und Geschlechtsgenese konstitutive Wirkmacht der »Sprechakte« erkennen.

Anzunehmen ist, dass – angesichts der Omnipräsenz und Definitionsmacht, die die virtuelle Lebensdimension des »Social Media« gegenwärtig einnimmt – das »Teilen« und »Tweeten« von Inhalten als eine neue strukturelle Ebene sprachlichen Handelns ernst genommen werden sollte. Dass diese medialen, virtuellen »Sprechakte« – durch die »User« oder »Follower« legitimiert, retweetet und damit zitiert werden – eine performative Wirkung entfalten und damit – wie von Braun dies für die klassischen Medien der Schriftlich- und Bildlichkeit annimmt – konstitutiv für das Selbstverständnis der Subjekte, also die Subjekt- und Geschlechtsgenese sein dürften, steht außer Frage, jedoch ist die besondere Qualität performativer Sprechakte im Rahmen sozialer Medien bisher nicht theoretisch aufgearbeitet.

Bezogen auf die NS-TäterInnen geht von Braun davon aus,

> »dass in der öffentlichen Wahrnehmung das Erschrecken über die männlichen Verbrecher eher darin bestand, dass sie so ›normal‹ erschienen – dass man ihnen also die Rolle, die sie gespielt hatten, nicht ›ansehen‹ konnte, während in der Darstellung von NS-Verbrecherinnen immer wieder betont wurde, dass sie sich schon rein äußerlich von ›normalen Frauen‹ unterschieden« (Braun, 2003, S. 250).

So stehe dem »unsichtbaren« Täter die »sichtbare« Täterin gegenüber.

»Das Grauen heißt nur noch Zschäpe« schreibt Bodo Ramelow im *Neuen Deutschland* (Neues Deutschland, 04.05.13):

> »Sprachlich wurde der Prozess schon gewandelt: Am Anfang ging es um ein Naziterror-Netzwerk, das auf eine dreiköpfige Bande reduziert wurde, jetzt hat man den Fokus auf die Einzelperson Zschäpe gerichtet. Nur noch von ihr ist die Rede, aus Thüringen stammend, das fiese Gesicht ausreichend oft in Fernsehen und bunten Blättern gezeigt. Sogar von ihrer netten Seite hört man: Katzenschützerin, freundliche Nachbarin – […] und verdutzt fragt man sich, was hier gerade schief läuft« (ebd.).

Besonders »schief«, aber auch ergiebig erweisen sich für die hier anzustellenden Überlegungen eben jene Beiträge, die sich – wie Ramelow richtig feststellt – weniger für die Brutalität und TäterInnenschaft Zschäpes, als für ihre Katzen, ihre Haare und andere »sichtbare« Attribute wie die Größe und Ausstattung ihres Knastkleiderschrankes interessieren. In diesen Beiträgen treibt man die Irritation – Unmenschlichkeit, Rassenhass und Brutalität auf der einen Seite, Fürsorglichkeit, Emotionalität und Tierliebe auf der anderen Seite – rhetorisch raffiniert auf die Spitze und arbeitet mit Paradoxien, welche die Angeklagte als eine »gute Seele« (Die WELT online, 03.11.12), »die gute Seele der Killer« (ZEIT online, 30.11.12) oder gar als »[e]motionale[n] Mittelpunkt dieser Gruppe« (DW.de, 11.04.13) – gemeint ist das Mördertrio – beschreiben.

Welche »Täterinnen«-Bilder werden in der Berichterstattung zum NSU-Prozess produziert, welche rhetorischen Mittel verwandt, welche (falschen) Hypothesen bei der »schwierige[n] Suche nach dem *richtigen Bild* von der Angeklagten« (Cicero.de, 13.12.13; Hervorh. I.H.) aufgestellt und warum erscheinen uns die präsentierten Zerrbilder so widersprüchlich wie altbekannt? Trotz der Fülle an Material lassen sich grobe Kategorien bilden, die zum Teil absolut konträr sind, einander überlappen und sich teilweise klassischer Motive bedienen, die – so zeigen literatur-, film- wie geschichtswissenschaftliche Arbeiten – auch dazu dienen, mordende Frauen – von der Antike bis zur Gegenwart – zu typologisieren, zu exkludieren und zu negieren (Preusser, 2013).

Beim Blick in die Berichterstattung zum Fall Zschäpe stoßen kritische LeserInnen zunächst auf Tendenzen der Sexualisierung, Bestialisierung, Dämonisierung, Relativierung, Verniedlichung und/oder Verkindlichung. Allein die diesen groben Kategorien inhärenten Widersprüche lassen ahnen, dass die Angeklagte Objekt von Fantasien, Spaltung und Projektion ist.

Heimchen, Hure, Hitlerbraut – Täterinnenbilder

»Der Teufel hat sich schick gemacht« titelt die *BILD*-Zeitung zum Prozessauftakt am 7. Mai 2013 und skizziert damit scheinbar das Bild eines Modepüppchens, das in anderen Artikeln in bunten Farben illustriert und beinahe als Modeikone à la *Sex and the City* apostrophiert wird. Die »Barbie« Beate (BILD online, 23.07.13), »die 1,66 Meter große Frau«, die fast jeden Tag »ein anderes Outfit« präsentiert, »zieht im NSU-Prozess eine bizarre Kleider-Show ab« und »lenkt schon allein dadurch alle Blicke auf sich« (BILD online, 25.07.13), sodass wir uns offenbar fragen müssen »Wo hat Zschäpe eigentlich ihre Klamotten her?« (Ebd.) »Mal knallig im pinkfarbenen Pulli oder im gelben Edel-Poloshirt von Ralph Lauren. Mal sexy im hautengen Strickoberteil oder seriös im schwarzen Business-Anzug mit weißer Bluse!« (Ebd.)

Was zunächst wirkt, als wolle man die Angeklagte als modebewusste Frau präsentieren, weibliches Auftreten und Schönheit unterstreichen, indem man mit maßlosen Übertreibungen arbeitet und sich an Details wie den »Kreolen an [ihren] Ohren« (BILD online, 07.05.13) aufhängt, bekommt jedoch schnell eine andere Konnotation, wenn die Frage nach dem Outfit darauf hinausläuft, LeserInnen en détail zu beschreiben, dass Olaf B. über Beates Dessous bewundernd gesagt habe: »Da möchte ich dich auch mal ohne was drumherum drin sehen« (taz.de, 25.07.13). Damit wird – was bei der *BILD*-Zeitung zu erwarten wäre, bei der *taz* allerdings befremden mag – der Voyeurismus der LeserInnen bedient, eine Sexualisierung vorgenommen, aber keine für die Prozessberichterstattung nützliche Information gegeben oder gar etwas zur »schwierige[n] Suche nach dem richtigen Bild von der Angeklagten« beigetragen (Cicero.de, 13.12.13).

> »›Als Einstand‹ [in Zwickau], soll sie gesagt haben, dass sie mit zwei Männern zusammenwohne, erklärte sie ebenfalls – damit es ›kein Gerede‹ gebe« (SPIEGEL online, 16.07.13).

Dieses Bild, das aus dem Terror-Trio ein polyamouröses Dreiergespann macht und die Fantasie eröffnet, »Zschäpe benehme sich wie eine Ehefrau, die allerdings zwei Männer habe« (ebd.), ergänzt Nachbarin Monika M. (64), die zu berichten weiß, »man habe Zschäpe wegen einer blinkenden roten Leuchte im Fenster für eine Prostituierte gehalten« und geglaubt, das heiße »einer ist fertig, der nächste kann kommen« (BILD online, 30.07.13). Auch hier sind die Sexualisierungen mehr als offensichtlich. In ähnlicher Manier wird Zschäpe – die nie verheiratet war – auffallend oft als »Nazi-Braut« oder »Braune Witwe« (ZEIT online, 30.11.12) apostrophiert, als Blickfang, Barbie, Beautyqueen, geradezu als Überfrau inszeniert.[14]

> »Zschäpe [...] wurden Affären mit anderen Rechtsextremen nachgesagt. Offiziell war sie mit Böhnhardt liiert, gemeinsam mit Mundlos galten sie als unzertrennlich« (SPIEGEL online, 05.04.13).

Was zunächst wirkt, als wolle man hier eine modische Identifikationsfigur für die »ganz normale Frau« konstruieren, gerät schnell zu einer Farce der Übertreibungen, die in dem Vergleich des Anwalts Erdal münden:

> »Das Gesicht der Angeklagten Zschäpe hat mit einer Barbiepuppe große Ähnlichkeit, vor allem wie sie die Haare nach hinten gebunden hat. Ich habe mir Barbies genau angesehen. Eine Barbiepuppe hat ein schmales Gesicht, schmale Lippen, dieses Gesicht hat Ähnlichkeit mit Beate Zschäpe« (BILD online, 23.07.13).[15]

Ein anderes Thema, das ebenfalls durch die ersten Aussagen über den »Auftritt« der Angeklagten zum Prozessauftakt hinsichtlich ihres Kleidungsstils vermittelt wird, ist das der toughen Businesslady: »Schwarzer Hosenanzug, weiße Bluse, silberne Uhr. Wie eine Geschäftsfrau erschien Nazi-Terroristin Beate Zschäpe (38) gestern zum NSU-Prozessauftakt« (BILD Hannover, 07.05.13, S. 1). Die Geschäftsfrau Zschäpe habe die Finanzen des NSU im Griff gehabt und die Auslagen bezahlt, sie sei »durchsetzungsstark« und »kein Typ der sich unterordnen würde« (SZ online, 16.07.13), sondern nach Aussagen von Holger G. ein »gleichberechtigtes Mitglied« gewesen (SPIEGEL online, 16.07.13). In diesem zweiten Bild, das in der Berichterstattung aufgezogen wird, erscheint Zschäpe als Macherin, als handelnd, aktiv und insofern männlich konnotiert, mit (finanzieller) Macht ausgestattet. In diesem Bild ist die Angeklagte einerseits »männlich« als auch »mütterlich« konnotiert, denn sie habe – wie vielfach zu lesen ist – »Urlaube und Restaurantbesuche gezahlt« (ebd.) sowie die »Unterkunft, die Kurtaxe, die Rundflüge« (Frankfurter Allgemeine online, 16.07.13) beglichen. Dieses Detail wurde vom Mitangeklagten vermeintlich angeführt, um zu unterstreichen, dass sie – so titelt die *Süddeutsche Zeitung* im Sommer 2013 – »auf gleicher Höhe« (SZ online, 16.07.13) war. Einerseits mit monetärer Macht ausgestattet, andererseits mit versorgenden Attributen bedacht, ist sie jedoch alles andere als »auf gleicher Höhe« (ebd.) mit den männlichen Killern, denn diese Zuschreibungen werden – liest man beispielsweise das »Im-Griff-Haben« der Finanzen und das Zuteilen von Taschen- und Trinkgeldern auf der Folie klassischer Geschlechterklischees – verkindlicht, entmännlicht und entmachtet, sodass Zschäpe, die »kein Typ [sei], der sich unterordnet« (Stern.de, 16.07.13), erhöht erscheint.

Besonders interessant daran ist, dass – während die »Barbie-Beate« passiv, als Objekt des (männlichen »penetrierenden«) Blicks gezeichnet wird – Zschäpe, die Dominante, die sich dem Blick entzieht, sich nicht zur Angeblickten, zum Objekt des Blicks machen lässt. Dafür spricht der von Holger G. geschilderte Vorfall in einem Bus. »Da habe Zschäpe ›einer Punkerin eine reingehauen, weil die blöd gekuckt habe‹« (SZ online, 16.07.13).

Die Betonung liegt in diesem Bild auf Aktivität, Maskulinität, Gewaltbereitschaft und Kälte – Vorstellungen, die zum Teil mit Formen der Vertierung verknüpft sind, wie es bei der an die »schwarze Witwe« angelehnten Wortschöpfung »braune Witwe« der Fall ist. So »krallen sich [ihre Hände] verräterisch in den Stoff – so fest, dass die Knöchel hervortreten« (TZ online, 07.05.13). In solchen Vertierungen, die mit Sexualisierungen und Machtattributen verschwimmen, tritt uns das verschlingende, mächtige Tier – die phallische Frau einerseits, die personifizierte Kastrationsangst andererseits – entgegen. Die »braune Witwe«, die Spinne im Netz des NSU, die Kreatur, die aktiv mordet, schlägt und sich an den Leiden der Gefolterten ergötzt und sie in einem Cartoon verhöhnt, kann als »das Böse« schlechthin, als »Teufel« und Täterin gesehen sowie als Unmensch und Unweib gehasst werden.

Es scheint, als werde die Täterin sichtbar, sobald ihr Handeln über die weibliche Schablone (Privatheit, Passivität, Innengewandtheit) hinaustritt und in den als männlich konnotierten Aktionsradius (Öffentlich- bzw. Äußerlichkeit, Aktivität, Aggressivität) hineingreift. Durch ihre Täterinnenschaft vollzieht sich ein Ein- oder Übergriff in respektive ein Überlappen der Geschlechtersphären. Aufgrund dieser Inanspruchnahme ein und desselben Handlungsraumes durch weibliche und männliche TäterInnen – dies gilt offenbar in gleichem Maße für sadistische als auch rassistische Gewaltakte – fällt »die Frau« folglich in doppelter Weise aus der Rolle. Während man beispielsweise NS-Täter wegen ihrer »Verbrechen gegen die Menschlichkeit« als »unmenschlich« anklagt, werden NS-Täterinnen zudem als »unweiblich« deklassiert.[16]

Hierin scheint sich Christina von Brauns Hypothese in gewisser Weise zu bestätigen: TäterInnenschaft wird sichtbar, sofern die (Handlungs-)Form nicht der (Geschlechter-)Norm-Schablone und dem herkömmlichen Wahrnehmungsraster entspricht, sondern in das als männlich umrissene Schema passt. Misslingt das »Formen(ver)steckspiel«, wird Täterinnenschaft evident. Gleichzeitig bilden sich in diesem Verhältnis von Mutter-Madonna versus Bestie archaische Spaltungen ab, auf die im Rahmen theoretischer Überlegungen zum »Madonna-Hure-Komplex« noch näher eingegangen wird. Vorerst lässt sich festhalten, dass viele Bilder, die in populären Medien zur Beschreibung weiblicher Täterinnenschaft – von der Kinds- bis hin zur Serienmörderin – auftauchen, entsprechende Muster aufweisen und den unbewussten Wunsch anzusprechen scheinen, dass die »weibliche« Weiblichkeit vermeintlich »rettbar« ist, wenn Täterinnenschaft männlich (kreatürlich, dämonisch, teuflisch) konnotiert und abgespalten wird, also ein Schuh ist, den sich die mütterliche »Madonna« nicht anziehen muss.[17]

Zudem fällt auf, dass Bilder, in denen Zschäpe bestialisiert, sexualisiert und maskulinisiert wird, einander überlappen und ergänzen. Hinzu tritt das Bild der Hausfrau und »Mutter der Terrorzelle« (DW.de, 11.04.13): Zschäpe, die Madonna, die sich einerseits »benehme wie eine Ehefrau« (SPIEGEL online, 16.07.13), die sich um ihre Katzen und Männer kümmert sowie »die gute Seele der Killer« (ZEIT online, 30.11.12) und »eine Art emotionaler Mittelpunkt dieser Gruppe« war (ebd.). Heinz-Peter Preusser nähert sich diesem mehr als widersprüchlichen Mutterbild in seinem Aufsatz »Heroinen, Giftmischerinnen und verzweifelte Liebende« (2013) über die Analyse der künstlerischen und medialen Inszenierung weiblicher Verbrechen an. Ob seine Vermutung, dass »die Rache einer erniedrigten Frau […] eine Vermännlichung der Verhaltensweisen nach sich zieht« (Preusser, 2013, S. 59), nicht im Widerspruch zur Weiblichkeit steht, sondern diese bestätigt, da das Mutterrecht nun, »quasi paradox, […] durch den Wechsel der Geschlechtsstereotype« (ebd.) verteidigt werde, gilt es zu prüfen.

Sicher ist, dass sich Medienmachende – analysiert man die Bilder, welche die multimediale Berichterstattung im Fall Zschäpe dominieren – einer sehr speziellen Muttermetaphorik bedienen. So wird eine (mutmaßlich) neonazistische Killerin als mütterliche Kümmerin inszeniert und damit eine faktisch respektive biografisch kinderlose, rechtsextreme Frau in eine Reihe mit mythologischen, biblischen und cineastischen Ikonen gestellt. Gleichzeitig entstellen sie dadurch das Muttermotiv, denn sowohl bei den antiken, literarischen und biblischen Vorbildern wie Klytaimnestra, Medea, Judith etc. als auch den Hollywoodheldinnen (*Kill Bill,* USA 2003; *Underworld: Awakening,* USA 2003; *Johanna von Orleans,* USA 1999) »ist es die Kränkung oder Zerstörung des Muttertums oder eine Versündigung am Geschlecht selbst, die Frauen zu Kriegerinnen umprogrammiert« (ebd., S. 60).

In Preussers Typologie »›werden Weiber zu Hyänen‹, wenn sie ihr Kind zu verteidigen haben« (ebd., S. 62). Das heißt, die Rolle der Mutter – Leben geben und behüten – wird durch das Heraustreten aus dieser passiv-weiblich konnotierten Rollenzuweisung, auf dem Umweg über eine männlich-aktive Rolle, durch Mord und/oder Rache – Leben nehmen – bestätigt. »Die Frau als Mutter verlässt nur scheinbar die gesellschaftlichen Konventionen, wenn sie tötet. Sie tut es nur für ihr Kind« (ebd.).

Einerseits scheint die Weiblichkeit durch die von Preusser beschriebene (Geschlechts-)Rollenrochade rettbar, andererseits scheint die Ambivalenz, die Formulierungen wie »Mutter der Terrorzelle« (DW.de, 11.04.13) oder »gute Seele der Killer« (ZEIT online 30.11.12) anhängt, keine zu sein, erkennt man »[d]ie hütende Mutter [als] eine implizite, aber uneingestandene Drohung mit dem Tode« (Preusser, 2013, S. 62) an.

Es muss aber deutlich gesagt werden, dass diese Analyse ideologische Aspekte, das »Schwanger-Gehen« Zschäpes mit rechtsextremen Einstellungen und rassistischen Morden unberücksichtigt lässt, denn sie tut es nicht für ihr tatsächliches »Kind« (vgl. ebd.).

Ein weiteres, markantes Bild, das die Berichterstattung dominiert, präsentiert Zschäpe als »(Oma-)Kind«, als liebe »Diddle Maus« (taz.de, 25.07.13), die verniedlicht, verkindlicht, gar als »liebes, nettes Mädchen«, das »leicht beeinflussbar« sei, verharmlost wird.

> »Die Nachbarn kannten sie als ›Susann Dienelt‹, einer der vielen Tarnnamen, die Zschäpe führte. Sie nannten sie aber lieber ›Diddl-Maus‹. ›Erstens hieß sie Dienelt, zweitens war sie eine Maus‹, erklärte der Zeuge Olaf B. vor Gericht« (ebd.).

In diesem Bild der Unschuld wird Zschäpe zur Tochter (von Annerose A.), gar zum »Baby Beate« (ZEIT online, 30.11.12). Aus der Täterin macht man eine Mittäterin, gar eine Mitläuferin, eine »Maus«, die als passives »Quasi-Opfer« von Umständen dargestellt wird (stuttgarter-zeitung.de, 05.05.13) und plötzlich sogar einen rumänischen Hintergrund erhält. Die assoziative Schieflage, die entsteht, wenn man »die Frau« – wie Margarethe Mitscherlich schreibt – als nicht aus eigenem An*Trieb* handelnd betrachtet, sondern mit einem »auf die Erhaltung der Beziehung zu nahestehenden Menschen bezogenen Überich« ausgestattet sieht (Mitscherlich, 1987, S. 158), ist fatal. Betrachtet man die Frau nicht »zum Antisemitismus« und Rassismus prädestiniert, sondern als abhängig von der »Anerkennung ihrer Umwelt, von der herrschenden männlichen Weltorientierung, [die sie] dazu veranlassen [könnte], gängige Vorurteile zu übernehmen« (ebd., S. 159), und fragt dann ernsthaft, ob es »nur die Liebe und Freundschaft zu den beiden Uwes [war], die sie immer rechtsradikaler werden ließ?« (stuttgarter-zeitung.de, 05.05.13) so wird damit eine Nähe zwischen »der Frau« als Opfer des Patriarchats, der Liebe und der Umstände und den Opfern von Rassismus und Antisemitismus konstruiert, die die Leiden der tatsächlichen Opfer des NSU/NS und die Morde an diesen negiert.[18]

Ein anderer Aspekt, der sich bezüglich der »Opfer«-Begrifflichkeit also nicht ignorieren lässt, wird auch von Ruth Neubauer-Petzold hervorgehoben, die, sich mit der künstlerischen und medialen Inszenierung weiblicher Verbrechen beschäftigend, unterstreicht, dass sich auch in der Bewertung weiblicher (Serien-)Mörderinnen nebst dem Entsetzen über die »Monstrosität« vor allem die Tendenz zeige, »in der Mörderin selbst ein Opfer, vornehmlich eines patriarchalischen Herrschafts- und Gewaltsystems« zu sehen (Lee & Maurer Queipo, 2013, S. 166). Was die Ursache dieser Entschuldungstendenz ist, welche Wünsche und Fantasien durch die Aufspaltung der Täterinnen in »Monstrum« und »Opfer« bedient werden und welche sonstigen Abwehrmechanismen sich zeigen, lässt Neubauer-Petzold offen.

Vielmehr nehmen, so Esther Lehnert in ihrem Beitrag über »Parteiliche Mädchenarbeit und Rechtsextremismusprävention« (2013), Mädchen und Frauen »[i]nnerhalb der herrschenden sexistischen Strukturen […] unterschiedliche Rollen ein und profitieren teilweise auch in der Ausgrenzung und der Konkurrenz gegenüber anderen Frauen und Mädchen von dieser Struktur« (Lehnert, 2013, S. 208). Lehnert betont – und dem ist angesichts der »Opfer«-Apostrophierung Zschäpes zuzustimmen – die Notwendigkeit,

> »mehrere Ebenen von Macht- und Herrschaftsverhältnissen zu reflektieren: Einerseits sind Mädchen/junge Frauen diesen qua Geschlecht innerhalb der Gesellschaft ausgesetzt. Andererseits gilt es zu erkennen, dass auch sie rassistisch, antisemitisch oder sozialdarwinistisch denken und ganz konkret Macht über andere Frauen und Mädchen oder aber Angehörige anderer ausgegrenzter Gruppen (Migrant_innen, Schwarze, sozial Benachteiligte, Obdachlose etc.) ausüben *wollen*« (ebd., S. 208f.; Hervorh. i. Orig.).

»War es nur die Liebe und Freundschaft zu den beiden Uwes, die sie immer rechtsradikaler werden ließ? […] ›Hätte sie damals andere Freunde gefunden, dann hätte sie auch eine andere politische Einstellung gehabt.‹« (stuttgarter-zeitung.de, 05.05.13). Es ist fatal, Zschäpe – die vielfach als Wende-, Scheidungs- oder Omakind inszeniert wird – als »Opfer« von Umständen, Machtstrukturen oder lediglich als einer Sehnsucht und Liebe verfallen zu betrachten, als Mädchen, das – ohne eigene politische

Intention oder Machtmotivation – die jeweilige Ideologie ihrer Intimpartner übernehmend ebenso hätte linkspolitisch aktiv werden können.

Ein letztes, in der Berichterstattung zentrales Bild präsentiert Zschäpe als nette Nachbarin, als Frau von nebenan, als einen unsichtbaren 0815-Typ mit einem Jedermanngesicht. Hierin zeigt sich, was Christina von Braun in ihrer Untersuchung »Die unterschiedlichen Geschlechtercodierungen bei NS-Tätern und -Täterinnen unter medienhistorischer Perspektive« (2003) eigentlich als dem unsichtbaren, dem männlichen Täter vorbehalten sieht. So bestand

> »das Erschrecken über die männlichen [NS-]Täter eher darin, dass sie so ›normal‹ erschienen – dass man ihnen also die Rolle, die sie gespielt hatten, nicht ›ansehen‹ konnte, während in der Darstellung von NS-Verbrecherinnen immer wieder betont wurde, dass sie sich schon rein äußerlich von ›normalen‹ Frauen unterschieden« (Braun, 2003, S. 250).

Die Medienbilder, die hier vorgestellt wurden, zeigen, dass im Falle Zschäpes beides zutrifft. Einerseits zieht man – um diese »Sichtbarkeit« ihrer Täterinnenschaft zu vermitteln – endlose Beschreibungen ihres Äußeren heran, überfrachtet diese mit Fotos und Filmaufnahmen und weist sie in Beschreibungen »als erotisch oder erotoman« (ebd.) aus, andererseits erschrickt man über ihre bürgerliche Wohlanständigkeit, ihr Allerweltsgesicht, ihre Unauffälligkeit.

> »Sie bewegt sich im Gerichtssaal wie jedermann, sie lacht wie jedermann, sie kleidet sich, sie schaut wie jedermann« (Frankfurter Rundschau online, 23.05.13).

In der *Frankfurter Rundschau* kommentiert Christian Bommarius den Kolumnisten der *Bild*-Zeitung, Ernst Elitz. Dieser habe

> »in zwei aufeinanderfolgenden Sätzen etwas sehr Dummes und etwas sehr Vernünftiges zum NSU-Prozess geschrieben. Der erste Satz über Zschäpe lautet: ›Das Böse hat ein Gesicht.‹ Das ist fürchterlich dumm, denn das Böse gibt es so wenig wie das Gute, die Hölle und das Paradies, und so gibt es auch kein Gesicht, in dem es sich manifestieren könnte. Im zweiten Satz aber (der kein Satz, sondern ein Bild-Satz ist) heißt es: ›Ein Allerweltsgesicht.‹ Das trifft es, und das ist es, was die Öffentlichkeit Zschäpe nicht verzeiht. Wer sie ansieht, entdeckt keine Terroristin, sondern die Allerweltsaugen, den Allerweltsmund und die Allerweltsstirn Zschäpes – ihr Allerweltsgesicht. Nichts an ihm, nichts an Zschäpe verrät etwas über die Person« (ebd.).

Die Paradoxie, die diesem Allerwelts- oder Janusgesicht anhängt, das Unverzeihliche und Unmögliche besteht darin, dass die symbolische Norm männlich ist. Sobald Zschäpe scheinbar »normalweiblich« menschlich gezeichnet wird, scheinen andere Bilder dominanter, werden die Beschreibungen körperlich und betonen Schwächen, Weichheit oder Attribute von Abnormität oder Kranksein:

> »Und nun plötzlich diese *Schwäche*. Ein *Infekt*, ein vorübergehendes *Unwohlsein*? Oder steckten ihr wirklich die beiden vorangegangenen Verhandlungstage, an denen die Mutter ihres toten Freundes Uwe Böhnhardt vom Gericht stundenlang befragt worden war, noch so in den *Knochen*?« (Cicero.de, 13.12.13; Hervorh. I.H.)

Die normal(st)e Frau wäre ein Paradoxon. Zschäpe kann symboltheoretisch nicht normal, kann kein »jeder*mann*« sein, sich nicht wie jeder*mann* bewegen, wie jeder*mann* lachen, sich nicht wie jeder*mann* kleiden (Frankfurter Rundschau online, 23.05.13), weil sie normalmännlich und nicht normal-weiblich ist. Sie als normal zu beschreiben, schürt das Unbehagen:

> »Der männliche Körper wurde als Symbolgestalt des Geistes und der Vernunft verstanden, während der weibliche Körper als Symbolgestalt von Leiblichkeit, Unvernunft und Anomalie galt. Man erkennt hier schon die Dichotomien, die auch in der Rezeption des männlichen Verbrechens als Erschrecken an der ›Normali-

> tät‹ und der Verbrecherin als Ausnahme, ›Tier‹ und ›Bestie‹ auftauchen sollten« (Braun, 2003, S. 256).

Die Tendenz, die Vorstellung, eine ganz »normale« Frau könne selbstbestimmt und aus eigenem Antrieb aktiv und gewalttätig, rechtsextrem und grausam sein, gar morden, abzuwehren und zu negieren, ist also nicht nur in jenen Bildern, die die Täterin als Abweichung pathologisieren, bestialisieren, vertieren, sondern auch in jenen, die über ihre »Normalität« staunen, präsent, wenn auch weniger offensichtlich.

Madonna – Hure: Theoretische Überlegungen zum Bilderbuch

Insgesamt eröffnet die Berichterstattung ein Bilderbuch der Abwehrmechanismen (Spaltung, Projektion, Verkehrung). Dabei erscheint die »schwierige Suche nach dem richtigen Bild von der Angeklagten« (Cicero.de, 13.12.13)[19] als vor- und vergeblich, denn über die »Frau mit den zehn Namen« erfahren wir nichts (SPIEGEL online, 05.04.13), über die (unbewussten) Fantasien und Ängste derjenigen, die die Angeklagte Zschäpe in ganz bestimmten Farben zeichnen, hingegen einiges. So fühlt man sich sowohl an Theweleits *Männerphantasien* (1977) als auch an archaische Spaltungen der Mutter- oder Elternimago oder auch – wählt man einen kleinianischen Zugang – an die »gute« und die »böse Brust« erinnert.

Besonders in der Konzentration auf Äußerlich- und Sichtbarkeiten sowie in der Überinszenierung und Sexualisierung der Täterin als Überfrau, Bestie, Dämonin und vor allem Hure scheint die Fantasie konserviert, sich gegen die Vorstellung zu verwehren, die Rechtsterroristin habe etwas mit der eigenen Mutter, Frau, Tochter, Schwester oder Geliebten gemein. Dem – so zeigt die punktuelle Medienanalyse – stehen Formen von Verharmlosung, Verkindlichung und Verniedlichung entgegen, in denen Entschuldungen anklingen, die zum Teil verheerenden Verkehrungen Raum geben, in denen der rechtsextremen Täterin Attribute zugeschrieben werden, die den Opfern vorbehalten bleiben sollten. Medienschaffende, JournalistInnen und AutorInnen sind wie

> »Dichter […] an die Bedingung gebunden, intellektuelle und ästhetische Lust sowie bestimmte Gefühlswirkungen zu erzielen, und darum können sie den Stoff der Realität nicht unverändert darstellen, sondern müssen Teilstücke desselben isolieren, störende Zusammenhänge auflösen, das Ganze mildern und Fehlendes ergänzen. Es sind dies Vorrechte der sogenannten ›poetischen Freiheit‹. Auch können sie nur wenig Interesse für die Herkunft und Entwicklung solcher seelischer Zustände äußern, die sie als fertig beschreiben. Somit wird es doch unvermeidlich, dass die Wissenschaft mit plumperen Händen und zu geringerem Lustgewinne sich mit denselben Materien beschäftige, an deren dichterischer Bearbeitung sich die Menschen seit Tausenden von Jahren erfreuen« (Freud, 1910, S. 187).

Mit den »plumpen Händen« der Psychoanalyse erfasst man beispielsweise die »Isolierung« einzelner Aspekte als (Auf- oder Ab-)Spaltung des Bildes in ein »gutes« und ein »böses« Objekt, in Madonna/Mutter und Hure, in Gegensatzpaare, die kaum etwas mit der realen Frau/Täterin zu tun haben, sondern der »männlichen Wahrnehmung«[20] entspringen. Mit der poetischen Freiheit von DichterInnen bezeichnen PsychoanaytikerInnen dieses gespaltene Bild als »Madonna-Hure-Komplex«, der es dem (männlichen) Subjekt ermöglicht, die der Frau gleichzeitig entgegengebrachte Verachtung (für die begehrte, aggressiv-gefährliche Verführerin) und Verehrung (für die geliebte mütterliche Lebensspenderin und weibliche Keuschheit), die »Welt der Mutterliebe und [die] Welt der sexuellen Lust« voneinander zu scheiden (Früh, 2003, S. 391f.). Zwar gehört der sogenannte Komplex nicht zum psychoanalytischen Kernvokabular, er lässt sich jedoch nur mithilfe desselben fassen.

Christa Rohde-Dachser beschreibt in ihrer Auseinandersetzung mit David Lynchs Film *Blue Velvet* (1986), wie die Blaupause für das Drama zwischen zwei konträren, inneren Objekten – der Madonnen-Mutter und der Dirnen-

Mutter – aussieht (Rohde-Dachser, 2007). Auf der einen Seite sei

> »das Bild der frühen, präödipalen Mutter zu entdecken, deren Aufmerksamkeit ganz auf ihn [den Säugling, das sich konstituierende Subjekt] konzentriert ist, und [auf der anderen Seite] das der ödipalen Mutter, die eine sexuelle Beziehungen zum Vater hat, aus der das Kind ausgeschlossen ist, während es sich gleichzeitig selbst aufs intensivste sexuell stimuliert fühlt. Nach Freud spaltet das Kind, um diese Spannung auszuhalten, das Bild der Mutter in Madonna und […] Hure« (ebd.).

Demnach ist das, was »mit etwas Vergröberung […] ›Dirnenliebe‹ heißen« kann (Freud, 1910, S. 188), ein Abkömmling der ursprünglichsten Bindung an die Mutter.

> »Die zärtliche Liebe des Jungen gilt dann der Madonnen-Mutter, während seine sexuellen Wünsche, vor allem aber der Wunsch nach Erniedrigung der sexuellen Mutter, auf das Bild der Hure umgelenkt werden. Huren sind Frauen, die die Männer mit ihrer Sexualität verführen und ins Verderben locken wollen und aus diesem Grunde keine Rücksicht verdienen« (Rohde-Dachser, 2007, S. 5).

So wird Zschäpe einerseits madonnengleich und mütterlich gezeichnet. Auf der anderen Seite werden (unangenehme) körperliche Aspekte wie die »stinkenden Socken« (Nordbayern.de, 14.01.14) hervorgehoben, entsprechende Metaphern bemüht[21] und ausgeführt, dass etwas »sehr unangenehm gerochen [habe,] als ob man das länger trägt« (ebd.), wo es genügt hätte, auf Benzinspuren oder entsprechende Geruchswahrnehmungen hinzuweisen. Zudem werden Assoziationen zur »Dirnenliebe« (Freud, 1910, S. 188) (rote Lampe im Fenster, Dessous, Konstruierung einer polyamourösen Dreiecksbeziehung zwischen ihr, Mundlos und Böhnhardt) geweckt.

So scheint die Weiblichkeit (die präödipale Madonnen-Mutter) rettbar, sofern die verräterisch mörderischen Anteile auf die (ödipale) »stinkende« Hure verlegt und von der präödipalen Geliebten abgespalten werden können. Das heißt, die diskutierten Medienbilder bedienen sich der Spaltung der Mutter-Imago in »Madonna« und »Hure« und reproduzieren damit einen präödipal geborenen Wunsch, denn die Überwindung derselben brächte für RezipientInnen die Forderung mit sich, sich vom Paradies der Kindheit, der idealisierten »Madonnen-Mutter« und der reinen »Weiblichkeit« – die so nie existiert hat, aber nachträglich konstruiert, fantasiert und idealisiert wird –, zu verabschieden und die abgewehrten sadistischen Impulse gegen die »Hure« in die eigene Persönlichkeit zu integrieren.

Melanie Klein, die das Bild der »guten« und »bösen« Brust etablierte, geht von der Idee einer qualitativen Spaltung des Partialobjekts in ein »gutes« befriedigendes und ein »böses« versagendes Objekt aus. Mit Laplanche und Pontalis lässt sich präzisieren, dass die Qualitäten »gut« und »böse« den ersten, partiellen oder totalen Teilobjekten »nicht allein ihrer gratifizierenden oder versagenden Eigenschaften wegen zugeschrieben« (Laplanche & Pontalis, 1973, S. 344) werden, »sondern vornehmlich wegen der Projektion libidinöser und destruktiver Triebe des Subjekts auf die Objekte« (ebd.). Da die Mutter nicht nur das primäre Objekt der Liebe ist, sondern als Adressat, das heißt als Projektionsfläche aller abgewehrten, schlechten Aspekte dient, scheint es naheliegend, dass das Subjekt alle Hassregungen auf die Mutter richtet und danach drängt, der (nun) von diesem Objekt her drohenden Vernichtung zuvorzukommen, kurz: das Objekt zu bekämpfen, alles »Böse« zu bannen und es zu zerstören. So einfach gestaltet sich der Umgang mit den Anforderungen des Todestriebes jedoch nicht, denn das Dilemma des Kindes – ob männlich oder weiblich – besteht darin, dass es zugleich libidinös an das Mutterobjekt gebunden ist, welches folglich nicht nur eine Quelle der Angst, sondern zugleich der Lust darstellt. Ergo träfe eine Erfüllung der destruktiven Vernichtungs- beziehungsweise Todeswünsche nicht nur das Objekt der Versagung, sondern auch das Objekt der Befriedigung seiner libidinösen Bedürfnisse.

Betrachtet man die Zerrbilder Zschäpes also im Spiegel der kleinianischen Psychoanalyse, so scheint uns die Aufspaltung in Bilder – die einerseits mit Attributen der »guten« Weiblich- und Mütterlichkeit (Fürsorge, Bedürftigkeit, Gemeinschaft) arbeiten und andererseits ein Feindbild präsentieren, das als sexuell fragwürdig, dreckig, männlich, tierisch, bestialisch apostrophiert wird – die Möglichkeit zu offerieren, die »böse« Nazi-»Hure« zu hassen, ohne die »gute« Mutter zu gefährden, also ohne die rein weibliche »Madonna« zu zerstören.

Doch gerade wenn Sexualisierungen in dem Maße auftauchen, wie es in der Berichterstattung zum NSU-Prozess der Fall ist, darf nicht ignoriert werden, dass die Angeklagte nicht nur als Hass-Objekt, sondern – was in der Regel zu einer Potenzierung der Aggression führt – auch als Objekt und Projektionsfläche sexueller Fantasien dient.

> »Die beiden [Zschäpe und Mundlos] wurden 1993 ein Paar, verlobten sich und trieben sich in der rechten Szene Jenas herum. Zschäpe verließ den Professorensohn für einen anderen: Uwe Böhnhardt, zwei Jahre jünger als sie […]« (SPIEGEL online, 05.04.13).

Gerade die polyamourös konstruierte »Dreiecksgeschichte«, die – liest man sie, was sich verbietet, vom rechtsextremen Inhalt befreit als dramatischen Stoff – zunächst als Zweierbeziehung zwischen Mundlos und Zschäpe, später zwischen Zschäpe und Böhnhardt existiert, wirkt wie eine Karikatur des ödipalen Dramas, in dem der hinzutretende Dritte die (Eltern-)Beziehung trianguliert, mit ambivalenten Affekten gegen das geliebte und gehasste Objekt auflädt und schließlich in Mord und Selbstmord (Kastration und Vatermord) endet. Von einem politisch-kritischen Standpunkt aus gesehen, ist überaus fatal, dass – wie schon Ramelow im *Neuen Deutschland* kritisiert und oben zitiert (vgl. Neues Deutschland, 04.05.13) – »in fast allen Medien im Zusammenhang mit dem NSU von einem Terror-Trio die Rede« ist, denn damit wird – wie auch Gensing anmahnt – »ausgeblendet, dass ein Unterstützer[Innen]netzwerk existiert und die Ideologie der Terrorist[Inn]en« gesellschaftlich anschlussfähig ist – zumindest teilweise« (Gensing, 2012, S. 58). Die Zuspitzung der Wahrnehmung von einem abstrakten Terrornetzwerk auf ein Trio mit sichtbaren und vernichtbaren Charakteren und schließlich auf die Angeklagte Zschäpe bietet ein Objekt an, das die Gesellschaft entlastet, indem es gesellschaftlich zu Schuldabwehr und Projektion einlädt. Die projektive »Treibjagd auf Sündenböcke« ist quasi eröffnet (Allport, 1953). Endlich ist »das Böse« sichtbar und vernichtbar.

Zum anderen unterstreichen die Andeutung von Polyamourie sowie die Betonung der »Dirnenhaftigkeit«, Verführungskraft und sexuellen Attraktivität, die der weiblichen Täterin angeheftet werden, die Monstrosität, Bestialität und sexuelle Aggressivität derselben. Dies zeigt ein Vergleich mit den (künstlerischen, literarischen, cineastischen etc.) Darstellungen »phallischer Frauen« (Flintenweiber, Amazonen, Hexen, Sirenen), auf die u. a. Theweleit verweist.

Die misogynen Beschreibungen der deutschen Freikorpssoldaten analysierend betont Theweleit, dass »Spartakidenweiber« »mit fliegenden Haaren auf struppigen Pferden, pistolenbestückt, […] das Bild schrecklicher sexueller Potenz« böten (Theweleit, 1977, S. 99). Das »Flintenweib« als »kastrierende Frau« »wird nicht als vaginale [sic], sondern als *phallische* Potenz phantasiert und gefürchtet. Ihre Tätigkeit ist eine kastrierende: Hälse, Nasen, Ohren – alles was hervorsteht – wird von ihnen abgeschnitten« (ebd.; Hervorh. i. Orig.). Die Angst vor der (»phallischen«) Frau – Theweleit spricht von der bewaffneten Frau – zeige sich in der Tendenz, »den Sitz ihrer Waffe […] ›unter ihrem Rock‹ zu lokalisieren und diese Waffe in einen sexuellen Kontext zu stellen« (ebd.).

Zschäpe, »durchsetzungsstark, kein Typ, der sich unterordnen würde«, eine »braune Amazone«, die alles »im Griff« hat (Stern.de, 16.07.13; s. a. SZ online, 16.07.13), wird medial – mit monetärer Macht und sexueller Attraktivität ausgestattet – zu einer »phallischen Frau« gemacht, einer »Frau, die in der Phantasie mit einem Phallus ausgestattet ist«, die »entweder als Trägerin eines äußeren Phallus bzw. eines phallischen Attributs oder mit dem in sich aufbewahrten männlichen Phallus vorgestellt wird« (Laplanche & Pontalis, 1973, S. 382). Wobei – so schließen Pontalis und Laplanche – »der Ausdruck ›phallische Frau‹ oft approximativ zur Kennzeichnung einer Frau verwendet wird, die sogenannte männliche Charakterzüge hat, eine autoritäre Frau z. B., und dies ohne Kenntnis der jeweils motivierenden Phantasien« (ebd.).

Interessant ist, dass – während populäre Medien Zschäpe eher indirekt phallische Attribute zuschreiben – gerade im geschichtsrevisionistischen *Schlesier* getitelt wird, dass »[d]as Münchner NSU-Verfahren an einen Hexenprozeß [sic]« erinnere (Zuerst!, 27.05.13).

Mit Geza Roheim weist Theweleit auf die Hexe »als die geläufigste Form der ›Frau mit dem Penis‹ [... hin,] eine Abwehrkonstruktion der Angst vor der erotischen Frau« (Theweleit, 1977, S. 104). Einer (neo)nazitischen Täterin das Prädikat der »Hexe« anzuheften, gemahnt zudem an den Fall der SS-Ehefrau Ilse Koch, die »Hexe von Buchenwald«, die 1947 in Dachau vor Gericht steht. Dass gerade »einer der rechtsradikal[st]en Blogger in Deutschland« (publikative.org, 31.07.11), unter dem Namen Michael Mannheimer, ein »Inquisitionsvokabular« benutzt, mit dem er den »Zätsche [sic] Prozess« als einen »Schauprozess« bezeichnet, durch den Linke angeblich »per ultimativem Nazihammer Deutsche in [sic] für alle Mal erledigen« wollen,[22] dient offensichtlich der perfidesten Verkehrung. Das Gesetzbuch, Grundlage jeder rechtsgültigen Anklage, wird zum linken »Malleus Maleficarum«, zu einem Traktat, welches nicht dem Schutze der Gesellschaft und der Menschenrechte dient, sondern den NSU-Prozess mit der hauptsächlich auf das weibliche Geschlecht konzentrierten Hexenverfolgung assoziiert.

Die Gleichsetzung bedient – in entsprechenden Blogs gewiss gewollt – zum Ersten die o. g. TäterInnen-Opfer-Verkehrung, indem durch sie insbesondere die Beklagte Zschäpe zum »Sündenbock« einer »Hetzjagd« gemacht wird, die auf »Aberglauben« und Unwissenheit beruhe und dabei antisemitische Stereotype abruft und perfide verdreht: »Es ruft zur Verhandlung die neuzeitliche Inquisition: Brennen soll sie, die rechte Hexe! Und brennen soll mit ihr das deutsche Volk« (ebd.). Im Rahmen dieses neonazistischen Deutungsmusters wird das Verfahren – und damit der Versuch der Aufklärung der Rolle der Angeklagten in der neonazistisch-rassistisch motivierten Mordserie – zur »peinlichen Befragung«, zur Tortur, zu einem Verbrechen an sich gemacht, in dem nur das Geständnis als Beweis gelten kann, welches – nach rechtsstaatlichen Maßstäben als erzwungen und damit unzulässig gewertet werden muss – nicht zu erwarten ist, da »die Hauptangeklagte im NSU-Prozess beharrlich, konsequent, fast kindisch stur« schweigt. »Zweiunddreißig Prozesstage, und von Beate Zschäpe kein Mucks. [...] Selbst wenn sich der Richter nach ihrem Befinden erkundigt, ignoriert sie ihn. Es gibt keine Anzeichen, dass sich das je ändert« (Die WELT online, 10.08.13).

> »Jeden Leser mit psychoanalytischen Kenntnissen ist bei den und den vorher zitierten Stellen das Lämpchen mit der Aufschrift ›Projektion‹ aufgeflammt und selbstverständlich sind Projektionen im Spiel« (Theweleit, 1977, S. 114).

Konstruiert wird im Mannheimer-Blog, der hier exemplarisch für eine ganze Reihe ähnlich perfider Beiträge aus dem rechen Lager stehen kann, das Bild der sprach- und machtlosen Frau, eines Opfers, einer »weißen Frau«, die – bleibt man bei Theweleit – gegen die eigentliche phallische »rote Frau«, »Hexe«, Denunziantin abgegrenzt wird.

»Diese ›weißen Frauen‹ werden von den soldatischen Männern verehrt, wenn auch ›wortkarg‹ (Theweleit 1977, S. 109f). Gegen die gefürchteten hexenhaften ›roten Frauen‹ dagegen, die ›Huren‹, die spucken, schimpfen, auslachen und sexuell agieren, sei jeder Terror grundsätzlich Notwehr« (Winter, 2013, S. 121f.), heißt es bei Sebastian Winter, der in seiner Arbeit über *Geschlechter- und Sexualitätsentwürfe in der SS-Zeitung ›Das Schwarze Korps‹* zu bedenken gibt, dass »Misogynie und Antisemitismus [bei Theweleit] fast deckungsgleich« (ebd., S. 122) erscheinen. »Diese Subsumierung des Antisemitismus unter die Misogynie wurde von verschiedenen AutorInnen kritisiert« (ebd.). Weiter weist Winter unter Bezug auf Jessica Benjamins und Anson Rabinbachs (1988) kritische Frage – ob Theweleits exklusiver Fokus auf den Anti-Feminismus die Bedeutung des Antisemitismus vernachlässige (vgl. ebd.; Übers. I. H.) – darauf hin, dass auch diese Vernachlässigung einen abwehrenden Charakter habe (ebd., S. 123).

Während es ganz so aussieht, als begegne uns Zschäpe in den populären Medien als das, »was Winnicott als ›Bündel an Projektionen‹ bezeichnet« (Pohl, 2004, S. 199) – wodurch sich die Berichterstattung also noch nicht besonders von der über Gift- und Kindsmörderinnen unterscheidet –, werden Fragen nach ihrer ideologischen, rassistischen und faschistischen Position oder gar ihrer eventuellen Lust an und Leidenschaft für Mord und Gewalt auffallend wenig gestellt.

> »›Von jeher Leidenschaft erweckt die Jagd aufs lebende Objekt‹, witzelt die Paulchen-Panther-Stimme aus dem Off« (taz.de, 16.11.11).

Zschäpe wird also zu einem Abbild der Madonna-Mutter (der Kind- und Ehefrau, als Verkörperung einer Weiblichkeit), das es zu schützen und abzugrenzen gilt gegen das der phallischen Frau (der Hure, der in diesen Bildern ein Phallus zugeschrieben wird, der geschlechterübergreifend an ein prä-ödipales Drama knüpft[23]). In Mannheimers »braunem« Blog und in vergleichbaren neonazistischen Medien findet sich nur eine Seite der Medaille: Zschäpe, das Opfer von Medien, Linken und der »neuzeitlichen Inquisition«.

AutorInnen wie Merkele alias Mannheimer verkehren zudem »gut« und »böse« und sind weitaus radikaler als neutrale respektive populäre Medien. Sie negieren die Täterinnenschaft der Angeklagten, vor allem aber das Bild der phallischen Frau, und verschieben Phallus, Waffe, Schuld etc. in der Regel auf einen namen- und gesichtslosen Schrecken, eine große Unbekannte, ein »düsteres, unabwendbares Verhängnis« (Theweleit, 1977, S. 103), dem Kastrations-, Verführungs- und Vernichtungsmacht, Verdunkelung und andere zauberische Attribute zugeschrieben werden. Der solchen Texten anhaftende misogyne, antisemitische und verschwörungstheoretische Unterton ist deutlich wahrnehmbar und ernst zu nehmen, denn – so offensichtlich und lächerlich die Pervertierungen in Mannheimers »Hexen«-Metaphorik wirken mögen – der Imperativ »Brennen soll sie« ist ebenso verschoben, verkleidet und setzt nicht nur »auf den Solidarisierungsreflex der alltagsrassistischen Mehrheit«.[24] Er ist ein Aufruf, der hier mit völkischen und nationalen Attributen unterfüttert daran gemahnt, dass »Zschäpe nur die Spitze des Eisbergs« (Kontextwochenzeitung.de, 01.01.14) und – eine Fortsetzung der Mordserie, – »eine zweite DVD mit ›Paulchen's neuen Streichen‹ angekündigt [ist]. ›Heute ist nicht alle Tage, ich komm wieder, keine Frage‹, dröhnt es fröhlich aus den Lautsprechern« (taz.de, 16.11.11).

Prägen derartige Spaltungs- und Projektionsformen ausschließlich das Bild, welches sich deutsche Presseorgane und/oder MedienvertreterInnen von Zschäpe machen, oder gibt es diesbezüglich bestimmte Gemeinsamkeiten und/oder Unterschiede in der internationalen Berichterstattung? Sind beispielsweise die Dämonisierungen, Sexualisierungen und Bestialisierungen der Angeklagten in der türkischen Presse extremer oder verzichten internationale Beiträge vollkommen auf die Darstellung ihrer optischen Erscheinung? Steht Zschäpe weniger oder mehr im Fokus, als dies in bundesdeutschen Beiträgen der Fall ist, oder gibt es ganz andere Schwerpunkte?

Zu vermuten wäre, dass hier ähnlich und doch den »braunen« Blogs entgegengesetzt ein weniger ambivalentes Bild herrscht, da sich die »deutsche« Hure (böse Brust) wunderbar hassen lässt, ohne die Liebe der Madonna-Mutter (gute Brust) zu verlieren, zu gefährden oder durch den auf sie projizierten Hass zu kontaminieren.

Zschäpe im Spiegel internationaler Medien

> »I don't believe that modern Germany is full of Nazis or neo-Nazis like most Germans – I believe it is predominantly a cosmopolitan, enlightened place. If we want the world to show that this is true, we need to guarantee that Zschäpe is given a fair trial. My generation fluffed the chance to deal with its own traumas properly – I hope this one gets it right« (theguardian.com, 16.11.13)

Astrid Prolls nahezu freundliches Bild der BRD,[25] die im *Guardian* als ein kosmopolitischer, aufgeklärter Sehnsuchtsort leuchtet, an dem man auf einen fairen Prozess hoffen darf, kann kaum als das gelten, was die *Augsburger Allgemeine* einen – für die »als aggressiv bekannte britische Presse« – auffallend nüchternen Umgang mit »der pikanten Materie« nennt (vgl. augsburger-allgemeine.de, 20.05.13).

> »Neben der Schuldfrage stellen die Kommentatoren vor allem die Frage nach der Rolle des Staates und seiner Behörden. ›Es gibt ein Gefühl in Deutschland, dass die Behörden die Morde nicht ernst genommen haben, weil die Opfer Ausländer waren, und dass das ganze Land blind war für die Gefahr von Neonazis‹, schrieb etwa die Daily Mail« (vgl. ebd.).

Dabei zitieren britische Medien – wie die genannte *Daily Mail* – deutsche Schlagzeilen und scheinen hierin nicht weniger voyeuristisch zu sein, wenn sie von dem »Face of Germany's ›Nazi moll‹«, also dem Gesicht der Nazi-Gangsterbraut, oder dem weiblichen Teufel berichten, das Trio in Bildunterschriften etc. als »love triangle« (dailymail.co.uk, 03.05.13) ausweisen und – auch hierin den deutschen Blättern ähnlich – auf Zschäpes Erscheinungsbild und ihr Verhalten gegenüber Gericht und Medien eingehen:

> »Zschäpe appeared in court wearing a smart jacket and large hoop earrings, and smiling, her arms folded in a defiant stance. She turned her back to the cameras as press photographers and film teams captured her entrance. She has pledged to remain silent throughout« (theguardian.com, 06.05.13).
>
> »As a consequence, every detail of the trial is being raked over, not least the surnames of Zschäpe's defence lawyers, Wolfgang Heer, Wolfgang Stahl and Anja Sturm, (army, steel and storm), words which are very evocative of Nazi language and history« (ebd.).

Auch in der türkischen Presse lassen sich – neben der Darstellung der Faktenlage – die bereits bekannten und benannten reißerischen Formulierungen und Bilder von der »Nazi-Braut« (vgl. augsburger-allgemeine.de, 20.05.13), der »chicen Teufelin«[26] bis hin zu dem Vergleich Zschäpes mit einer »Barbie-Puppe« (hurriyet.com.tr, 24.07.13) sowie eine Beschäftigung mit dem »Auftreten der Angeklagten Zschäpe finden, das als selbstbewusst und arrogant beschrieben wird« (vgl. augsburger-allgemeine.de, 20.05.13).

Interessant – insbesondere im Vergleich zu Prolls Vertrauen auf einen gerechten Prozess in einem demokratischen Staat – ist der Zweifel an der Umsetzung des deutschen Grundrechts, welches besagt, dass alle Menschen »vor dem Gesetz gleich« sind (Art. 3.1 GG) und dass niemand »wegen seines Geschlechtes, seiner Abstammung, seiner Rasse, seiner Sprache, seiner Heimat und Herkunft, seines Glaubens, seiner religiösen oder politischen Anschauungen benachteiligt oder bevorzugt werden« darf (Art. 3.3 GG).

So vergleichen Zeitungen wie die türkische Tageszeitung *Sabah* Zschäpes Auftritt vor Gericht, »die ohne Handschellen im Münchner Gerichtssaal sitzt« (vgl. augsburger-allgemeine.de, 20.05.13), mit der Behandlung, die man den türkisch- und griechischstämmigen Jugendlichen angedeihen ließ, die – im Prozess gegen die U-Bahn-Schläger von München[27] – in Handschellen »hinter einer Glasscheibe« gesessen haben: »›Für Türken so, für Deutsche so‹, urteilte eine Zeitung« (vgl. ebd.), »Almanya'da çifte standart« – »Doppelmoral in Deutschland« titelt die *Sabah* Onlineausgabe.[28] Während in der Frage »Peki, hangisi daha cani?« (»Gut, doch wer ist krimineller?«), dem Gegenüberstellen der Opferzahlen und Delikte, ein Zweifel an der Sensibilität des Gerichts für die Gleichheit der Angeklagten – unabhängig von der Herkunft – laut und damit offenbar ein rassistischer Aspekt herausgestellt und ein »Bogen zu einer grundsätzlichen Benachteiligung von Türken in Deutschland geschlagen« wird (vgl. augsburger-allgemeine.de, 20.05.13), scheint die geschlechtliche Komponente von türkischer Seite nicht als Ursache für die Ungleichbehandlung der TäterInnen vor Gericht wahrgenommen zu werden.

Von den Titelseiten ist der Prozess – nicht

nur in der Türkei – inzwischen meist verschwunden.

Auch wenn einzelne Bilder in diesen herausgegriffenen, exemplarischen internationalen Presseechos auf den NSU-Prozess dem TäterInnenbild, welches in deutschen Medien aufgebaut wird, zu entsprechen scheinen und der Fokus von der *Hürriyet* bis zur *Guardian* auf Zschäpe zu liegen scheint, während die angeklagten Mittäter in den Hintergrund treten, ist schwer zu sagen, ob das TäterInnenbild hier weniger oder mehr aufgespalten wird oder ob ein Feindbild gar ambivalenzfreier aufgebaut und gehasst werden kann.[29]

Resümee

In der exemplarischen Analyse der Berichterstattung zum NSU-Prozess bestätigt sich, was für künstlerische und mediale Inszenierungen weiblicher Verbrechen insgesamt gilt: Das Wesen der Verbrecherin, nicht das Verbrechen steht im Fokus.[30]

> »Wenn Frauen töten, dann ist das schnell auch ein ›Skandal‹, eigentlich ein Unding – weil die Täterinnen nicht nur Moral und Gesetz missachten, sondern auch aus ihrer gesellschaftlichen Rolle ausbrechen« (Lee & Maurer Queipo, 2013, S. 36).

Was Lee und Maurer Queipo für die Darstellung von Mörderinnen im Allgemeinen konstatieren, gilt auch für die journalistische Berichterstattung im Fall Zschäpe. So lässt sich feststellen, dass die seit Prozessbeginn konstante Bilderflut zur Hauptangeklagten zwar nicht abreißt, aber in den zahlreichen journalistischen Beiträgen über weibliche Täterinnenschaft in der rechten Szene und Zschäpes justiziable Schuld, ihre Einstellungsmuster und ihr dadurch gegebenenfalls beeinflusstes Verhalten (insbesondere was potenzielle Provokationen, Gewalt- und Mordtaten angehen) jedoch kaum etwas zu erfahren ist. Die Analyse derselben zeigt vielmehr, dass zahlreiche der zur Erfassung des Falls bemühten, durchaus widersprüchlichen (sprachlichen) Bilder, weder eine fallspezifische Erscheinung, noch eine Qualität der bundesdeutschen Gegenwart oder gar der »Neuen Medien« sind. Es finden sich nahezu durchgehend äußerst ambivalente Bilder der mutmaßlichen Täterin sowohl in der deutschsprachigen als auch der internationalen Presse. Insofern erweisen sich kulturtheoretische Ansätze und Arbeiten, die sich den Geschlechtercodierungen in der »Darstellung (und Selbstdarstellung) von weiblichen und männlichen NS-Tätern« (Braun, 2003, S. 250) unter medienhistorischer Perspektive widmen, als hilfreich, um die Kontinuität oder Brüchigkeit in diesen Bildern zu reflektieren.[31]

So lässt sich anhand der Auseinandersetzung in von Brauns Arbeit diskutieren, ob Frauen bereits qua Geschlecht Objekt des Blicks sind und ob sie an geschlechtlichen Zuschreibungen gemessen als Täterinnen noch deutlicher in Erscheinung treten, da aktives Agieren von Gewalt und Grausamkeit – an den gängigen Stereotypen gemessen – nicht mit der sog. »Normalweiblichkeit« zu vereinbaren sind.[32] Entsprechend wird auch die NSU-Täterin »ob der ›Unvorstellbarkeit‹ ihrer Taten, die so gar nicht dem fürsorglichen oder passiven Bild der Frau als Versorgerin, Mutter, Ehefrau entsprechen« (ebd., S. 163), zum abartigen »Monster« gemacht.

Am auffälligsten unter den hier exemplarisch verhandelten Mustern können die Sexualisierung und Bestialisierung einerseits (Zschäpe wird zur sexuell verfügbaren und verführenden, polyamourösen Frau, die Assoziationen zu einer Prostituierten) und das Bild der aktiv handelnden »phallischen« Frau andererseits gelten. Sie konfrontieren uns mit Kastrationsfantasien (»vagina dentata«) und sind bei genauerem Hinsehen dem Spektrum der Theweleit'schen *Männerphantasien* nicht fern, wenn auch die Einbettung derselben variieren mag.

> »Durch die Dämonisierung und ihr ambivalentes Gegenstück, die Heroisierung, wird dieser Mensch, der sich durch seine Taten außerhalb der sozialen Ordnung stellt, ausgrenzt in eine ›andere‹ Ordnung und aus der Normalität entfernt. Zugleich wird ein neues, ein mythisches Ordnungsschema durch Benennen aktualisiert und funktionalisiert, dass [sic] heißt durch die Bezeichnung als Monster, als schwarze Witwe, als

Schlange [...] wird ein alternatives Ordnungssystem aufgerufen und dieses ›Nicht-normal-menschliche‹ Wesen mittels der mythischen Bezeichnung als Mischwesen, als Tier in andere Kategorien integriert und beherrscht« (Lee & Maurer Queipo, 2013, S. 169f.).

Zu ähnlichen Schlussfolgerungen kommt Kathrin Kompisch, die sich in *Täterinnen* (2008) den Frauen im Nationalsozialismus widmet und feststellt, dass an einem solchen Täterinnenbild – welches in der Tradition eines Bilder- und Mythenkanons von Hexen, Amazonen und Sirenen zu stehen scheint und sich in der Rezeption des Falls Irma Grese, der »SS-Megäre von Bergen-Belsen« wie der Dämonisierung der SS-Ehefrau Ilse Koch, der »Hexe von Buchenwald«, nahtlos fortsetzen ließe – bedenklich sei, dass »[e]ine solche Charakterisierung von Täterinnen als quasi von Natur aus bösen [sic] Psychopathinnen [...] eine Auseinandersetzung mit ihren Handlungsspielräumen und Motiven obsolet erscheinen [lässt]. Daneben [schaffe] diese Dämonisierung eine schützende Distanz zur Mehrheit der sogenannten normalen Frauen« (Kompisch, 2008, S. 7).

Dass sich diese Aufspaltung des Ordnungssystems teilweise in einer Person vollzieht, indem – kommen wir auf Zschäpe zurück – diese gleichzeitig als Unschuld, Madonna und »Quasi-Opfer« inszeniert wird und dass dies offenbar den Zweck erfüllt, die Weiblich- und Mütterlichkeit zu retten, wurde unter anderem unter Bezug auf Abwehrmechanismen der Spaltung und Projektion erörtert.[33]

»Die ›Frau‹ wird damit jedoch nicht als ›normal‹ in Sinne von durchschnittlich ›gut‹ (friedfertig, empfindungsvoll, masochistisch, keusch) und ›schlecht‹ (gewaltbereit, grausam, sadistisch, triebhaft) gesehen, sondern vergleichbar undifferenziert überhöht, idealisiert und durch dieses madonnengleiche Bild der Unschuld ebenso von der ›normalen‹ Frau entfernt wie ihr Gegenpol, die Schuldige, die ›vertierte Bestie‹« (Hannemann, 2011, S. 62f.).

Was sich sprachlich und symbolisch in der Presse abbildet, scheint die Fantasie zu bedienen, die Illusion einer reinen Weiblichkeit sei rettbar, wenn die Täterin exkuldiert, als anormal abgespalten betrachtet, gehasst und zerstört werden kann.[34] Dieser Wunsch, so sollte unter anderem in Bezug auf den »Madonna-Hure-Komplex«, Rohde-Dachsers *Blue Velvet* (1986) und Melanie Kleins Konzept der »guten« und »bösen Brust« deutlich geworden sein, hat seine Wurzeln in der frühesten psychosexuellen Genese. Damit werden durch die explizierten Bilder und »Schlagzeilen« affektive Bereiche angesprochen, welche sich dem Bewusstsein entziehen und den »ungetrübten« Blick auf die Frau als Täterin verstellen. Es wäre interessant zu überprüfen, ob sich die entsprechend »präformierte Wahrnehmung«, also das Wahrnehmen der Geschlechter, durch ein in spezifischer Weise (von Rollenvorstellungen, der symbolischen Ordnung, kulturellen Einschreibungen, unbewussten und intergenerativen Strukturen) vorstrukturiertes Raster sowie durch die symbolischen Niederschläge und Spaltungen in Bezug auf weibliche Täterinnenschaft ähnlich manifestiert und verbreitet wie andere in der Vorurteilsforschung untersuchte Strukturen.

In jedem Falle ist es den Geschlechter- und Geschichtswissenschaften, der Antisemitismus-, Rechtsextremismus- und TäterInnenforschung sowie der politischen Psychologie und Sozialpsychologie zu verdanken, dass Frauen inzwischen als aktiv agierende Subjekte, als (Gewalt-)Täterinnen und Akteurinnen in der Neonazi-Szene nicht nur der journalistischen Spekulation preisgegeben, sondern Gegenstand der kritischen Forschung sind. So weisen beispielsweise die ExpertInnen vom Forschungsnetzwerk Frauen und Rechtsextremismus darauf hin, dass »der weibliche Anteil an extrem rechten Straf- und Gewalttaten bei bis zu zehn Prozent« liegt (Röpke & Speit, 2011, S. 17). Dabei verleihen die AutorInnen ihrer Verwunderung bezüglich des aggressiv aktiven Engagements von Frauen für rechte Strömungen Ausdruck, thematisieren diese festgestellte Irritation selbst allerdings nicht weiter oder lassen sie gar Gegenstand der Analyse werden.

»Frauen und Neonazismus – unbewusst wird diese Verbindung in Medien und Politik kaum gesehen. Klischees bestimmen oft die

Wahrnehmung« (ebd., S. 19; Hervorh. I.H.), stellen auch Andrea Röpke und Andreas Speit in *Mädelsache! Frauen in der Neonazi-Szene* (2011) fest und zeigen an zahlreichen Beispielen, wie sich extreme Frauen und Bewegungen diesen Widerspruch zunutze machen, während die eigene ideologisch widersprüchliche Position in Bezug auf Neonazistinnen scheinbar unreflektiert bleibt. Röpke und Speit liefern dabei eine Vielzahl an Zahlen und Fakten zu rechten Karrieren, biografischen Einzelheiten, Handlungsräumen, Emanzipationsmöglichkeiten, Taten und der gesellschaftlichen Wirkung dieser Frauen. Eine wahrnehmungstheoretische Auseinandersetzung mit der (Nicht-)Wahrnehmung, den *unbewussten* Aspekten dieses Nicht-Sehen-Wollens von Frauen als Täterinnen ist jedoch nicht Gegenstand der Auseinandersetzung.

Insofern kann eine Analyse des medialen Bilderkanons Arbeiten zur Geschichte und Gegenwart rechter Gewalt durch Frauen dazu anregen, solche Ansätze durch psychoanalytische, symbol- und sprachtheoretische Aspekte zu ergänzen, die genannten Widersprüche aufzugreifen und Leerstellen sichtbar zu machen, die in mehr oder weniger entstellter Form auf unbewusste Wünsche, Ängste und Abwehrformen der (sprachlichen) Bilder abheben, diese reproduzieren und variieren. Wie wichtig es ist, entsprechende Geschlechtercodierungen einer Analyse zuzuführen und die Grenzen der (wissenschaftlichen) Wahrnehmung, das heißt die unbewussten Einsprengsel und symbolischen Kategorien, welche auch die Wahrnehmung weiblicher Täterinnenschaft »präformieren«, teilweise gar negieren, zu reflektieren, zeigt sich in vollkommen entstellter Form in Bildern, die das (NSU-)Mitglied Zschäpe selbst als »Opfer – vornehmlich eines patriarchalischen Herrschafts- und Gewaltsystems« – ausstaffieren, das quasi »aus Notwehr« zur Täterin wurde, sodass ein »(Groß-)Teil der Schuld beim männlichen Mordopfer beziehungsweise beim Umfeld« (ebd., S. 166) zu suchen sei. Der diesem Bild implementierte Opferdiskurs verhöhnt – wie ausgeführt – die tatsächlichen Opfer der NSU-Mordserien. Insofern begeben sich boulevardeske Medienerzeugnisse, die sich voyeuristisch um das »Omakind«, das »Baby Beate« oder die »Diddle-Maus« scheren, sie als passives Opfer von Umständen inszenieren, das auf der Suche nach Liebe zum Nationalsozialistischen Untergrund fand, in eine bedenkliche Nähe zu rechtspopulistischen Blogs und ähnlichen Propagandaerzeugnissen.

Obwohl Frauen von der Forschung – einige der Arbeiten wurden hier angerissen – längst als aktiv handelnde, Gewalt ausübende und fremdenfeindlich eingestellte Subjekte sowie als Täterinnen und/oder Terroristinnen ernst genommen werden und rechtsextreme Einstellungen unter Frauen wie Männern gleichermaßen auszumachen sind (Decker & Brähler, 2006, S. 48), verfehlen die hier analysierten Bilder nahezu ausnahmslos einen zentralen Aspekt von TäterInnenschaft: ihre Unsichtbarkeit.

So ist man sich einig darüber, dass das (rassistische, neonazistische, mordende) »Böse« nicht »erkennbar« ist, kein spezifisches Gesicht, Gebarden oder Geschlecht hat und jeder Mensch weder absolut »gut« noch ausschließlich »böse« ist. Dennoch bedient die journalistische Berichterstattung sehr offensichtlich den (projektiven) Wunsch, Täterinnenschaft sei sichtbar (zu machen), sei eine Ausnahme von der Regel und hinsichtlich der Rolle der »friedfertigen Frau«.

Insofern konzentriert sich die Diskussion auf die Auseinandersetzung mit den Täterinnen- und Sprachbildern. Werden »Weiber zu Hyänen« stilisiert (Schiller, 1797), (neo)nazistische Täterinnen als Teufelinnen, Monster, Verführte oder Opfer männlicher Macht sowie als unmündig, abnorm oder pathologisch gestempelt, so sagt dies wie zu erwarten wenig über die Täterinnen als solche aus, durchaus aber etwas über die Fantasien und unbewussten Ängste (vor einer vernichtenden Weiblichkeit), die sie bedienen.

Schlagzeilen wie »Der Teufel hat sich schick gemacht« haben also auf den ersten Blick keinen inhaltlichen Wert, auf den zweiten konfrontieren sie jedoch mit der Frage, wie es möglich ist, das analytische Auge »aufzubrechen«, eigene Leerstellen in der Wahrnehmung zu erkennen und das Unsichtbare, Unsagbare und Ungewollte zu benennen.

Anmerkungen

1 Heroine/Heroinen: Als »Heroin« bezeichnet man die Darstellerin einer tragischen Heldinnenrolle.

2 Als NSU-Prozess wird das Verfahren gegen die mit dem »Nationalsozialistischen Untergrund« (NSU) und den NSU-Morden in Verbindung gebrachten Personen – Beate Zschäpe sowie André Eminger, Holger Gerlach, Carsten S. und Ralf Wohlleben – bezeichnet, das seit dem 6. Mai 2013 vor dem 6. Strafsenat des Oberlandgerichts München verhandelt wird.

3 Diese Formulierung findet sich in Online-, Print- und anderen Medien sowie in Artikeln im *Focus*, *Handelsblatt*, *Spiegel*, *Stern* und in der *Süddeutschen*, *taz*, *WELT*, *ZEIT* u. v. m.

4 Im genannten »Bekennervideo« schreibt sich der NSU eine Reihe von Mordtaten und Sprengstoffanschlägen zu. Das Antifaschistische Pressearchiv und Bildungszentrum (apabiz) Berlin stellt für die wissenschaftliche und bildungspolitische Arbeit ein Transkript des Videos zur Verfügung (www.apabiz.de). »Der *Stern* hat zwei Sprachwissenschaftler [sic] beauftragt, ein forensisch-linguistisches Gutachten zu erstellen. Die beiden Wissenschaftler analysierten unabhängig voneinander Sprache, Stil und charakteristische Fehler im Manifest und in Briefen von Beate Zschäpe und Uwe Mundlos« (Stern.de, 13.11.13). »Ließe sich belegen, dass Zschäpe Koautorin des Manifests ist, wäre klar, dass sie ›die Mordserie ideologisch mitgetragen‹ habe, sagt Anwältin Gül Pinar. Eine solche Expertise könne ›den Prozess nachhaltig beeinflussen‹« (ZEIT online, 14.11.13).

5 theguardian.com, 16.11.13.

6 Es wird hier die männliche Form »Migranten« verwandt, da es sich – abgesehen von Michèle Kiesewetter – bei den bislang bekannten Opfern des NSU – Enver Şimşek, Abdurrahim Özüdoğru, Süleyman Taşköprü, Habil Kılıç, Mehmet Turgut, Ismail Yaşar, Theodoros Boulgarides, Mehmet Kubaşık und Halit Yozgat – ausschließlich um Männer deutsch-türkischer oder griechischer Abstammung handelt. Im Gegensatz zum rassistischen Motiv der TäterInnen wurde die Frage, warum vornehmlich Männer Opfer des NSU wurden, bis heute nicht gestellt; homophobe oder misogyne Tendenzen wurden bis heute nicht thematisiert. Es wäre durchaus ein Unterschied, ob Migrantinnen verschont wurden, weil es den TäterInnen schlichtweg an Zugang zu Sphären fehlte, in denen Frauen tätig sind, oder ob es den Tätern – ihrem ideologischen Familienbild und ihrem rassistischen Frauenbild vom »Kopftuchmädchen« (Stern.de, 08.01.12) entsprechend – gänzlich an einem Bewusstsein dafür mangelte, dass Frauen mit Migrationshintergrund durchaus auch Erwerbs- und Erfolgsbiografien aufweisen, Existenzen aufgebaut haben, Hauptverdienerinnen sind etc.

Betont sei auch, dass die Begriffe »MigrantInnen« oder »Menschen mit Migrationshintergrund« zu den verfehlten Formulierungen zählen, die eigentlich ein statistisches Kriterium beschreiben, welches ausschließlich auf Personen zutrifft, die selbst migriert sind. So wie die Termini in der Berichterstattung verwandt werden, spielen sie auf diverse, gesellschaftlich gebildete Attribute an und führen zu einer rassistischen Homogenisierung, die ignoriert, dass beispielsweise das neunte Opfer des NSU – Halit Yozgat – in Kassel geboren und ermordet wurde, also keinerlei persönlichen Migrationshintergrund aufweist. Dass die Begriffe eine rassistische Homogenisierung beinhalten, wenn sie bspw. den Sohn türkischer Zuwanderer oder einen »phänotypisch« ost- oder südeuropäischen Bürger als fremd markieren, wird besonders daran deutlich, dass tatsächliche MigrantInnen aus der Schweiz, den USA oder Frankreich nie als »Menschen mit Migrationshintergrund« wahrgenommen werden.

7 Der Selbstmord von Mundlos und Böhnhardt gilt heute als technisch »unmöglich« (s. Deutsch Türkische Nachrichten, 04.11.13).

8 Interessanterweise wird die Empörung über das rassistische Vokabular von einer Scheindebatte um vermeintliche Sprachverbote bzgl. der Kritik am Staate Israel flankiert, die in Günther Grass' Veröffentlichung *Was gesagt werden muss* (2012) gipfelt.

9 Der Anglizismus »Content« kommt vor allem im Kontext der sog. ›neuen Medien‹ vor und bezeichnet Informationsinhalte, immaterielle redaktionelle Medieninhalte und künstlerische Werke wie Texte, Karikaturen und Filme.

10 Ulrich Herbert spricht vom »Primat der Praxis« (Gensing, 2012, S. 25).

11 Als gut bebildertes Beispiel für den »Alltagsrassismus« gilt der *Karikaturen-Kalender der Deutschen Polizeigewerkschaft 2012*. »Konkret geht es zum Beispiel um eine Karikatur mit einem festgenommenen Farbigen mit überzeichneten dicken roten Lippen, der sich gegen den Griff eines Polizeibeamten wehrt und in gebrochenem Deutsch schreit: ›Was heiß' hie' Ve'dunklungsgefah' …?!‹« (Die WELT online, 29.02.2012). Dass hier kein Problembewusstsein vorliegt, sondern dies den Alltag(srassismus) in Polizeibehörden spiegelt, unterstreicht die entlarvende Aussage des ersten stellvertretenden Bundesvorsitzenden der Deutschen Polizeigewerkschaft, Hermann Benker, der betont, »es handle sich lediglich um ›Polizistenjargon‹« (Die WELT online, 29.02.12).

12 Twittern, tweeten oder retweeten bezieht sich auf den bekanntesten Microblogging-Dienst Twitter, welcher das Versenden und Empfangen von auf 140 Zeichen limitierte Nachrichten (sogenannten Tweets) ermöglicht. Twittern bezeichnet das ›Zwitschern‹, das Senden und Empfangen von Kurznachrichten über das Internet. Ein Retweet auf Twitter bezeichnet einen Tweet, der von einem User weitergepostet wird (online Marketing Glossar).

13 Ebenso performative Wirkung entfalten meines Erachtens »leere« Sprechakte, Negationen respektive das Nichtwahrnehmen. Sie finden – sofern sie sich in einem legitimen Rahmen abspielen – ihren Niederschlag in der Subjektkonstitution.

14 Auffallend ist, dass sich insbesondere die Sexualisierungen sowie die Inszenierung der Mütterlichkeit im Dreiergespann der VerteidigerInnen Anja Sturm, Wolfgang Heer und Wolfgang Stahl widerspiegelt. So blass wie »die beiden Uwes« erscheinen auch die beiden Wolfgangs und ähnlich grotesk, wie über das vermeintliche Wesen und das Erscheinungsbild der Hauptangeklagten berichtet wird, lässt man sich insbesondere über Anja Sturm aus. So liest man beispielsweise – am 16.05.2013 in der *BILD* Bundesausgabe – neben der halbseitigen Abbildung ihrer nach vorn gebeugten Rückansicht: »Laufsteg Gerichtssaal: Zschäpes Verteidigerin Anja Sturm erschien in einem giftgrünen Kleid und auffälligen grünweißen Plateau-Pumps im Gerichtssaal« (BILD Bundesausgabe, 13.05.13, S. 11). Man erfährt in der Presse Details über Sturms Kindheit, Laufbahn, Krebserkrankung und findet auch hier eine vollkommen überflüssige Bewunderung für Aspekte ihrer Persönlichkeit, die bei männlichen Kollegen sicherlich kaum als erwähnenswert gelten würden. Man stelle sich vor, es würde bei einem männlichen Verteidiger über dessen Hodenkrebserkrankung, Bartverlust und »feste Stimme« berichtet und hinter dessen »freundlichen Umgangsformen, der charmanten Art« ein verborgener »harter Kern« vermutet (vgl. Frankfurter Rundschau online, 13.04.13).

15 Auch die türkische Tageszeitung *Hürriyet* geht sehr detailliert auf den seltsamen »Vergleich von Zschäpe mit einer Barbiepuppe« ein. Interessant ist dabei Folgendes: Während der Barbie-Vergleich im *BILD*-Zitat erscheint, als stamme er von dem Nebenkläger Erdal, wird anhand der beinahe szenischen Widergabe der Gerichtsszene durch die *Hürriyet* deutlich, dass 1) die Barbie-Beschreibung auf die Erinnerung einer Zeugin zurückgeht, die durch den Polizeibeamten Hoffmann wiedergegeben wird, der durch Erdal vernommen wurde, und dass 2) dieser Vergleich im Gerichtssaal offenbar zu Irritationen und Gelächter führte. [»Dünkü duruşmanın öğleden sonraki oturumunda bu kez Horst Hoffman adlı bir polis memurunun ifadesi alındı. Hoffman, Nürnberg'te işlenen terzi Abdurrahim Özüdoğru cinayetinde görgü tanığı bir kadının ifadesini aktardı. Hoffman, görgü tanığı kadının olay yerinde sarışın, düzgün vücutlu Barbie bebeklerini andıran bir kadın gördüğünü anlattığını söyledi. Bunu üzerine söz alan müdahil avukatlardan Menderes Erdal, ›Bakın bu salonda o kadar kadın var. Hangisi Barbie'ye benziyor‹ diye soru yönelti. Salonda gülüşmeler olması üzerine mahkeme başkanı ›Ne demek istiyorsunuz‹ dedi. Müdahil avukat, tanık kadının ifadesinin basbayağı doğru olduğunu baş zanlı Beate Zscaepe'nin Barbie'ye çok benzediğini söyledi. Salonda gülüşmelerin artması üzerine baş yargıç duruşmaya son verdi.« Übersetzung: »In der Nachmittagssitzung der gestrigen Hauptverhandlung wurde diesmal der Polizeibeamte Horst Hoffmann vernommen. Hoffmann zitierte die Aussage einer Augenzeugin zu dem in Nürnberg begangenen Mord an dem Schneider Abdurrahim Özüdoğru. Hoffmann berichtete, dass die Augenzeugin davon erzählt habe, sich zu erinnern, am Tatort eine Barbie, eine blonde Frau mit gutem Körperbau, gesehen zu haben. Als der Rechtsanwalt, der Nebenkläger Menders Erdal, das Wort erhielt, fragte er: ›Schauen Sie in diesem Saal gibt es so viele Frauen. Welche sieht wie Barbie aus?‹ Nachdem es Gelächter im Gerichtssaal gab, sagte der Gerichtspräsident ›Was wollen Sie damit sagen?‹ Der Anwalt der Nebenkläger sagte darauf, dass die Aussage der Zeugin schlicht und ergreifend richtig sei und die Hauptangeklagte Beate Zschäpe (einer) Barbie sehr ähnele. Als sich das Gelächter im Gerichtssaal vermehrte, beendete der Hauptrichter die Gerichtsverhandlung« (hurriyet.com.tr, 24.07.13; Übersetzung: Ersan Özdemir).

16 Es ist eine Sache, weibliche Täterinnenschaft nicht anzuerkennen, viel dramatischer ist jedoch, dass dadurch mitunter die Leiden der Opfer negiert werden.

17 Die Aufspaltung der Bilder und das Verhältnis, in dem »Madonna und Hure« sowie »Bestie und Mutter« stehen, werden unter dem Stichwort »Madonna – Hure. Theoretische Überlegungen zum Bilderbuch« genauer analysiert.

18 Dass Frauen qua Geschlecht weder Opfer noch Täterinnen sind, ist eine Diskussion, die an Frigga Haugs Vortrag respektive Aufsatz »Opfer oder Täter? Über das Verhalten von Frauen« (1981) gemahnt. Die als Provokation empfundene Behauptung, dass Frauen das Potenzial besitzen, Gewalt und Grausamkeit auszuüben, taugt noch heute – außerhalb eines geschlechtswissenschaftlich sensibilisierten Feldes – zur Schlagzeile. Insofern ist die Frage nach Täterinnenschaft, immer eine, die zur interdisziplinären Berücksichtigung von Aspekten der (Nicht-)Wahrnehmung sowie zum Zurückwirken von Wahrnehmung und Sprache auf die (weibliche) Subjektkonstitution auffordert.

19 Selbst wenn das *Tat*sächliche zur Sprache käme und Zschäpe in Zukunft »Angaben zur Sache [...] machen« würde (vgl. SPIEGEL online, 05.04.13 u. a.), so ist anzunehmen, dass dies medial auf der Folie des einen oder anderen Bildes gelesen und maximal juristisch relevant werden würde. Zu den Fragen ihrer Täterinnenschaft und der Rolle von Frauen in rechtsextremen Strukturen sowie zur Stabilisierung oder Fragmentierung der weiblichen »Geschlechtsidentität« durch sadistisch-nazistische, männlich konnotierte Gewalttaten lässt sich aus den Medienbildern relativ wenig ableiten, wenngleich diese auch – als Kulturprodukte gesehen – einer tiefenhermeneutischen Kulturanalyse unterzogen werden und so interessante Ergebnisse über die Fantasien der AutorInnen, präformierte Wahrnehmungen der NSU-Täterin sowie die auf die Protagonistin projizierten Vorstellungsinhalte zutage fördern.

20 Auch wenn man beim »Madonna-Hure-Komplex« in der Regel von Männern ausgeht, wäre es richtiger, von einer »phallisch präformierten« Wahrnehmung zu sprechen, da diese – der symbolischen Ordnung entsprechend getönte – Betrachtungsweise bei männlichen wie weiblichen RezipientInnen vorkommen dürfte.

21 Die Frankfurter Rundschau online titelt am 14. Januar 2014: »Beate Zschäpes schmutzige Wäsche« (Frankfurter Rundschau online, 14.01.14).

22 Der unter dem Pseudonym »Michael Mannheimer« (Klarname: Karl-Michael Merkle [tagblatt.de, 19.04.13]) publizierte Blog enthält äußerst degradierende, rassistische, rechtsextreme und rechtspopulistische Inhalte. Dem Blog fehlen Impressum sowie Daten der Veröffentlichung und im zitierten Artikel sind unter »gesamter Quelltext« Anti-Haarausfall-Produkte verlinkt (s. mannheimer.info).

23 »Sie ist eine Naturkatastrophe, eine Mißgeburt [...], darauf aus, den Mann zu kastrieren und zu zerfetzen und es scheint ihr imaginärer Penis zu sein, der ihr die schreckliche Macht dazu verleiht« (Theweleit, 1977, S. 103).

24 Wolfram Stender spricht u. a. am 15. Januar 2014 in der Diskussionsveranstaltung »Über Umgang mit Rechtsextremismus an der Hochschule« im Rahmen des Jour Fixe der Arbeitsgemeinschaft Politische Psychologie vom »Solidarisierungsreflex der alltagsrassistischen Mehrheit« (s. agpolpsy.de, 15.01.14).

25 Interessant ist, dass sich ausgerechnet Proll, die selbst schon als »Miss Terror« betitelt wurde, sich 1968 der RAF anschloss, die 70er-Jahre auf der Flucht oder im Gefängnis verbrachte und seit ihrer Rehabilitierung als Fotojournalistin und Autorin arbeitet, sich – angesichts der enormen Kritik, die an den Ermittlungen zum NSU-Prozess und der offenen Fragen zu den Verstrickungen des BND – so wenig kritisch zum Verfahren äußert (BZ online, 13.03.00.

26 »Nazi şeytan şık giyindi« (sabah.com.tr, 08.05.2013; Übersetzung: »Nazi – Teufel chic angezogen«).

27 Das Pressefoto zeigt die Angeklagten L. Spyridon und A. Serkan in Handschellen (SPIEGEL online, 27.06.2008).

28 »Bir yanda yaşlı bir Alman'ı döverek hastanelik eden biri Türk diğeri Yunanlı iki genç, elleri kelepçeli, diğer yanda 10 kişinin katil zanlısı Zschaepe serbest. Peki, hangisi daha cani?« (»Auf einer Seite die zwei Jugendlichen – der eine ein Türke und der andere ein Grieche, die einen älteren Deutschen krankenhausreif geschlagen haben – in Handschellen. Auf der anderen Seite, die wegen zehnfachen Mordes Angeklagte Zschäpe, leger. Gut, doch wer ist krimineller?«) »Almanya'nın Münih Eyalet Mahkemesi'nde görülen Nasyonal Sosyalist Yeraltı (NSU) terör örgütü davasında baş sanık Beate Zschaepe'nin duruşma salonuna getirilişi ve rahat tavırları dikkat çekerken, akıllara 5 yıl önceki Serkan A. isimli Türk gencinin davası geldi. 8'i Türk 10 kişinin öldürülmesi ve 2 bombalı eyleme karışmakla suçlanan Zschaepe salona elleri kelepçesiz getirilirken, Serkan A., elleri kelepçeli ve yoğun güvenlik önlemleri ile salona alınmıştı.« (»Während die Hauptangeklagte Beate Zschäpe in den Verhandlungssaal des deutschen Münchener Landesgerichtes zum Prozess gegen die Terrororganisation Nationalsozialistischer Untergrund (NSU) gebracht wird und ihre behagliche Haltung Aufsehen erregt, erinnert man sich an die fünf Jahre zurückliegende Gerichtsverhandlung gegen den türkischen Jugendlichen, namentlich Serkan A. Während die wegen des Mordes an zehn Personen (davon acht türkische Personen) und der Beteiligung an zwei Bombenattentaten beschuldigte Zschäpe ohne Handschellen hereingebracht wird, wurde Serkan A. mit Handschellen und mit intensiven Sicherheitsmaßnahmen in den Saal gebracht.«) (Sabah, 18.05.2013; Übersetzung: Ersan Özdemir).

29 Es wäre ein eigenes – auch politik- und medienwissenschaftlich – interessantes Projekt, die internationale Berichterstattung über Zschäpe und das NSU-Verfahren zu untersuchen. Hierfür wäre eine umfassende sprachliche Kompetenz, das Lesen und Verstehen der Berichte in den jeweiligen Originalsprachen unabdingbar, da sprachliche Feinheiten sonst dem analytischen Skalpell entgehen. Ein kleiner Überblick ist in der zitierten Onlineausgabe der *Augsburger Allgemeinen* vom 20. Mai 2013 zu finden (vgl. augsburger-allgemeine.de, 20.05.13).

30 Was im Rahmen von Kunst- und Kulturprodukten schrecklich, schön und legitim ist – Ab- und Schreckbilder phallischer und kastrierender Frauen zu schaffen, sie Heiligen, Holden und keuschen Heldinnen gegenüberzustellen, kurz: Fantasien und Ängste zu artikulieren, zu überzeichnen und zu variieren – kann bzw. sollte nicht Sinn und Merkmal journalistisch-publizistischer Betrachtungen sein. Die »Dessous« der Angeklagten zu etwas zu erheben, das für die Frage ihrer Täterinnenschaft von Relevanz und Wert für den öffentlichen Diskurs sein soll, scheint eher der Auflagensteigerung respektive der Steigerung der Klickzahlen (und damit Werbeeinnahmen) zu dienen und wirft damit ein bedenkliches Licht auf all jene Medien, die sich kaum dafür zu interessieren scheinen, ob Zschäpe eine Mordserie ideologisch mitgetragen und aktiv unterstützt hat.

31 Ein medienhistorischer Vergleich zeigt, dass PressevertreterInnen und ProzessbeobachterInnen im Bergen-Belsen-Prozess (1945) und Ravensbrück-Prozess (1946) nahezu identische Formulierungen zur Beschreibung der angeklagten NS-Täterinnen verwandten.

32 Christina von Braun und andere verweisen auf die geistesgeschichtliche Tradition, die sich – die Weiblichkeit als Abweichung von der als »männlich« gedachten Norm begreifend – in vielen kulturellen und wissenschaftlichen Bereichen niederschlägt (vgl. Braun, 2003, S. 253).

33 Diesbezüglich wurde der Vermutung Raum gegeben, dass solche Abwehrphänomene in der bundesdeutschen Beschäftigung mit den NSU-Morden extremer oder anders als bei ausländischen Medien vorkommen dürften. Ein solcher Medienvergleich steht bislang ebenso aus wie die Analyse der Berichterstattung zum Fall Zschäpe in juristischen (Fach-)Zeitschriften. Ein internationaler Medienvergleich müsste – neben dem psychoanalytischen Blick auf Abwehr-, Geschlechts- und Angstaspekte – auch auf intergenerative, historische und national konstitutive Aspekte und noch stärker auf Rassismuskonzepte eingehen.

34 Zudem ist davon auszugehen, dass populäre Medien- und Presseerzeugnisse gesellschaftliche Haltungen nicht produzieren, sondern affektive Aspekte, unbewusste Fantasien und Ängste ansprechen (sollen), die bei der Mehrheitsgesellschaft bereits vorhanden sind.

Literatur

Allport, G. W. (1953). *Treibjagd auf Sündenböcke*. Hrsg. v. K. C. Knudsen. Berlin: Christian-Verl. (1968).

Austin, J. L. (1962). *Zur Theorie der Sprechakte (How to do things with Words)*. Stuttgart: Reclam (1972).

Butler, J. (1993). Für ein sorgfältiges Lesen. In S. Benhabib, J. Butler, D. Cornell & N. Frasier (Hrsg.), *Der Streit um Differenz. Feminismus und Postmoderne in der Gegenwart* (S. 122–132). Frankfurt am Main: Fischer.

Butler, J. (1997). *Hass spricht – Zur Politik des Performativen*. Berlin: Berlin Verlag (1998).

Braun, C. von (2003). Die unterschiedlichen Geschlechtercodierungen bei NS-Tätern und -Täterinnen unter Medienhistorischer Perspektive. In U. Weckel & E. Wolfrum: *»Bestien« und »Befehlsempfänger«. Frauen und Männer in NS-Prozessen nach 1945*. Göttingen: Vandenhoeck & Ruprecht.

Decker, O. & Brähler, E. (2006). *Vom Rand zur Mitte. Rechtsextreme Einstellungen und ihre Einflussfaktoren in Deutschland*. Hrsg. v. der Friedrich-Ebert-Stiftung. Berlin: Forum Berlin.

Freud, S. (1910). Beiträge zur Psychologie des Liebeslebens. Über einen besonderen Typus der Objektwahl beim Manne. In *Studienausgabe V* (S. 185–195) ([7]1994).

Früh, F. (2003). Die sexuelle Brust. Ein Beitrag zu einem psychoanalytischen Verständnis der weiblichen Sexualität. *Psyche, 57*(5), 385–402.

Gensing, P. (2012). *Terror von Rechts. Die Neo-Nazi-Morde und das Versagen der Politik*. Berlin: Rotbuch.

Hannemann, I. (2011). Täterinnenschaft und weibliche Grausamkeitsmotivation. Raum Körper und Wahrnehmung. In Brunner, M., Lohl, J., Pohl, R. & Winter, S. (Hrsg.), *Volksgemeinschaft, Täterschaft und Antisemitismus. Beiträge zur psychoanalytischen Sozialpsychologie des Nationalsozialismus und seiner Nachwirkungen* (S. 57–110). Gießen: Psychosozial.

Kompisch, K. (2008). *Täterinnen. Frauen im Nationalsozialismus*. Köln: Böhlau.

Laplanche, J. u. Pontalis, J.-B. (1973). *Das Vokabular der Psychoanalyse*. Frankfurt am Main: Suhrkamp.

Lehnert, E. (2013). Parteiliche Mädchenarbeit und Rechtsextremismusprävention. In Amadeu Antonio Stiftung & Radvan, H. (Hrsg.), Gender und Rechtsextremismusprävention (S. 197–210). Berlin: Metropol.

Lee, H. & Maurer Queipo, I. (2013). *Mörderinnen. Künstlerische und mediale Inszenierungen weiblicher Verbrechen*. Bielefeld: transcript.

Mitscherlich, M. (1987). *Die friedfertige Frau. Eine psychoanalytische Untersuchung zur Aggression der Geschlechter*. Frankfurt am Main: Fischer (1989).

Pohl, R. (2004). Feindbild Frau. Männliche Sexualität, Gewalt und die Abwehr des Weiblichen. Hannover: Offizin.

Preusser, H. P. (2013). Heroinen, Giftmischerinnen und verzweifelte Liebende. Eine kleine Typologie mordender Frauen in Literatur und Film von der Antike bis zur Gegenwart. In L. Hyunseon, & I. M. Queipo (Hrsg.), *Mörderinnen: Künstlerische und mediale Inszenierungen weiblicher Verbrechen* (S. 51–88). Bielefeld: transcript.

Radvan, H. (2013). *Gender und Rechtsextremismusprävention*. Berlin: Metropol.

Rohde-Dachser, C. (2007). »Blue Velvet«. Aus der Reihe »Psychoanalyse und Film« des Instituts für Psychoanalyse der DPG Frankfurt/Main. Vortrag im Kino »Mal Seh'n« am 25.04.07. http://www.rohde-dachser.de/pdf/blue-velvet.pdf (Stand: 10.01.14).

Röpke, A. & Speit, A. (2011). *Mädelsache! Frauen in der Neonazi-Szene*. Berlin: Ch. Links Verlag.

Sarrazin, T. (2010). *Deutschland schafft sich ab. Wie wir unser Land aufs Spiel setzen*. München: dva.

Schiller, F. (1797). Der Taucher. In *Schillers* Werke. Band 1 (S. 126–131). Hrsg. v. den nationalen Forschungs- und Gedenkstätten der klassischen deutschen Literatur Weimar. Weimar: Volksverlag (1962).

Theweleit, K. (1977). *Männerphantasien: Frauen, Fluten, Körper, Geschichte*. Frankfurt am Main: Verlag Roter Stern.

Weckel, U. & Wolfrum, E. (Hrsg.). (2003). *Bestien und Befehlsempfänger. Frauen und Männer in NS-Prozessen nach 1945*. Göttingen: Vandenhoeck & Ruprecht.

Winter, S. (2013). *Geschlechter- und Sexualitätsentwürfe in der SS-Zeitung ›Das Schwarze Korps‹. Eine psychoanalytisch-sozialpsychologische Studie*. Gießen: Psychosozial-Verlag.

Zeitschriften und Online-Medien

agpolpsy.de, 15.01.14: Über den Umgang mit Rechtsextremismus an der Hochschule. Diskussionsveranstaltung mit Prof. Dr. Wolfram Stender (Hochschule Hannover, Fakultät V), Prof. Dr. Joachim Perels (Institut für Politische Wissenschaft), einer Vertreterin des AStA der LUH und einer Vertreterin der Mobilen Beratung für Opfer rechter Gewalt. Leibniz Universität Hannover, 15. Januar 2014. http://tiny.cc/onwmbx (Stand: 15.01.14).

apabiz.de: NSU Watch. http://www.nsu-watch.info/material/transkript-des-nsu-bekennervideos/ (Stand: 04.10.13).

augsburger-allgemeine.de, 20.05.13: »Die Schwarze, die Hitler sein wollte«: So berichtet das Ausland. Augsburger Allgemeine online, 20. Mai 2013. http://www.augsburger-allgemeine.de/bayern/Die-Schwarze-die-Hitler-sein-wollte-So-berichtet-das-Ausland-id25306851.html (Stand: 08.10.13).

BILD online, 12.04.2006: Völkerling, J.: Die Polizei jagt zwei unheimliche Mörder, die sich seit 5 Jahren quer durch Deutschland schießen: Döner-Killer holten Opfer Nr. 9. http://tiny.cc/gnws4w (Stand: 10.10.13).
BILD online, 07.05.13: Feldhaus, K.: Beate Zschäpe im Gerichtssaal: Die Nazi-Terroristin macht jetzt auf seriös. http://tiny.cc/3v4n4w (Stand: 08.10.13).
BILD online, 23.07.13: Völkerling, J.: Im NSU-Prozess: Anwalt vergleicht Nazi-Braut Zschäpe mit Barbie. http://tiny.cc/424n4w (Stand: 08.10.13).
BILD online, 25.07.13: Grothmann, O. & Völkerling, J.: An jedem Prozesstag ein anderes Outfit. Wo hat die Zschäpe ihre Klamotten her? http://tiny.cc/va4n4w (Stand: 08.10.13).
BILD online, 30.07.13: Völkerling, J. & Grothmann, O.: NSU-Prozess – Tag 29: Nachbarin hielt Zschäpe für Prostituierte. http://tiny.cc/6j6n4w (Stand: 08.10.13).
blick.ch, 05.05.13: Berger, P.: Am Montag beginnt der NSU-Prozess: So wurde diese Frau zur Neonazi-Terroristin. http://tiny.cc/9rym4w
BZ online, 13.03.00: Entdeckung an der Bushaltestelle. http://tiny.cc/me7nax (Stand: 10.01.14).
Cicero.de, 13.12.13: Förster, A.: Beate Zschäpe: Partymaus und Nazibraut. http://tiny.cc/8r827w (Stand: 13.12.13, Herv. I. H.).
Cicero.de, 13.12.13: Förster, A.: Beate Zschäpe: Partymaus und Nazibraut.. http://tiny.cc/d5h48w (Stand: 01.01.14).
dejure.org: Grundgesetz. I. Die Grundrechte. Artikel 3. http://tiny.cc/i4avax (Stand: 31.01.2014).
Deutsch Türkische Nachrichten, 04.11.13: NSU-Terror: Selbstmord von Mundlos und Böhnhardt technisch »unmöglich«. (http://tiny.cc/9qs85w (Stand: 08.11.13).
DW.de, 11.04.13: Lichtenberg, A.: Beate Zschäpe – die Mutter der Terrorzelle. http://tiny.cc/u4cn4w (Stand: 08.10.13).
Frankfurter Rundschau online, 13.04.13: Rennefanz, S.: Der schwierigste Fall ihres Lebens. http://tiny.cc/a11mbx (Stand: 10.01.14).
Frankfurter Rundschau online, 07.05.13: Anwältin verteidigt Zschäpe – »Alles Projektionen«. http://tiny.cc/py2mbx (Stand: 10.01.14).
Frankfurter Allgemeine online, 16.07.13: Truscheit, K.: Zschäpe entschied dagegen. http://tiny.cc/aen78w (Stand: 01.01.14).
Frankfurter Rundschau online, 23.05.13: Bommarius, C.: Das Ansehen Beate Zschäpes. http://tiny.cc/nvzo4w (Stand: 09.10.13).
Frankfurter Rundschau online, 14.01.14: Beate Zschäpes schmutzige Wäsche. http://tiny.cc/3kxs9w (Stand: 14.01.14).
kontextwochenzeitung.de, 01.01.14: Stiefel, S.: Zschäpe – nur die Spitze des Eisbergs. http://tiny.cc/3h5v9w (Stand: 10.01.14).
mannheimer.info: http://tiny.cc/arwu9w (Stand: 10.01.14).*
Neues Deutschland, 04.05.13: Ramelow, B.: Das Grauen heißt nur noch Zschäpe. http://tiny.cc/0lzn4w (Stand: 08.10.13).
Neues Deutschland, 06.05.13: Heilig, R.: Die Angeklagten im NSU-Prozess: Neben Zschäpe sitzen am Montag vier Männer auf der Anklagebank. http://tiny.cc/neuesdeutschland6may (Stand: 08.10.13).
n-tv.de, 05.05.13: Bach, S.: Nette Hausfrau, kaltblütige Nazi-Braut. Beate Zschäpes Weg in den NSU. http://tiny.cc/qwzm4w (Stand: 08.10.13).
N24.de, 24.03.13: Mehr Helfer als bekannt: Gehörten auch V-Leute zur Terrorzelle NSU? http://tiny.cc/y9ym4w (Stand: 08.10.13).
Nordbayern.de, 14.01.14: NSU: Stinkende Socken sollen Zschäpes Schuld beweisen. Ermittler präsentiert Kleidung – Benzingeruch deutet auf Brandstiftung hin. http://tiny.cc/9ugs9w (Stand: 14.01.14).
Online Marketing Glossar: Twitter. http://tiny.cc/uly27w (Stand: 14.12.13).
presserat.info: http://tiny.cc/upgr4w (Stand: 11.10.13).
publikative.org, 31.07.11: Gensing, P.: Rechtsradikaler Blogger rief zu den Waffen. http://tiny.cc/4ewu9w (Stand: 10.01.14).
spdfraktion.de, 14.12.12: NSU-Terror: Schwere Fehler des damaligen Bundesinnenminister Wolfgang Schäuble. http://tiny.cc/8zb48w (Stand: 01.01.13).
SPIEGEL online, 27.06.08: U-Bahn-Schläger: Gutachter bescheinigt Angeklagten »ungehemmte Aggression«. http://tiny.cc/x3bvax (Stand: 10.02.14).
SPIEGEL online, 13.12.11: Hans, B. & Witte, J.: NPD und braune Terrorzelle: Belastende Bilder. http://tiny.cc/fk034w (Stand: 17.10.13).
SPIEGEL online ,05.04.13: Jüttner, J.: Angeklagte Beate Zschäpe: Die Frau mit den zehn Namen. http://tiny.cc/tizi9w (Stand: 10.01.14).
SPIEGEL online, 16.07.13: Friedrichsen, G.: Zeugenvernehmung im NSU-Prozess: Schwarzer Tag für Zschäpe. http://tiny.cc/5a6n4w (Stand: 08.10.13).
SPIEGEL online, 01.08.13: Jüttner, J.: Ermittler im NSU-Prozess: Die Würde der Semiya Simsek. http://tiny.cc/q8us4w (Stand: 10.10.13).
Stern.de, 08.01.12: »Kleine Kopftuchmädchen«: Sarrazins Äußerungen laut Gutachten rassistisch. http://tiny.cc/w8r85w (Stand: 08.11.13).
Stern.de, 19.04.12: Liedtke, D.: Nazi-Terrorserie: Das Bild der Beate Zschäpe wird schärfer. http://tiny.cc/j2sv5w (Stand: 01.11.13).
Stern.de, 07.05.13: http://tiny.cc/t7qv5w (Stand: 01.11.13).
Stern.de, 16.07.13: NSU-Prozess: Balladenabende für das Terror-Trio. http://tiny.cc/bao78w (Stand: 01.01.14).
Stern.de, 13.11.13: Löer, W. & Plonka, N.: NSU-Morde: Zschäpes großer Fehler. http://tiny.cc/iisyax (Stand: 10.01.14).
stuttgarter-zeitung.de, 05.05.13: Förster, A.: Beate Zschäpe: Vom unbeschwerten Teenager zur Terroristin. http://tiny.cc/ck9n4w (Stand: 09.10.13).
SZ online, 16.07.13: Ramelsberger, A.: NSU-Prozess in München: »Sie war auf gleicher Höhe«. http://tiny.cc/5i7n4w (Stand: 08.10.13).
tagblatt.de, 19.04.13: http://tiny.cc/vz3v9w (Stand: 10.01.14).*
taz.de, 16.11.11: Bekennervideo der Zwickauer Zelle. 15 Minuten Menschenhass. http://tiny.cc/ae5v9w (Stand: 10.01.14).

taz.de, 06.05.13: Die Nazibraut im weißen Blazer. http://www.taz.de/!115813/ (Stand: 08.10.13).
taz.de, 25.07.13: Zschäpes Nachbarn sagen aus: Die liebe »Diddl-Maus«. http://www.taz.de/!120655/ (Stand: 08.10.13).
taz.de, 15.11.13: NSU-Prozess in München: Eine schrecklich nette Familie. http://tiny.cc/jhjvax (Stand: 10.01.14).
TZ online, 07.05.13: Plange, D.: Auftakt im NSU-Prozess: Beate Zschäpe: Der eiskalte Auftritt der Nazi-Braut. http://tiny.cc/as8n4w (Stand: 08.10.13).
unwortdesjahres.net, 17.01.2012: Pressemitteilung. Unwort des Jahres 2011: Döner-Morde. http://tiny.cc/rnvs4w (Stand: 10.10.13).
Die WELT online, 16.11.2011: Hinrichs, P.: Entsetzen in Hamburg: »Die Behörden sind auf dem rechten Auge blind«. http://tiny.cc/lad48w (Stand: 01.01.13).
Die WELT online, 29.02.2012:Rassismus-Vorwürfe: Polizeipräsident verbietet Karikaturen-Kalender. http://tiny.cc/85a17w (Stand: 13.12.13).
Die WELT online, 10.08.13: Crolly, H.: NSU-Prozess: Das Schweigen der Plaudertasche Beate Zschäpe. http://tiny.cc/ouvv9w (Stand: 10.01.14).
Die WELT online, 03.12.13: Bewarder, M. & Hinrichs, P.: Neonazi: Zschäpe – zärtliche Katzenmama und Terrorbraut. http://tiny.cc/d1cn4w (Stand: 08.10.13).
ZEIT online, 30.11.12: Rechtsterrorismus: Beate, die braune Witwe. http://tiny.cc/aycn4w (Stand: 08.10.13).
ZEIT online, 29.08.13: Mordanschlag Heilbronn: Heilbronner Polizist muss im NSU-Prozess aussagen. http://tiny.cc/gkzm4w (Stand: 08.10.13).
ZEIT online, 14.11.13: NSU-Prozess: Die Terroristin von nebenan. http://tiny.cc/3csyax (Stand: 10.01.14).
Zuerst!, 27.05.13: Wie im Mittelalter: Das Münchner NSU-Verfahren erinnert an einen Hexenprozeß. http://tiny.cc/ouvu9w (Stand: 10.01.14).*

Internationale Internetquellen

dailymail.co.uk, 03.05.13: Reilly, J. & Hall, A.: Face of Germany's »Nazi moll«: Sole survivor of »she-devil love triangle« finally stands trial for murder of ten people. http://tiny.cc/je6nax (Stand: 10.01.14).
theguardian.com, 03.05.13: Connolly, K.: Neo-Nazi gang trial to get under way in Germany after chaotic start. http://tiny.cc/3may13 (Stand: 4.10.13).
theguardian.com, 06.05.13: Connolly, K.: Neo-Nazi cell survivor in dock for biggest German terror trial for decades. http://tiny.cc/6may13 (Stand: 4.10.13).
theguardian.com, 16.11.13: Proll, A.: The Beate Zschäpe trial is a chance to show how enlightened Germany is. http://tiny.cc/wo6m4w (Stand: 08.10.13)
theguardian.com, 06.05.13: Connolly, K.: Neo-Nazi cell survivor in dock for biggest German terror trial for decades. http://tiny.cc/fcpw9w (Stand: 08.10.13).
hurriyet.com.tr, 24 Juli 2013: Mercimek, A.: Zschaepe'ye Barbie bebek benzetmesi. http://tiny.cc/cb9nax (Stand: 16.12.2013).
sabah.com.tr, 08.05.2013: Erel, I. & Turan, R.: »Nazi şeytan şık giyindi«. http://tiny.cc/u18nax (Stand: 20.01.14).
sabah.com.tr, 18.05.2013: Erel, I. & Turan, R.: .Almanya'da çifte standart. http://tiny.cc/2ecvax (Stand: 10.01.14).

Sonstige Quellen

BILD Hannover, 07.05.13, S. 1.
BILD Bundesausgabe, 13.05.13, S. 11.

* Die Autorin möchte sich von mit einem Sternchen gekennzeichneten Quellen, die eindeutig rechtsextreme, sozialdarwinistische oder antidemokratische Positionen formulieren, distanzieren, führt diese hier aber der Vollständigkeit und Nachvollziehbarkeit halber an.

Die Autorin

Isabelle Hannemann, M.A., promoviert aktuell zum Thema »Grausamkeit und Geschlecht: Eine psychoanalytische Untersuchung des weiblichen Sadismus im Spannungsfeld von Körperraum, -sprache und -wahrnehmung« an der Leibniz Universität Hannover, lehrt an der Georg-August Universität Göttingen sowie der Hochschule Hannover und arbeitet als freie Autorin und Fotografin. Ihre wissenschaftliche Arbeit konzentriert sich auf Gewalt und Grausamkeit im Spannungsfeld von Symbol, Sprache, Wahrnehmung, Körper und Geschlecht. Publikationsliste: www.isabellehannemann.net

Kontakt

Isabelle Hannemann
Leinaustraße 25
30451 Hannover
E-Mail: info@isabellehannemann.net
www.isabellehannemann.net

Das Ich ist nicht Herr im eigenen Haus

Zur Psychoanalyse von Eigennamen[1]

Jochen Hörisch

Zusammenfassung
Um sogenannte Eigennamen ist es seltsam bestellt, denn wir suchen uns unsere Namen nicht aus, sie werden uns von anderen zugewiesen. Insofern sind sie der Inbegriff von Heteronomie. Umso stärker kann sich der Wunsch ausbilden, sich (selbst) einen Namen zu machen. Denn Namen haben eine prägende Kraft – wie gerade die Psychoanalyse herausstellt. Fast alle Menschen leben mit der tiefen Intuition, dass Eigennamen verlässlicher sind als andere Signifikanten.

Schlüsselwörter: Eigenname, Fremdbestimmung, Narzissmus, Sprachmagie

Abstract
The ego is not master in its own house. The heteronomic dimension of so called proper names
Proper names are not proper. We are furthermore obliged to live with the names, which are given to us by others (parents, priests etc.). Proper names are the incarnation of heteronomy. They determine our life – a central issue of psychoanalysis. Many of us try hard to escape this heteronomy and to become real masters of their proper names.

Keywords: proper names, heteronomy, magic dimensions of language

---

Worte waren ursprünglich Zauber, und das Wort hat noch heute viel von seiner alten Zauberkraft bewahrt.

Freud, *Vorlesungen zur Einführung in die Psychoanalyse*

Die Heteronomie des sogenannten Eigennamens

Um sogenannte Eigennamen ist es – wie Psychoanalytiker schon früh feststellen (vgl. Abraham, 1911; Stekel, 1911; vgl. auch Katz, 1964)[2] – seltsam bestellt. Ist doch schon der Begriff Eigenname/nomen proprium ein Euphemismus. Wie wir heißen, welchen Namen wir tragen, entscheiden nicht wir selbst. Unsere Namen sind nicht Effekt einer starken Eigeninitiative, sie sind gerade nicht unser Eigen/tum; wir können sie nicht eintauschen oder verkaufen. Die Namen, die wir tragen, müssen wir vielmehr ertragen, an ihnen haben wir unter Umständen schwer zu tragen. Der Begriff Namensträger steht anders als der Begriff Eigenname nicht unter Euphemismusverdacht. Der oder die Vornamen ebenso wie der Nachname werden uns von anderen zugeeignet, sachlicher formuliert: zugemutet. Benennungsriten für Neugeborene kennen alle Kulturen und Religionen. Und diese Riten haben bei aller Unterschiedlichkeit doch die starke Gemeinsamkeit, dass sie gar nicht anders verfahren können, als einem noch nicht sprachfähigen Wesen einen Namen aufzuprägen. Im Namen anderer Mächte bzw. Übermächte erhalten wir unbefragt von anderen unsere Namen. Nicht immer sind die Autoritäten, in deren Namen sogenannte Eigennamen oktroyiert werden, so gewaltig wie in der jüdischen und zumal christlichen Kultur. Im

Namen des Vaters, des Sohnes und des Heiligen Geistes werden wir mit einem Namen versehen, gezeichnet, gebrandmarkt. Lebewesen, die man aus gutem Grund als infans, also als sprachlose Wesen bezeichnet, haben ihrerseits gute Gründe, lautes Protestgeschrei anzustimmen, wenn sie ohne ihre Zustimmung auf den Namen getauft werden, bei dem sie sodann ein Leben lang gerufen werden und der auf ihrem Grabstein zu lesen sein wird.

Kurzum: Dass das Ich nicht Herr ist im eigenen Haus, wird jedem Neugeborenen schonungslos klargemacht, auch wenn es noch so liebevoll (womöglich schon pränatal) aus einem Muttermund mit seinem Eigennamen, also mit dem Namen, den ihm andere verschrieben haben, angesprochen wird. Der Eigenname ist der Inbegriff der Heteronomie. »Der Eigenname enteignet« (Hamacher, 1998, S. 301). Er brandmarkt oder er betreibt brand marketing. Das stellt auch Goethes sonderbar um Namensprobleme kreisender Roman *Wilhelm Meisters Wanderjahre* heraus. In ihm findet sich eine Szene, in der Leonardo einer schönen Frau begegnet, die den Namen Susanne trägt. Der sich daraufhin entfaltende Dialog ist es wert, zitiert zu werden:

> »›Wie kommen sie zu dem wunderlichen Namen?‹ – ›Es ist‹, versetzte sie, ›der dritte den man mir aufbürdet; ich ließ es gerne zu, weil meine Schwiegereltern es wünschten, denn es war der Name ihrer verstorbenen Tochter, an deren Stelle sie mich eintreten ließen, und der Name bleibt doch immer der schönste Stellvertreter der Person.‹ Darauf versetzte ich: ›ein vierter ist schon gefunden, ich würde Sie Gute-Schöne nennen, insofern es von mir abhinge.‹« (Goethe, 1989 [1828], S. 711)

Der Name Gute-Schöne ist wohl wunderlicher als der Name Susanne. Davon, dass Namen uns Namensträgern »aufgebürdet« werden, wissen viele ein Lied zu singen,[3] das halbwegs triviale und doch gewichtige Botschaften transportiert. Wer Cindy heißt, muss damit rechnen, dass kaum jemand annimmt, diese Namensträgerin komme aus der Oberschicht. Wer Ahmed oder Mohamed heißt, wird größere Schwierigkeiten haben, einen guten Ausbildungs- und Arbeitsplatz zu finden, als ein Maximilian. Wer Elfriede oder Heinrich heißt, gehört mit hoher statistischer Wahrscheinlichkeit älteren Jahrgängen an und muss auf Anrufe von Enkeltrickbetrügern gefasst sein. Wer die Vornamen Karl-Theodor Maria Nikolaus Johann Jacob Philipp Franz Joseph Sylvester trägt, führt mit noch deutlich höherer statistischer Wahrscheinlichkeit auch den Familiennamen Freiherr von und zu Guttenberg.

Gerade weil Eigennamen so heteronom sind, ist vielen Namensträgern die Versuchung bzw. der Impuls vertraut, diese Heteronomie zu überwinden und sich (selbst) einen Namen zu machen. Leicht ist das nicht. Dazu später mehr. Fällig aber ist schon hier ein Hinweis: Als ich begann, mich mit dem Thema »Zur Psychoanalyse des Eigennamens« zu befassen, hatte ich mich noch nicht gründlich in der vorliegenden neueren Forschungsliteratur umgeschaut. Mit Schrecken und mit Freude musste ich bei der Ausarbeitung dieses Textes dann feststellen, dass kein geringerer als Peter Widmer im Jahr 2010 eine Studie mit dem Titel *Der Eigenname und seine Buchstaben – Psychoanalytische und andere Untersuchungen*[4] vorgelegt hat, die – aus meiner Sicht, der ich mir mit diesem Beitrag hier einen bescheidenen Namen unter Psychoanalytikern und Psychologen machen möchte – leider vorzüglich ist. Nun muss derjenige, der den Namen Jochen Hörisch trägt, ertragen, dass vieles von dem, was er sagt, schon zuvor von einem anderen, der den Namen Peter Widmer trägt, bei seinem Namen genannt wurde (auch wenn mein Eigenname nicht genannt wird, wenn in dem Buch »findige Germanisten« gelobt werden[5]). Unser Sprechen, Schreiben und Unterzeichnen wird immer schon ein nachträgliches, ein nachgetragenes gewesen sein. Ich kann es nicht ändern, dass ein anderer Name als der meine über einer klugen Studie steht.

Auch im gegenwärtig gültigen und vergleichsweise liberalen deutschen Namensrecht gilt der Grundsatz der Unabänderlichkeit des Namens, der ausdrücklich untersagt, den Eigennamen »eigenmächtig« zu ändern. Nur unter restriktiven Bedingungen ist eine amtlich beglaubigte Namensänderung möglich, etwa wenn ein Name anstößig und frivol klingt oder wenn ein Transsexueller sein Geschlecht verändert hat. Ein gängiger Fall des Familiennamenswechsels ist hingegen die Eheschließung. Ein heikles Terrain, denn die emanzipierte Frau, die nach der Heirat ihren Mädchennamen behält, aber auch ihr emanzipierter Mann, der den Namen seiner Ehefrau annimmt, tragen dann ja nicht etwa einen weiblich-mütterlichen Namen, sondern den Namen des Brautvaters. Die Braut wird sich dann nicht nur von Psychoanalytikern die Frage gefallen lassen müssen, ob sie sich ihrem Vater näher fühlt als ihrem Ehemann. Aus der Ordnung patrilinearer Benennungen gibt es im deutschen Namenssystem kein Entrinnen. Auch der Begriff Mädchenname ist und bleibt ein Euphemismus.

Der häufigste Fall des Namenswechsels betrifft die sanfte Änderung des Vornamens, die allgemein akzeptiert wird, deren rechtliche Kodifikation aber schwierig ist. Dass eine Gabriele Ele oder Gabi, dass ein Thomas Tom genannt wird, ist fast schon ein Normalfall. Ein hinreichender Grund für eine formelle Änderung des Vornamens ist das aber nicht. Ich deute zart an, dass ich eigentlich nicht Jochen heiße, sondern nach Auskunft aller amtlichen Papiere auf die Namen Joachim Gerhard Christian getauft wurde, dass ich Schwierigkeiten hatte, in den Besitz meiner Promotionsurkunde zu kommen, weil ich nachweisen musste, dass der Autor der Dissertation mit dem Namen Jochen Hörisch mit dem Träger des Namens Joachim Gerhard Christian Hörisch identisch ist, und dass ich noch heute ab und an mit Komplikationen rechnen muss, weil im Pass drei andere Vornamen stehen als auf dem Flugticket und der Kreditkarte. Andeuten will ich auch, dass mein nicht sonderlich schöner Nachname reiches Material für Verballhornungen bietet. Schon in vorpubertären Zeiten, in denen mir das Wort »Hörigkeit« nicht geläufig war, reagierte ich auf einschlägige Anspielungen, indem ich stolz darauf hinwies, dass mein Name nicht mit dem Buchstaben g, sondern auf »sch« ende, da er sich von »herrisch« herleite, was zwar schlicht Blödsinn ist, aber dennoch hilfreich war und Eindruck machte. »Hör ich recht?« – Ob diese häufig gehörte Frage dazu beigetragen hat, dass ich mich professionell mit Literatur beschäftige? Höre ich nur diese Weise, die so wundervoll und leise …

Im Namen von Sigmund Freud

Dank meines lockeren Umgangs mit meinem bzw. meinen Vornamen habe ich, man vergebe mir diese narzisstische Volte, immerhin eine sichere Gemeinsamkeit mit Sigmund Freud. Denn auch Sigmund Freud, der sich eines schön klingenden und Schönstes bezeichnenden Familiennamens erfreute, hieß eigentlich nicht so, wurde er doch auf den Namen Sigismund Schlomo getauft (Gay, 1989). Das sind nun bemerkenswerte Vornamen. Sie kontrastieren einander, und sie korrespondieren miteinander. Sigismund/Sigmund ist wie Siegfried ein exponiert germanischer, gewissermaßen ein wenig zu germanischer, Schlomo ein nicht weniger exponierter jüdischer Name. Trotz oder eben gerade wegen seiner germanischen Signalqualität galt nun aber der Name Sigismund als prototypisch jüdischer Name – nach der verqueren, von Thomas Mann in der Novelle *Wälsungenblut* narrativ entfalteten Logik, dass da jemand durch Überanpassung seine Herkunft verschleiern will. Sigismund – der Name bezeichnet den, der sich gleich eines doppelten Sieges rühmen darf. Dass Sigis Sieg meint, erschließt sich schnell; dass im mittelhochdeutschen Wort »mund« die Herrschaft (wie heute noch in »Vormund«) steckt, erschließt sich gleichschwebender Aufmerksamkeit hingegen erst, wenn man recht hinhört. Dass Freud, der die talking cure erfand und die psychoanalytische Behandlung als »nichts anderes als […] ein[en] Austausch von Worten zwischen dem Analyisierten und dem Arzt« charakterisierte (Freud, 1916–17a/1915–17, S. 43)[6], der ein starker Raucher war, der an Kieferkrebs erkrankte, der ein glänzender Redner war, der die vielfältigen Formen oraler Erotik analysierte, dass Sigismund bzw. Sigmund Freud zeitlebens auf die Körper- und Kopföffnung des Mundes fixiert war, die sein Vorname benennt, ist zumindest für diejenigen, die Ohren haben zu hören, unüberhörbar. Erst am Ende seines Lebens, zu Zeiten also, da Sigismund Schlomo Freud sich schon seit Jahrzehnten Sigmund nannte, wurde der Schlager aus der 1930 uraufgeführten Klamotte *Im weißen Rößl am Wolfgangsee* zum Ohrwurm: »Was kann der Sigismund dafür, daß er so schön ist?« Sigismund galt aber schon vor dem Siegeszug dieses Liedes als Name für schöne Männer und Herzensbrecher. Für Schönheit oder Hässlichkeit kann man so viel und so wenig wie für seinen Namen.

Freuds zweiter Vorname Schlomo ist nun ein Name, wie er besser von seinem Vater Jacob nicht hätte gewählt werden können, ist er doch eine Variante des Namens Salomon, der den Weisen und deshalb Friedlichen bezeichnet – shalom. Freud hat den Sieg-, Friedens- und Mund-Signalen seines Namens bzw. des Namens, der ihm auferlegt wurde, entsprochen. Allerdings hat Freud seinen zweiten Vornamen nie verwendet und den ersten in Sigmund verwandelt. So entfällt ausgerechnet die Silbe »is«; wo »is« war, soll ich, soll Sig, soll S-ich werden. Man muss nicht so gebildet sein wie Freud, um bei dem ersten Vornamen, der ihm gegeben war und den er moderat umformte, an Richard Wagners Siegmund (mit e) aus der *Walküre* zu denken. Er ist zweifellos der prominenteste aller Träger dieses Namens. Und er ist in eine ödipale Vaterrevolte gegen Wotan sowie in eine Geschwister-Inzest-Geschichte verstrickt, wie sie leidenschaftlicher nicht sein könnte. Sigmund Freuds bzw. Sigismund Schlomo Freuds Name ist bemerkenswert passgenau – was Freuds gleichschwebend aufmerksamer Selbstanalyse nicht entgangen ist. Freuds Analyse des »Vergessenes von Eigennamen« aus der *Psychopathologie des Alltagslebens* (1901b) ist zu bekannt, um sie hier erneut zu rekapitulieren. Hingewiesen sei nur auf den Umstand, dass der vergessene und wiedergefundene Name Signorelli nicht nur seine erste Silbe mit der von Freuds Vornamen teilt, dass die Freude am Sex in der Fallgeschichte eine bedeutende Rolle spielt (auch deshalb, weil »elle« im Französischen das weibliche Pronomen ist), dass die Geschichte von jemandem handelt, der nicht Herr (Signor) seiner selbst ist und dass die entscheidende Namenssilbe Sig/norelli auch zu Beginn der Worte signieren und Signifikant zu finden ist. Freud signierte häufig mit den Buchstaben Sigm. Freud. Zu den telling-name-Qualitäten des Namens Freud erübrigt sich jeder ausführlichere Kommentar. James Joyce war stolz darauf, dass sein Name mit dem von Freud verwandt war – Freud/Joy (of sex). Freud hat mehrfach berichtet, dass er nicht nur von Analysanden als »Freund« angesprochen wurde. Auch der Name Freud galt und gilt seiner engsten Verwandtschaft mit dem schönen deutschen Wort »Freude« zum Trotz (wie der Familienname Fried) als jüdischer Name. In einem Brief an Karl Abraham aus dem Jahr 1908 setzt sich Freud mit Widerständen gegen die Psychoanalyse auseinander und geht dabei auch auf antisemitische Motive ein: »Seien Sie versichert, wenn ich Oberhuber hieße, meine Neuerungen hätten weit geringeren Widerstand gefunden« (Freud/Abraham, 1965, S. 57).

Ungewohnt bündig ist Jacques Lacans Imperativ an die Analytiker:

> »Sie müssen stets darauf achten, wie Ihr Patient heißt. Das ist niemals gleichgültig.«
>
> »Vous devez toujours faire attention à comment s'appelle votre patient. Ce n'est jamais indifferent« (Lacan, 1961, 20. Dezember, S. 8).[7]

Auf die Assoziationen, die den Eigennamen mitgegeben sind, ist Freud immer wieder eingegangen. Angeführt seien nur einige von bemerkenswert vielen Beispielen. In seiner Abhandlung *Der Witz und seine Beziehung zum Unbewußten* heißt es:

> »Eigennamen verfallen überhaupt leicht dieser Bearbeitung der Witztechnik [= Verdichtung]: In Wien gab es zwei Brüder, namens Salinger, von denen einer *Börsensensal* [österreichisch für Börsenmakler, J. H.] war. Das gab die Handhabe, den einen Bruder *Sensalinger* zu nennen, während für den anderen zur Unterscheidung die unliebenswürdige Bezeichnung *Scheusalinger* in Aufnahme kam« (Freud, 1905c, S. 24).

Freud stellt lakonisch fest, dass »Witze, die mit Eigennamen ›spielen‹, häufig von beleidigender, verletzender Tendenz« (ebd., S. 87) sind; sie prolongieren dann gewissermaßen die Verletzung, die wir erleiden, wenn wir fremdbestimmt benannt werden.

Schon in der *Traumdeutung* geht Freud ausführlich auf den »Mißbrauch mit Namen« ein. Er führt aus:

> »Daß solche Namensspielerei Kinderunart ist, darf man ohne Widerspruch behaupten; wenn ich mich in ihr ergehe, ist es aber ein Akt der Vergeltung, denn mein eigener Name ist unzählige Male solchen schwachsinnigen Witzeleien zum Opfer gefallen. Goethe bemerkt einmal, wie empfindlich man für seinen Namen ist, mit dem man sich verwachsen fühlt wie mit seiner *Haut*, als Herder auf seinen Namen dichtete: ›Der du von Göttern abstammst, von Gothen oder vom Kote.‹« (Freud, 1900a, S. 217)

Freud zitiert Goethe, der in *Dichtung und Wahrheit* schon zuvor bekannt hatte, »nach Menschenweise in (s)einen Namen verliebt« gewesen zu sein (Goethe, 1986, S. 305 [II/7]), offensichtlich aus dem Gedächtnis. Denn der Herder-Vers lautet eigentlich: »Der von Göttern du stammst, von Goten oder vom Kote« (ebd., S. 444). Goethe hat in der Tat aus seinem Namen ein Schreibprogramm gemacht, das es ihm ermöglichte, sich einen Namen zu machen. Er, der später häufig als Olympier charakterisiert wurde, verstand seinen Namen plural – Goethe ist Polytheist, sein Name stammt von Göttern, nicht von dem einen Gott. Der Name von Goethes Mutter passt bestens in dieses Schreibprogramm. War sie doch eine geborene Textor (zu Goethes Namen vgl. Hörisch, 2004).

Goethes Kommentar zum Missbrauch seines Namens durch Herder ist wert, in Gänze zitiert zu werden.

> »Es war freilich nicht fein, daß er sich mit meinem Namen diesen Spaß erlaubte: denn der Eigenname eines Menschen ist nicht etwa wie ein Mantel, der bloß um ihn her hängt und an dem man allenfalls noch zupfen und zerren kann, sondern ein vollkommen passendes Kleid, ja wie die Haut selbst ihm über und über angewachsen, an der man nicht schaben und schinden darf, ohne ihn selbst zu verletzen« (Goethe, 1986, S. 444).

Eigennamen sind per se narzisstisch und eben deshalb für narzisstische Kränkungen besonders anfällig. Sie sind exklusiv: Dieses Eigennamen-Zeichen bezeichnet und meint nur mich (umso irritierender ist es dann für einen, der etwa Germanist ist und Gerhard Kaiser heißt, dass auch andere Germanisten so heißen wie er). Diese Exklusivität unterscheidet mich von den unendlich vielen Dingen, die es sich gefallen lassen müssen, pauschal bezeichnet zu werden, also ein nicht spezifisch benannter Tisch, Stuhl, Hammer, Nagel unter allen Tischen, Stühlen, Hämmern und Nägeln zu sein. Auch die verbreitete religiöse Vorstellung, dass Gott, in dessen Namen wir getauft werden, uns bei unserem Namen ruft, den er kennt und der uns unverwechselbar macht, gießt Taufwasser auf die Mühlen des Eigennamen-Narzissmus. Um das Motiv von Goethe–Textor aufzunehmen und weiterzuspinnen: Text/Textil – der Eigenname ist nicht wie ein austauschbarer Mantel, sondern uns so mit- und aufgegeben wie die Haut. Er hält uns zusammen, er grenzt uns ab, er ist unsere verletzliche Außenwelt-Membran, er ist der bloße, der entblößende Text, der uns zu erkennen gibt, wenn wir unsere Textilien abgelegt haben, denn er koppelt, verkoppelt, verkuppelt, um das auch von Platon im *Kratylos* verwendete alte griechische Wortspiel zu bemühen, Soma und Sema. »Bin ich der, der W.B. heißt? oder heiße ich bloß einfach W.B.?«, fragt Walter Benjamin in seinem Passagenwerk wortidentisch gleich zweimal (Benjamin, 1982, S. 1036, 1038). Benjamin hat den Assonanzen und Assoziationen seines Namens mit unerhörter Intensität nachgespürt. Er, der offiziell, wie ausgerechnet die Ausbürgerungsurkunde der Nazis belegt, Walter Benedix Schönflies Benjamin hieß und sich in einer autobiografischen Skizze das anspielungsreiche Pseudonym Agesilaus Santander (ein Fast-Anagramm von Der Angelus Satanas) zulegte, hat mit unvergleichlicher Kraft darüber nachgedacht, was es heißt, benannt zu sein und sich einen Namen machen zu wollen (vgl. Hörisch, 2011).

Theorie-Namen

Benannt sind alle Menschen, weithin bekannt aber sind nur wenige. Sigismund Schlomo Freud bzw. Sigmund Freud hat wie alle Menschen einen fremdbestimmten Namen erhalten, doch er, der paradigmatische Begründer eines neuen und in jedem Wortsinne unerhörten Diskurses, hat sich wie nur wenige einen Namen gemacht. Zwischen den Themen und Problemen, die Theoretiker in ihren Bann schlagen, und den Eigennamen dieser Theoretiker gibt es mitunter irritierende Korrelationen. Peter Widmer weist in seiner Studie darauf hin, dass in der Phänomenologie Edmund Husserls dem Begriff des Mundanen eine ausschlaggebende Funktion zukommt und dass René (Renatus) Descartes nach allen existenzbedrohlichen Zweifeln im cogito-ergo-sum-Satz eine Wiedergeburt erfuhr (Widmer, 2010, S. 216). Im Namen des Klassikers der Ich-Philosophie, der mit der Primärunterscheidung Ich vs. Nicht-Ich arbeitet, steckt vollendet der Begriff »Ich«, der alle Eigennamen einkassiert (heißen doch alle, nennen sich doch alle »Ich«) und fast das Wort »nicht«: Fichte (Aufmerksamkeit verdienen ebenso die logoslastigen Vornamen Johann und Gottlieb). Auch im Namen des zeitgenössischen Philosophen, der Fichtes Ich-Denken wie kein zweiter reaktiviert hat, steckt das erste Pronomen Singular: Dieter Henrich.

Die Psychoanalyse ist mitsamt ihrer Theoriegeschichte in ungewöhnlich enger Weise an den Namen Sigmund Freud gekoppelt. Dennoch hat sich die ab und an anzutreffende Benennung der Psychoanalyse als »Freudismus« oder »Freudianismus« nicht durchgesetzt (wohl aber die Bildung »freudscher Versprecher«). Dabei war schon zu Freuds Zeiten und ist noch heute das Bezeichnungsschema, das Theorien an die Namen ihrer Begründer koppelt, gut etabliert. Spricht man doch von Sokratismus, Aristotelismus, Kantianismus, Hegelianismus, Darwinismus, Marxismus, Leninismus etc. Freud hat sich von allen Versuchen distanziert, die Psychoanalyse anders als eben so – Psychoanalyse – zu nennen. Bemerkenswert ist jedoch, dass er nicht vom Begriff oder von der Bezeichnung, sondern vom »Namen« der Psychoanalyse spricht.

> »*Psychoanalyse* ist der Name 1. eines Verfahrens zur Untersuchung seelischer Vorgänge, welche sonst kaum zugänglich sind; 2. einer Behandlungsmethode neurotischer Störungen, die sich auf diese Untersuchung gründet; 3. einer Reihe von psychologischen, auf solchem Wege gewonnenen Einsichten, die allmählich zu einer neuen wissenschaftlichen Disziplin zusammenwachsen« (Freud, 1923a, S. 211).

Und Freud, der vom Namen der Psychoanalyse handelt, hat überdies zentrale Theoriekonzepte der Psychoanalyse engstens an mythische Eigennamen gebunden; Ödipuskomplex und Narzissmus sind Grenzbegriffe, weil sie an Eigennamen gebundene und mythologische Erfahrungsgeschichten strukturell universalisieren (vgl. Kohlheim, 2011). Ähnliches gilt für Freuds Fallgeschichten. Auch sie sind eng an Namen gekoppelt: der kleine Hans, Anna O., Dora. Gerade bei den Fallgeschichten fällt auf, dass Freud umbenennt, um der ärztlichen Schweigepflicht zu genügen. Aus Ida Bauer wird Dora, aus Bertha Pappenheim wird Anna O. (im letzteren Fall eine Buchstabenverschiebung um je eine Position nach vorn: aus B wie Bertha wird A wie Anna, aus P wie Pappenheim wird O).

Zum Initial verkürzt bzw. ganz gestrichen wird in diesen Fallgeschichten der Familienname. Womit Freud zwei Probleme streift, deren erstes häufig, dessen zweites hingegen nur selten bedacht wird. Vornamen indizieren in aller Regel anders als der Nach- bzw. Familienname das Geschlecht des bzw. der Benannten. Anna und Bertha sind Frauen, Hans ist ein Junge. Geschlechtsneutrale Vornamen sind selten, aber in vielen Sprachen doch anzutreffen. Den Vornamen Hilary trägt die ehemalige Außenministerin der USA, Hillary Clinton, ebenso wie der berühmte Philosoph Hilary (mit nur einem l) Putnam.[8]. Dominique kann der Vorname eines Extremmachos wie Dominique Strauss-Kahn und einer extrem weiblichen Schauspielerin wie Dominique Sandra sein.[9] Sascha ist im Russischen der Kosename für einen Alexander ebenso wie für eine Alexandra. Die Kurzform Uli, um den im Deutschen häufigsten Fall eines geschlechtsneutralen Namens zu erwähnen, kann einen Ulrich wie eine Ulrike bezeichnen.

Maria ist im Deutschen ausdrücklich auch als Vorname für einen Jungen zugelassen, aber eben nur als zweiter Vorname: Rainer Maria Rilke. Die Differenz zwischen Vor- und Nachname betrifft aber nicht nur die Geschlechter-, sondern auch die Anrededifferenz. Leute, die wir mit Vornamen anreden, duzen wir, solche, die wir mit Nachnamen anreden, siezen wir. Unverkennbar ist allerdings, dass diese Grundregel gewissen Lockerungen und Erosionen unterliegt. Das hanseatische Sie, das mit der Vornamensanrede korreliert (Exkanzler Helmut Schmidt und Exbundespräsident Richard von Weizsäcker sprachen sich mit Helmut bzw. Richard an, siezten sich aber), hat eine längere Tradition. Im Fernsehen ist alltäglich zu beobachten, dass Korrespondenten vor Ort von den Kollegen im Studio mit Vor- und Nachnamen angeredet werden, wie denn überhaupt die kognitiv anstrengende und deshalb erst einmal unplausible Übung um sich greift, etwa auf Konferenzen bei Bezugnahmen den Vor- und Nachnamen der Diskussionsteilnehmer zu nennen und sich nicht mit der Wendung »wie Herr Schmidt und Frau Müller bereits gesagt haben« auf sie zu beziehen.

Politisch korrekte Sprachimperative verlangen heute, dass man/frau die Existenz von n, nicht nur von zwei Geschlechtern anerkennt. Auch bei der Du-Sie-Differenz zeichnet sich die Tendenz zu Zwischenstufen ab. Doch das binäre Duzen-vs.-Siezen-Schema ist nur schwer zu überwinden. Umso mehr Aufmerksamkeit verdient das gar nicht so selten anzutreffende, aber eben nur selten thematisierte Problem, dass einige Namensträger Nachnamen haben, die Vornamen sein könnten. Wenn ich mir hierzu wiederum eine persönliche Bemerkung gestatten darf: Mir ist aufgefallen, dass mein intellektuelles Leben starke Prägungen von Lehrern und Kollegen erfuhr, die Nachnamen tragen, die vollauf vornamensüblich sind und die dann häufig enge Freunde wurden: Herbert Anton, Manfred Frank, Rudolf Heinz und Klaus Heinrich. Die Irritation ist wohl vielen vertraut: Man begegnet in durchaus formalisierten Kontexten einem Menschen erstmals und er stellt sich sogleich mit Vornamen vor, um dann nach einer kleinen Schrecksekunde – will der sogleich geduzt werden? – hinzuzufügen, dass dies der Nachname sei.[10]

Sich einen Namen machen

Wie viel stimulierende Sogkraft vom Namen ausgeht, hat schon ein Gedankenexperiment aus der 1869 erschienenen und Freud gut vertrauten *Philosophie des Unbewußten* von Eduard Hartmann vorgeführt:

> »Man gebe einmal einem Künstler oder Gelehrten die Gewissheit, dass nie Jemand seinen Namen zu seinen Werken erfährt –, obwohl hierdurch der Ehrgeiz noch keineswegs ganz beseitigt ist, da ja doch der Name des Menschen etwas Zufälliges und Gleichgültiges, zumal für die Zukunft ist –, so wird dennoch dem Betreffenden mehr als die Hälfte der Lust zu seinen Leistungen benommen sein. Gäbe es aber ein Mittel, allen Künstlern und Gelehrten wirklich allen Ehrgeiz und Eitelkeit gleichzeitig zu benehmen, so würde gewiss die Production ziemlich stillstehen, wenn sie nicht noch um des Broderwerbs willen mechanisch weiter gehen müsste« (Hartmann, o. J., S. 340).

Angesichts der hier nur knapp evozierten Probleme um das Phänomen des in jeder Weise eigentümlich heteronomen Eigennamens ist es nicht verwunderlich, dass viele Menschen versuchen, sich einen Namen zu machen. Diesem Projekt dienen etablierte und traditionsreiche Programme. Wer Mönch oder gar Papst wird, nimmt obligatorisch einen neuen Ordens- oder eben päpstlichen Namen an, der an die Stelle des bürgerlichen Namens tritt. Ein bemerkenswert paradoxes Programm: Man macht sich einen neuen Namen, um fortan ganz im Namen des namenlosen Herrn leben zu können. Wer sich als neugeboren erfährt, signalisiert das gerne und häufig durch einen Namenswechsel. Jacob erhält, nachdem er mit Gott gerungen hat, den Namen Israel; aus Iosseb Bessarionis dse Dschughaschwili wird Josef Stalin; aus Cassius Clay wird Muhammad Ali. Lang ist die Liste der Pseudonyme, die sich Künstler und Schauspieler aussuchten, weil sie begründete Zweifel hatten, ob Namen wie Maria Anna Sofia Cecilia Kalogeropoulos (Maria Callas) oder Franz Eugen Helmut Manfred Niedl-Petz (Freddy Quinn) Aussichten auf Ruhm versprechen. Wer sich ein wohlklingendes Pseudonym zulegt, mit dem er sich einen Namen machen will, verstößt gegen den Namen des Vaters und mag deshalb von Schuldgefühlen heimgesucht werden. So kommt es häufig bei der Wahl des neuen Pseudonym-Namens zu Kompromissbildungen – er ist dem alten, richtigen, rechten Namen ersichtlich verwandt. Aus Paul Ancel wird dann Paul Celan – eine kleine Silbenvertauschung mit großem Klangeffekt, die den Buchstabenbestand wahrt. Als Virtuose der Namenserneuerung, die dem angestammten Namen anagrammatisch die Treue hält, erweist sich kein Geringerer als Hans Jakob Christoffel von Grimmelshausen, der sich unter anderem auch Samuel Greifenson von Hirschfeld, Michael Rehulin von Sehmsdorf, German Schleifheim von Sulsfort, Erich Stainfels von Grufensholm, Philarchus Grossus von Trommenheim, Simon Lengfrisch von Hartenfels, Melchior Sternfels von Fuchshaim oder Israel Fromschmid von Hugenfels nannte. Dass es abgründig schwer sein kann, dem Namensoktroi ganz zu entkommen und sich wirklich souverän selbst zu taufen, macht auch der traurige Witz aus dem neunzehnten Jahrhundert vom Juden Katzmann deutlich, der vor antisemitischen Pogromen in Osteuropa ins vergleichsweise liberale Frankreich rettet und sich dort, um nie wieder als Jude identifiziert zu werden, einen neuen Namen gibt. Katz, so denkt er, heißt auf französisch »chat«, Mann heißt »l'homme«, und so nennt er sich fortan Chatlhomme/Shalom.

Ein gescheiterter Künstler, der es für ein paar Jahre zum ebenso ruchlosen wie erfolgreichen Politiker brachte, brauchte sich kein Pseudonym zu wählen, um seinen Namen berühmt berüchtigt zu machen. Er hatte gespenstisches Glück, weil schon sein Vater seinen nicht charismatauglichen Familiennamen hatte ändern lassen. Adolf Hitler hat es fertiggebracht, seinen Eigennamen zur rituellen Standardgrußformel in Wort und Schrift zu machen: Heil Hitler. Mit Adolf Hitlers Namen hat es nun wie mit seinen familiären Verhältnissen eine eigentümliche Bewandtnis. Sein unehelich geborener Vater trug den Namen Alois Schicklgruber, den er 1876, also dreizehn Jahre vor der Geburt seines Sohnes Adolf und nach dem Tod seines Vaters Johann Georg Hiedler, der sich laut Zeugenaussagen zur Vaterschaft bekannt hatte, in Hitler umwandeln ließ. Hätte diese Namensänderung nicht stattgefunden, so hätte Adolf Hitler Adolf Schicklgruber geheißen. Wäre ein Erfolg der Grußformel »Heil Schicklgruber« auch nur denkbar, ja, hätte Hitler es überhaupt in die Berliner Reichskanzlei gebracht, wenn er Schicklgruber geheißen hätte?

Ein bedeutender Politikwissenschaftler mit einem exquisiten Vornamen, Iring Fetscher, hat sich den ernsten Scherz erlaubt, die Geschichte der Bundesrepublik mit einer Fokussierung auf die Namen des politischen Spitzenpersonals zu schreiben. Seine These: Es zeichnete sich in der Zeit, da diese Beobachtung kommuniziert wurde, auf der Ebene derer, die das Sagen haben, eine fast gesetzmäßig zu nennende Durchsetzungs-Präferenz für einsilbige Namen ab. Figuren mit mehrsilbigen Namen wie Adenauer oder Schumacher prägen die frühen Jahre der nachkriegsdeutschen Politik; es folgen die Zweisilber wie Erhard, Mende, Wehner und Barzel; und dann setzen sich auf der Spitzenebene die Einsilber durch: Brandt, Scheel, Strauß, Schmidt, Kohl. Danach, so ließe sich Fetschers Grille fortschreiben, hat gute Aussichten auf einen Platz in den politischen Spitzenpositionen, wer wiederum einen zweisilbigen Namen trägt: Schröder, Merkel, Schäuble, Steinbrück. Der nächste Bundeskanzler bzw. die nächste Bundeskanzlerin müsste demnach wiederum einen zumindest dreisilbigen Namen haben: von der Leyen oder Steinmeier.

Das Phantasma vom rechten, vom richtigen Namen

Der heiße Kern jeder Fantasie und jeder Reflexion über Eigennamen ist ersichtlich das ebenso herrliche wie unhaltbare Phantasma, Eigennamen garantierten eine verlässliche Koppelung von Zeichen und Seiendem, von Sema und Soma, von »les mots et les choses« – nämlich den exquisiten choses, den Sachen, die eben keine Sachen, sondern vom logos beseelte Menschen sind. Sprachliche Zeichen sind arbiträr, das weiß man nicht erst seit Saussure. Im Reich der Zeichen geht es spätestens seit dem Turmbau zu Babel (vgl. dazu Derrida, 2000) willkürlich zu; es gelingt Signifikanten nicht, ein intimes, vertrauliches, vertrautes und vertrauenswürdiges Verhältnis zum Sein und zum Seienden zu etablieren. Denn es gibt nach einem lakonischen Wort von Michel Foucault stets mehr Sprache als Sein (was entspräche im Realen Signifikanten wie Einhorn oder Wendungen wie »das Messer ohne Griff, an dem die Klinge fehlt«?) – und es gibt umgekehrt mehr Sein als Sprache (nicht jeder Grashalm, nicht jedes Sandkorn hat einen, hat seinen exklusiven Signifikanten). Im babylonischen Durcheinander unzuverlässiger Zeichen, denen kein Algorithmus eineindeutig Sachen und Sachverhalten zuordnen kann, nehmen sich Eigennamen wie ein stolzes Relikt aus den seligen Zeiten vor dem phallischen Turmbau zu Babel aus, der einen zornigen Gott zu einem destruktiven Semantikfeldzug provozierte.

Der Glaube an die magische Kraft des Eigennamens, der mimetische bis symbiotische Vereinigungen von Zeichen und Bezeichnetem besiegelt, ist weit verbreitet – und so unplausibel nicht, wie die empirisch arbeitende amerikanische Sozialpsychologie aufzeigen kann (vgl. u. a. Jones et al., 2002). So haben Menschen mit negativen Initialen wie D. I. E eine kürzere Lebenserwartung als solche mit euphorisierenden Initialen wie J. O. Y, so ziehen Frauen, die den Vornamen Virginia oder Georgia tragen, häufiger als statistisch zu erwarten in die US-Bundesstaaten gleichen Namens als Trägerinnen anderer Namen und so ist die Chance, dass ein Mister Smith eine Miss Smith heiratet, signifikant höher als es rein statistisch anzunehmen wäre. Nun muss man kein statistisch versierter Sozialpsychologe sein, um an die prägende Kraft des Namens zu glauben. Nur des Namens? Der Glauben an die »Richtigkeit« und Aussagefähigkeit aller Signifikanten ist alt. Schon Platons rätselhaftester und witzigster Dialog *Kratylos* (vgl. dazu Genette, 1996) kreist um das Phantasma, man könne alle Signifikanten auf das Niveau von Eigennamen bringen – alles müsse so heißen, wie es heißt, weil es so ist, wie es heißt. Christus scheut vor einem erhabenen Kalauer nicht zurück, wenn er denjenigen seiner zwölf Jünger, der da Petrus heißt, zum Fels erklärt, auf dem seine Kirche erstehen soll. Gottfrieds Tristan kann keinen anderen als diesen rechten und richtigen Namen tragen. Denn es steht fest, »daz der name/dem lebene was gehellesame./er was reht, alse er hiez, ein man/und hiez reht, als er was, Tristan« (Gottfried von Straßburg, 1969, S. 32, V. 2017–2019). Da heißt einer, wie er ist, und er ist, wie er heißt. Dennoch oder eben deshalb wählt sich Tristan, um nicht erkannt zu werden, ein Pseudonym, indem er die Silben seines Namens vertauscht: Tantris. Doch auch dieser Name ist ein »rechter« Name. Denn Tristan/Tantris wird tantristische Liebeserfahrungen machen (schwer nachzuweisen, aber angesichts der Orientmode in mittelalterlicher Literatur immerhin plausibel, dass schon Gottfried von Straßburg vom Tantrismus wusste; der Eurobuddhist Richard Wagner ist nachweislich mit dem Tantrismus gut vertraut). Es ist müßig, auf das verblüffend weite Spektrum literarischer Namen einzugehen, die fast durchweg richtige, rechte, sachlich bestens motivierte Namen sind. Telling names sind nicht die Ausnahme, sondern die Regel, gerade auch in der Hochliteratur.[11] Fausts an Mephisto adressierter Satz »Bei euch, ihr Herrn, kann man das Wesen/Gewöhnlich aus dem Namen lesen« gilt nicht nur für suspekte teuflische Existenzen, sondern für alle mit Logos begabte oder vom Logos gezeichnete Wesen. Bemerkenswert ist übrigens, dass Mephisto die Antwort auf Fausts Frage »Wie nennst du dich?« verweigert, auf die Folgefrage »Nun gut, wer bist du denn?« aber beredt Auskunft gibt.

So benannt zu sein, wie man ist, so zu sein, wie man heißt – dass Soma und Sema ein symbiotisches Möbiusband bilden, dass Benennung und Sein/Seiendes/Daseiendes eine verlässliche Einheit bilden, dass (um mit Leclaire zu formulieren) die Distanz »entre-corps-et-mots« (Leclaire, 1998, S. 159) zugunsten einer intimen Nähe verschwinde –, ist das Grundphantasma, das alle Namenslogiken und -psychologiken begleitet. Eine Katharina ist und heißt »die Reine«; ein Müller ist und heißt Müller; ein Petrus ist und heißt der Fels; ein Einhorn heißt, hat und ist ein Einhorn. Nun muss man nicht allzu viel argumentativen Aufwand betreiben, um einsichtig zu machen, dass dieses Phantasma zu schön ist, um wahr zu sein. Eine Katharina kann unreinen Gedanken nachhängen, ein Schneider kann Müller heißen und die Projekte von Peter können auf Sand gebaut sein. Das Tier mit dem Gattungsnamen Löwe heißt nicht Löwe, weil es durch die Wüste löwt, und der Tiger heißt nicht Tiger, weil er auch in wilden Gefilden herumlöwt, nur noch viel gewaltiger. Diese Feststellungen sind so evident wie trivial. Um so irritierender ist die Hartnäckigkeit des Phantasmas vom richtigen Eigennamen. Offenbar sind wir – wider besseres Wissen – auf die Vorstellung angewiesen, es gebe zumindest in gewissen Bereichen verlässliche Korrelationen, womöglich gar belastbare Algorithmen zwischen Zeichen und Bezeichnetem. In den Worten von Peter Widmer:

> »Mit dem Eigennamen wird zwar die Singularität eines Subjekts bezeichnet, nicht jedoch sein Sein – im Gegenteil, der Eigenname höhlt mit der Bezeichnung das Sein aus, so dass sowohl vom Subjekt, das bezüglich dieser Nicht-Übereinstimmung ein Unbehagen verspürt, als auch von Repräsentanten des Anderen das Begehren aufkommt, das Sein des Subjekts sagen, bezeichnen zu können« (Widmer, 2010, S. 178f.).

Es wird nur selten beobachtet und problematisiert, dass sich ganze Kulturen und Gesellschaften (gerade auch solche, die sich aus nachvollziehbaren Gründen als rational und aufgeklärt verstehen) um den Glauben herum organisieren, Zeichen und Bezeichnetes könnten eins werden. Der Glaube daran, dass ein Geldschein, auf dem 50 Euro zu lesen steht, den Wert hat, den er bezeichnet, ist (in sachlich analytischer Perspektive) ebenso unhaltbar wie funktional, wenn alle daran glauben. Der früher in christlichen Sphären gewissermaßen obligatorische Glaube, diese Hostie und dieser Wein seien nicht etwa nur Zeichen für Christi Leib und Blut, sondern in ihnen sei Jesus Christus tatsächlich realpräsent, ist so abenteuerlich wie erfolgreich (gewesen, bis er vom Realpräsenzzauber des Geldes abgelöst wurde; vgl. dazu Hörisch, 2009). Nun sind das eucharistische Sakrament und das Geld keine erratischen Randphänomene unserer Kulturgeschichte, sie stehen vielmehr je zu ihrer (lang anhaltenden!) Zeit im Zentrum unserer Kulturlogik. Ja, sie stiften erst so etwas wie intersubjektive Verbindlichkeit. Man ist in hochchristlichen Zeiten schlecht beraten, den eucharistischen Realsignifikanten das Credo zu verweigern; Geldzeichen zu fälschen ist ebenso hochriskant, auch wenn alle ahnen bis wissen, dass alles Geld in einem sehr präzisen Sinne Falschgeld ist. Weder bei Brot und Wein noch beim Geld geht es mit rechten Dingen zu. Dennoch stiften sie so etwas wie Verbindlichkeit und Verlässlichkeit in der Sphäre, in der Sein und Sinn aneinander gekoppelt werden. Und um sie herum konstelliert sich eine unübersehbar große Zahl von Neurosen, Psychosen, Phantasmen, Zwängen und Pathologien.

Gemeinsam ist den so erratischen wie unverzichtbaren Realsignifikanten und Signifikanten des Realen (wie Brot und Wein, Geld und Eigennamen), dass sie Formen von Überzeitlichkeit bzw. Nicht-Endlichkeit versprechen, die der somatischen Sphäre brutal verwehrt ist. Die eucharistischen Elemente versprechen erlöstes, ewiges Leben; Geld überlebt seinen Besitzer, man kann ein Vermögen hinterlassen und bleibt, so man denn etwas zu testieren hat, auch post mortem ein gültiges Rechtssubjekt; und der Name derer, die sich wie Goethe oder Freud einen Namen gemacht haben, überlebt die Benannten, die ewige Werke hinterlassen haben. Freud hat in *Totem und Tabu* mehrfach darauf hingewiesen, dass »der zivilisierte Erwachsene« in aufgeklärten Kulturen totemistischem Denken vielfach nähersteht, als es ihm gegenwärtig sein dürfte. So auch im Hinblick auf Eigennamen:

> »Auch der zivilisierte Erwachsene mag an manchen Besonderheiten seines Benehmens noch erraten, daß er von dem Voll- und Wichtignehmen der Eigennamen nicht so weit entfernt ist, wie er glaubt, und daß sein Name in einer ganz besonderen Art mit seiner Person verwachsen ist. Es stimmt dann hiezu, wenn die psychoanalytische Praxis vielfachen Anlaß findet, auf

die Bedeutung der Namen in der unbewußten Denktätigkeit hinzuweisen. [In einer Fußnote verweist Freud hier auf die bereits eingangs angeführten Arbeiten von Wilhelm Stekel und Karl Abraham über die determinierende Kraft des Namens, J. H.]//Die Zwangsneurotiker benehmen sich dann, wie zu erwarten stand, in betreff der Namen ganz wie die Wilden. Sie zeigen die volle ›Komplexempfindlichkeit‹ gegen das Aussprechen und Anhören bestimmter Worte und Namen [ähnlich wie auch andere Neurotiker], und leiten aus ihrer Behandlung des eigenen Namens eine gute Anzahl von oft schweren Hemmungen ab. Eine solche Tabukranke, die ich kannte, hatte die Vermeidung angenommen, ihren Namen niederzuschreiben, aus Angst, er könnte in jemandes Hand geraten, der damit in den Besitz eines Stückes von ihrer Persönlichkeit gekommen wäre. In der krampfhaften Treue, durch die sie sich gegen die Versuchungen ihrer Phantasie schützen mußte, hatte sie sich das Gebot geschaffen, ›nichts von ihrer Person herzugeben‹. Dazu gehörte zunächst der Name, in weiterer Ausdehnung die Handschrift, und darum gab sie schließlich das Schreiben auf« (Freud, 1912–13a, S. 347f.).

Namen bzw. Eigennamen – nomen est omen – sind in der Sphäre der Individuation das, was das Abendmahl-Sakrament und das Geld in der Sphäre der Intersubjektivität und eben auch der Ontosemiologie sind. Sie verknüpfen mein Soma mit einer, mit meiner spezifischen Semantik. Menschen sind Wesen, die die Frage »Was bedeutet das alles?« kaum vermeiden können. Sie stehen unter Sinnzwang und sie müssen sich in somatisch-semantischen Sphären verorten (lassen). Die Psychoanalyse wurde häufig dafür kritisiert, dass sie nicht verallgemeinerbare Fallgeschichten, denen sich nur ein Eigenname zuordnen lässt, theoretisch generalisiert. Ihr Bewusstsein davon, dass die vermeintlich funktionierenden Brücken zwischen Soma und Sema Brüche sind, ist umso höher. Dem Goethepreisträger Freud war die Wendung aus dem Roman *Wilhelm Meisters Lehrjahre* geläufig, »daß die Summe unsrer Existenz, durch Vernunft dividiert, niemals rein aufgehe, sondern daß immer ein wunderlicher Bruch übrig bleibe« (Goethe, 1992, S. 634).

Anmerkungen

1 Der vorliegende Beitrag basiert auf dem öffentlichen Vortrag, der im Rahmen der DPV-Frühjahrstagung 2015 (Kassel, 3.–6. Juni 2015) gehalten worden ist.

2 Bei der Arbeit von Katz (1964) handelt es sich um eine materialreiche, ethnologisch vergleichende, aber nicht auf eine klar referierbare These hinauslaufende Arbeit.

3 Beachtung verdient in diesem Zusammenhang auch die Tradition der Namens-Poesie (vgl. de Weck, 2007).

4 Auf Übereinstimmungen mit dieser umsichtigen und akribischen Studie weise ich im Folgenden nicht einzeln hin. Vgl. auch die aufschlussreiche Namens-Fallgeschichte, die der Psychoanalytiker mit dem bemerkenswerten Namen Michael Meyer zum Wischen (2007) ausbreitet. Zu Freuds Aufmerksamkeit für Namen vgl. Strowick, 2009.

5 Peter Widmer erwähnt (2010, S. 133) »findige Germanisten«, die »zum Beispiel in Goethes *Wahlverwandtschaften* das Vorkommen von Initialen« untersucht haben (vgl. Hörisch, 1992).

6 Vgl. aus linguistischer Sicht auf Psychotherapie Claudio Scarvaglieri (2013).

7 Die gesamte Sitzung vom 20. Dezember 1961 ist dem Problem des Eigennamens gewidmet.

8 Hillary ist auch ein bekannter Familienname – Edmund Hillary heißt der erste Bezwinger des Mount Everest.

9 Auch hier gilt, dass dieser Vorname auch zum Nachnamen taugt.

10 Meinem Versuch, Studien zu finden, die darüber Auskunft geben, wie viele und welche Psychotherapeuten ihre Analysanden et vice versa beim Vornamen nennen und duzen (bei welcher Altersstufe, bei welchem Geschlecht) – meines Erachtens eine außerordentlich wichtige Entscheidung bei der Konstellation des Analytiker-Analysanden-Verhältnisses –, war leider kein Erfolg beschieden.

11 Aus der großen Literatur zum Thema sei nur ein jüngerer Band genannt: Petzer et al., 2009.

Literatur

Abraham, K. (1911). Über die determinierende Kraft des Namens. In K. Abraham (1969), *Psychoanalytische Studien, Bd. I* (hrsg. v. J. Cremerius; *Gesammelte Werke in 2 Bänden*). Frankfurt/M.: S. Fischer.

Benjamin, W. (1982). Das Passagen-Werk, Gesammelte Schriften, Bd. V (Hrsg. v. H. Tiedemann u. R. Schweppenhäuser). Frankfurt/M.: Suhrkamp.

Derrida, J. (2000). *Über den Namen* (Übers. a. d. Franz. v. H.-D. Gondek u. M. Sedlaczek; hrsg. v. P. Engelman). Wien: Passagen-Verlag.

Freud, S. (1900a). Die Traumdeutung. *Studienausgabe, Bd. 2*. Frankfurt/M: S. Fischer 1972.

Freud, S. (1901b). Zur Psychopathologie des Alltagslebens (Über Vergessen, Versprechen, Vergreifen, Aberglaube und Irrtum). *GW IV*.

Freud, S. (1905c). Der Witz und seine Beziehung zum Unbewußten. *Studienausgabe, Bd. 4*. Frankfurt/M.: S. Fischer, 1970.

Freud, S. (1912–13a). Totem und Tabu. *Studienausgabe, Bd. 9*. Frankfurt/M.: S. Fischer, 1974.

Freud, S. (1916-17a/1915-17). Vorlesung zur Einführung in die Psychoanalyse. *Studienausgabe, Bd. 1*. Frankfurt/M.: S. Fischer, 1969.

Freud, S. (1923a). »Psychoanalyse« und »Libidotheorie«. *GW XIII*, S. 211–233.

Freud, S./Abraham, K. (1965). *Briefe 1907–1926* (hrsg. von H.C. Abraham u. E.L. Freud). Frankfurt/M.: S. Fischer.

Gay, P. (1989). Freud – Eine Biographie für unsere Zeit. Frankfurt/M.: S. Fischer.

Genette, G. (1996). *Mimologiken – Reise nach Kratylien*. München: Fink.

Goethe, J.W. v. (1989). *Wilhelm Meisters Wanderjahre* (Zweitfassung von 1828), *Frankfurter Ausgabe, I. Abt., Bd. 10* (hrsg. v. G. Neumann u. H.-G. Dewitz). Frankfurt/M.: Deutscher Klassiker Verlag.

Goethe, J.W. v. (1986). *Dichtung und Wahrheit. Frankfurter Ausgabe, I. Abt., Bd. 14* (hrsg. v. K.-D. Müller). Frankfurt/M.: Deutscher Klassiker Verlag.

Goethe, J.W. v. (1992). *Wilhelm Meisters Lehrjahre. Frankfurter Ausgabe, I. Abt., Bd. 9* (hrsg. v. W. Voßkamp). Frankfurt/M.: Deutscher Klassiker Verlag.

Gottfried von Straßburg (1996) *Tristan. Text und kritischer Apparat* (hrsg. v. K. Marold). Berlin: de Gruyter.

Hamacher, W. (1998). *Entferntes Verstehen. Studien zu Philosophie und Literatur von Kant bis Celan*. Frankfurt/M.: Suhrkamp.

Hartmann, E. (o.J.). *Philosophie des Unbewussten, Bd. 2* (10. Aufl.). Leipzig.

Hörisch, J. (1992). Goethes bestes Buch. In J. Hörisch, *Die andere Goethezeit. Poetische Mobilmachung des Subjekts um 1800* (= Kap. II; S. 117–190). München: Fink.

Hörisch, J. (2004). Religiöse Abrüstung – Goethes Konversions-Theologie. In J. Hörisch, *Gott, Geld, Medien* (S. 67–80). Frankfurt/M.: Suhrkamp.

Hörisch, J. (2009). *Bedeutsamkeit. Über den Zusammenhang von Zeit, Sinn und Medien*. München: Hanser.

Hörisch, J. (2011). Der satanische Engel und das Glück. Die Namen Walter Benjamins. In J. Hörisch, *Tauschen, sprechen, begehren. Eine Kritik der unreinen Vernunft* (S. 206–223). München: Hanser.

Jones, J.T., Pelham, B.W., Mirenberg, M.C., & Hetts, J.J. (2002). Name letter preferences are not merely mere exposure: Implicit egotism as self-regulation. *Journal of Experimental Social Psychology, 38*, 170–177.

Katz, R. (1964). *Psychologie des Vornamens*. Bern, Stuttgart: Huber.

Kohlheim, V. (2011). Literarische Onomastik und Psychoanalyse. Eine Fallstudie. *Namenkundliche Informationen, 99/100*, 97–112. URL: http://www.namenkundliche-informationen.de/pdf/99_100/articles/NI_99-100_2011_KohlheimV.pdf (Stand: 27.07.2015).

Lacan, J. (1961). Le Séminaire IX – L'identification. Das Typoscript der Vorlesung ist facsimiliert im Internet zugänglich: URL: http://www.ecole-lacanienne.net//pictures/mynews/914863CF5409F7178C4EA24372C086E5/1961.12.20.pdf

Leclaire, S. (1998). Les mots du psychotique. In S. Leclaire, *Diableries. Ecrits pour la psychanalyse*. Paris: Seuil/Arcanes.

Meyer zum Wischen, M. (2007). Zur Erfindung eines Namens – Gedanken zu Übertragung und Wort in der Psychose. In P. Widmer & M. Schmid (Hrsg.), *Psychosen. Eine Herausforderung für die Psychoanalyse* (S. 121–150). Bielefeld: transcript.

Petzer, T., Sasse, S., Thun-Hohenstein, F. & Zanetti, S. (Hrsg.). (2009). *Namen. Benennung, Verehrung, Wirkung*. Berlin: Kadmos.

Scarvaglieri, C. (2013). *»Nichts anderes als ein Austausch von Worten«. Sprachliches Handeln in der Psychotherapie*. Berlin: de Gruyter Mouton.

Stekel, W. (1911). Die Verpflichtung des Namens. *Zeitschrift für Psychotherapie und medizinische Psychologie, 3*, 110–115.

Strowick, E. (2009). »Sprödes Material«. Darstellung und »Mißbrauch« des Namens bei Freud; in: Petzer, T., Sasse, S., Thun-Hohenstein, F. & Zanetti, S. (Hrsg.), *Namen. Benennung – Verehrung – Wirkung* (S. 261–272). Berlin: Kadmos.

Weck, M. de (Hrsg.). (2007). *Ich habe dich beim Namen gerufen. Eine Anthologie deutscher Namenspoesie aus vier Jahrhunderten*. Frankfurt/M.: Eichborn.

Widmer, P. (2010). *Der Eigenname und seine Buchstaben – Psychoanalytische und andere Untersuchungen*. Bielefeld: transcript.

Der Autor

Jochen Hörisch studierte Germanistik, Philosophie und Geschichte in Düsseldorf, Paris und Heidelberg. Seit 1988 ist er Professor für Neuere Germanistik und Medienanalyse an der Universität Mannheim. Gastprofessuren unter anderem in Princeton, Charlottesville, Bloomington, Paris, Buenos Aires. Regelmäßige Radiobeiträge (u.a. Medien-Echo im Nordwestradio). Zuletzt erschien *Weibes Wonne und Wert. Richard Wagners Theorie-Theater* (Berlin 2015).

Kontakt

Prof. Dr. Jochen Hörisch
Universität Mannheim LS NG II,
Schloss EW 238
D-68131 Mannheim
E-Mail: hoerisch@rumms.uni-mannheim.de

Rezensionen

Thomas Ettl (2014). Camille Claudel. Die Flehende vom Quai De Bourbon. Eine fiktionale Psychoanalyse. Gießen: Psychosozial-Verlag, 263 Seiten, 24,90 Euro

Das Buch beginnt romanesk. Der Autor versetzt sich als Psychoanalytiker in eine fiktive Praxis nach Paris und in das Jahr 1907. Der Leser, neugierig geworden, wie es wohl damals in einer psychoanalytischen Praxis zugegangen sein mag, lernt einen Psychoanalytiker kennen, der mit seiner Concierge auf eine verführerische Art scherzt, der sie sagen lässt: »Ein Mann, der nur zuhört, den gibt's doch gar nicht!«, und sie erzählt, dass ihr Mann ihr, wenn sie auf dem Sofa liege, gleich an die Wäsche wolle. Sie fragt: »Sind Sie pervers?« Und er sagt ihr, dass die Psychoanalyse »ein unmöglicher Beruf« sei. Der Leser lernt hier einen sexualisierenden, etwas selbstgefälligen Psychoanalytiker kennen, bei dem Camille Claudel zu einem Erstgespräch angemeldet ist. »Ich war sehr gespannt, ob und wie der Hauch der Genialität durch meine Behandlungsstube wehen könnte.« Dieser etwas narzisstische Kollege, würde man mehr als 100 Jahre später sagen, empfängt die Patientin, die, wie schnell deutlich wird, an einer schweren narzisstischen Problematik leidet. Drei Stunden werden beschrieben, zwischen denen sich der Analytiker über seine Patientin ausführliche theoretische Notizen macht, wohlgemerkt ganz in Identifikation mit der Bildhauerin, als »Formversuche« in »feuchtgehaltenen [psychoanalytischem, Anm. des Verf.] Gips«. In den Stunden ist die Beschreibung von Camille Claudels Augen, in denen sich die angesprochen Themen und die dazugehörigen Affekte spiegeln, ein roter Faden. Bevor sich allerdings die Person des Analytikers darin spiegeln kann, bricht die Patientin die Behandlung ab und kommt nicht wieder.

Sie hat sich nicht helfen lassen, sie hatte vielleicht auch innerlich, tief enttäuscht von ihren Primärobjekten keine Möglichkeit dazu, und so nimmt wieder die Historie ihren Lauf. Sie wurde 1913 auf Betreiben ihrer Mutter und ihres Bruders in eine Nervenheilanstalt eingewiesen, in der sie die letzten 30 Jahre ihres Lebens unter erbärmlichen Umständen verbrachte und 1943 starb.

Eigentlich ist es schade, dass die Behandlung in dem Buch einen solchen Abschluss findet. Es wäre spannend gewesen, in welche Verwicklungen der für das Narzisstische nicht unempfängliche Psychoanalytiker mit seiner leidenschaftlichen Patientin geraten wäre. Das wäre der Roman. Aber dies scheint nicht das Ansinnen des Autors zu sein. Das wird dem Leser auch bei den »Formversuchen« klar, wenn der Psychoanalytiker von 1907 bei Autoren Antworten sucht, die es damals noch gar nicht gab. Das irritiert, der fiktive Analytiker kippt aus seiner Zeit. Vor der zweiten Sitzung kommt es wieder zu einem Gespräch des fiktiven Analytikers mit seiner Concierge. Sie fragt ihn, ob seine Eltern noch leben würden, und er antwortet ihr, dass seine Eltern noch nicht geboren seien. Wie der Rezensent ist auch sie irritiert, und er erklärt ihr, dass er sich seine Eltern noch aussuchen könne und das Unbewusste zeitlos sei. So könnten »unterschiedliche Dinge in ihm problemlos nebeneinanderstehen«. Nimmt man hinzu, dass der Autor seine Quellen als Beiträge von Teilnehmern einer Intervisionsgruppe betrachtet, wie er an einer Stelle schreibt, dann geht es vielleicht um eine Art von tiefenhermeneutischer Analyse. Die fiktiven Analysestunden wären dann das Amuse-Gueule.

Nehmen wir es so, dann entfaltet das Buch einen Sog, an dem man dranbleiben möchte. Der Text scheint sich immer mehr in die Geschichte und Seelenleben der Bildhauerin zu bohren und hineinzuwinden. Spannend zu lesen ist die Anwendung der Theorien von Grunberger und Rodulfo aus lacanianischer Sicht auf die narzisstische Problematik von Camille Claudel. Hier entfaltet der Autor mit allen Überdeterminierungen ein Feuerwerk, das in der atemlosen Verschränkung an Arbeiten von Judith le Soldat erinnert. Es ist mit Gewinn zu lesen, wie der Autor die Signifikanten in der Entwicklung Camille Claudels durchdekliniert. Der Leser, der mit der Geschichte der Protagonistin nicht so vertraut ist, findet dann auch manch überraschende Wendung, in der sich ein Signifikant immer wieder durchsetzt. So entsteht eine schlüssige psychodynamische Biografie mit ausführlicher Betrachtung ihrer Wahnentwicklung und der Genese ihrer narzisstischen Störung – wenn auch manchmal die etwas saloppe Sprache dem Thema nicht angemessen erscheint, denn wir befinden uns nicht mehr in dem Roman.

Nach dem Lesen des Buches ist es nicht mehr glaubhaft, dass Camille Claudel das Opfer von Rodin war, der sie ihrer künstlerischen Potenz beraubt und verhindert hat, dass sie zu einer eigenen künstlerischen Autonomie gelangte. Diese Sichtweise, die oft kolportiert wird, ist zu einfach und wird der komplizierten und schicksalhaften Verstrickung zwischen Leben und den zugrunde liegenden Signifikanten nicht gerecht. Gegen Ende ihres Lebens, als auch deutlich wurde, dass die Ärzte einem weiteren Verbleiben außerhalb der Klink aufgeschlossen gegenüber standen, wird noch einmal auf erschreckende Weise deutlich, welch Hass und Kälte in der Familie dazu geführt hatte, dass Camille Claudel zu der »Ursupatorin«, der »Ikonoklastin« und der »Verrückten« geworden ist, über die das Buch eine plastisches Bild vermittelt.

In einem sorgfältigen Index sind die Quellen der Texte angegeben, auf die der Autor seine Überlegungen gründet. Für die wissenschaftliche Übersichtlichkeit hätte man sich gewünscht, dass der Zitatcharakter der einzelnen Bezüge im Text deutlicher erkennbar würde.

Es ist nicht leicht als Rezensent eine Haltung zu einem Buch zu finden, das teilweise uneindeutig im literarischen Sujet wirkt. Mal wünscht man sich, dass es Roman werde, dann wünscht man sich mehr Wissenschaftlichkeit, Struktur in der Psychohistorie. Als tiefenhermeneutische Analyse mag es angelegt sein, aber zu leicht denkt man als Leser, dass diejenigen Eier versteckt werden, die dann schlussendlich gefunden werden sollen. Das Besondere an einem tiefenhermeneutischen Vorgehen einer Intervisionsgruppe zum Beispiel ist das Gespräch, in das unbewusstes Verstehen eingeht und sich formulieren kann. Dies ist ein Prozess und so nicht mit Quellentexten möglich.

Auch wenn das Buch flott daherkommt, ist es ein Text, der keine leichte Kost ist. Hält man sich nicht mit methodischen Fragen auf, lässt man sich nicht irritieren, sondern auf das Buch so ein, wie es geschrieben ist, dann kann es der psychoanalytisch interessierte Leser, der sich durch Überdeterminierungen nicht abschrecken lässt, mit Gewinn lesen. Es ist eine gut durchdeklinierte, spannende Psychohistorie, die am Ende ein sehr berührendes Bild einer großen Bildhauerin hinterlässt.

Matthias Oppermann

Hans Hopf (2014). Schulangst und Schulphobie. Wege zum Verständnis und zur Bewältigung. Hilfen für Eltern und Lehrer. Frankfurt/M.: Brandes & Apsel, 209 Seiten, 19,90 Euro

Wer seine eigenen unguten Gefühle aus der Schulzeit vergessen hat, Ellen Keys empörten Aufschrei gegen die »Seelenmorde« in den Schulen von 1902 nicht kennt, die Auskünfte in Autobiografien und in der Romanliteratur ignoriert oder für unzuverlässig hält, kann sich hinsichtlich des Themas »Schule und Krankheit« durch die seit mindestens 40 Jahren andauernde wissenschaftliche Debatte informieren lassen. Hans Hopf gehört mit zu den Ersten, die dieser Frage vonseiten der Psychoanalyse nachgegangen sind, zunächst 1976 (damals noch in seinem Hauptberuf als Lehrer), später immer wieder als Kinder- und Jugendpsychoanalytiker. Heute ist das Problem immer noch aktuell. Der Münchner Pädagogische Psychologe Kurt Singer brachte es wiederholt (zuletzt 2000) in die Öffentlichkeit, *Zeit online* überschrieb im Jahr 2006 eine Recherche pfiffig mit »Krankheit macht Schule«, die Bildungsserver der Bundesländer unterhalten, wie ich Google entnehme, eigene Informationssparten zu dieser Thematik, ebenso der Deutsche Bildungsserver an der Universität Potsdam mit seinem Netzwerk »Schule und Krankheit«.

Hans Hopf greift mit »Schulangst« und »Schulphobie« die beiden bekanntesten Phänomene aus dem Symptomkomplex »Schule und Krankheit« heraus. Mit dem aktuellen Buch, so schreibt er,

> »will ich zu meinen Wurzeln als Pädagoge zurückkehren und aus der Sicht der Kinderpsychoanalyse und der psychoanalytischen Pädagogik über Schulängste schreiben […], damit Eltern ihre Kinder besser verstehen, ein Buch, in dem sie selbst, aber auch in ihrem Leiden verstanden werden« (S. 12ff.).

Neben den Eltern wendet sich der Autor aber auch an Lehrer, an alle professionellen Pädagogen und an die therapeutische Kollegenschaft (S. 16). Der breite Adressatenkreis erklärt die aufs Notwendigste reduzierte Berufung auf Theorien, die zahlreichen Praxisbeispiele und den alltagssprachlichen Ton des Buchs.

Hopf geht in vier Schritten vor: Die beiden ersten Kapitel befassen sich ausführlich mit »Schulangst« (1) (S. 18ff.) und »Trennungsangst« (2) (S. 105ff.), das dritte mit »Schulphobie« (3) (S. 170ff.) und das vierte gibt unter der Überschrift »Eltern suchen Hilfen für ihr Kind« (4) (S. 196ff.) knapp gefasste Empfehlungen und Entscheidungshilfen (z.B. hinsichtlich der Therapieform).

ad 1) Angststörungen gehören zu den häufigsten seelischen Störungen bei Kindern und Jugendlichen (S. 20). Hopf legt Wert darauf, zu beachten, dass nicht alle Ängste, die im Zusammenhang mit der Schule auftauchen, unter die Kategorie »Schulängste« fallen. Er möchte den Begriff jenen Ängsten vorbehalten, deren Auslöser in unbewältigten Konflikten mit den Unterrichtenden, mit Mitschülern, im Leistungsversagen oder in fehlender Motivation liegen (ebd.). Sie treten vor allem in besonderen Situationen auf: wenn Schüler sich von ihren Lehrerinnen und Lehrern abgewertet fühlen, in Schwellensituationen (Schuleintritt, Schulwechsel), bei Stress durch Überforderungsgefühle zum Beispiel vor Prüfungen, bei Rivalitäten unter den Gleichaltrigen, Mobbing etc. Die genannten Anlässe können sich überlappen. So wichtig der Blick auf die Vielfalt für die pädagogisch Verantwortlichen ist, damit sie die Ängste nicht beiseiteschieben oder monokausal erklären – für noch gewichtiger halte ich den von Hopf schon 1976 gegebene Hinweis: »Konflikte werden nicht nur von der Schule in die Familie getragen, sondern auch umgekehrt« (S. 49). Gerade beim Leistungsdruck und dem dadurch ausgelösten Schulstress gehen Elternhaus und Schule oft eine unheilige Allianz ein. Lehrerinnen und Lehrer macht er mit einprägsamen Fallbeispielen darauf aufmerksam, wie hilfreich es für sie in Konfliktsituationen sein kann, zu wissen, dass sie bevorzugte Übertragungsobjekte der Kinder und Jugendlichen sind, weil sie stellvertretend für deren Eltern agieren, und dass sie selbst unbewusst dazu neigen, in ihren Gegenübertragungen das eigene Kindsein und die eigene Elterngeschichte mit den ihnen jetzt Anvertrauten auszuagieren. Um das zu erkennen und damit umgehen zu können, wären Selbstreflexion und Kenntnisse aus der Psychoanalytischen Pädagogik hilfreich (S. 46).

ad 2) Das Kapitel über Trennungsängste liest sich wie eine Einführung in die Entwicklungs- und Bindungstheorie für Eltern. In einer einfach gehaltenen, aber nie ungenauen Sprache erfahren sie etwas über »Bindung als emotionales Band«, das dem Kind Sicherheit gibt (S. 108), über die Notwendigkeit

»feinfühliger« Reaktionen auf kindliche Signale (S. 109), über Mentalisierung (S. 110), über die Bildung von Selbst- und Objektrepräsentanzen (S. 122), über das Erlernen des »Als-ob-Denkens« und damit der Symbolisierungsfähigkeit (S. 125), über die Bedeutung von Übergangsobjekten (S. 127) und die Unerlässlichkeit der Triangulierung (S. 128). Sie können lernen, woran unsicher gebundene Kinder mit Trennungsängsten zu erkennen sind (Klammern, Aggressionshemmungen gegenüber den eigentlichen Auslösern, unvorhergesehene Gefühlsausbrüche, phobische Anfälle, Regressionserscheinungen), und sie werden mit den häufigsten Auslösern von Angststörungen vertraut gemacht: dem Scheitern der triadischen Entwicklung mit der Folge einer klammernden Bindung an die Mutter (in der Regel) und dem oftmaligen Wechsel von Bezugspersonen (S. 147f.). Im Abschnitt über »Somatisierungen« entdecken sie hinter »Kinderkrankheiten« auch mögliche unbewusste Strategien von Kindern, Trennungen zu vermeiden und Ängste aus dem Bewusstsein zu verbannen (S. 153) – das Resümee aus Hopfs 2007 erschienenem Buch *Wenn Kinder krank werden*.

ad 3) Hopf legt Wert darauf, die »Schulphobie« von der »Schulangst« abzugrenzen und sie mit der »Trennungsangst« in Verbindung zu bringen. Wie bei dieser treten bei der Schulphobie in der Regel Somatisierungen auf, werden die Beziehungspersonen positiv und die Außenwelt negativ konnotiert. Indem die Kinder ihre Ängste auf die Schule projizieren bzw. die innere Bedrohung auf eine vermeintliche äußere verschieben, konstruieren sie eine »objektive« Ursache für ihren Vermeidungswunsch (S. 171, 173ff.). Wie sehr dabei »symbiotische Verstrickungen« der Kinder mit ihren Eltern, vor allem mit der Mutter, wirksam werden, stellt Hopf unter Berufung auf Bowlby (1975) dar (S. 172). Eine ausführliche Fallstudie (»Fall Jessica«) veranschaulicht eindringlich, wie hartnäckig eine zehnjährige Schulverweigerin auf ihren sichernden Rückzugsmöglichkeiten zu beharren versucht – mit einer Mutter im Hintergrund, die das Kind nicht loslassen kann (S. 173ff.). Die Vignette ist neben dem Blick auf die komplexen Bedingungen der Phobie auch ein Lehrstück für therapeutische Planung und Konsequenz, nicht zuletzt für therapeutischen Takt, wie Hopfs zurückhaltende Arbeit mit Träumen des Kindes zeigt.

ad 4) Das Schlusskapitel dient nicht der Zusammenfassung des Vorausgegangenen, sondern nennt Interventionsmöglichkeiten und institutionelle Hilfen. Dass der Analytiker Hopf seiner Methode den Vorzug gibt, ist einleuchtend, aber er will damit die anderen von den Kassen anerkannten Vorgehensweisen ausdrücklich nicht abwerten. Als Forderung an die pädagogisch Verantwortlichen lese ich heraus, Ängste ernst zu nehmen, aber nicht zu dramatisieren, rasch zu intervenieren (sofortiger Therapiebeginn, auf Schulbesuch drängen), auf Medikamente nach Möglichkeit zu verzichten, triadisch zu denken, rasche Schuldzuweisungen zu vermeiden und Selbstreflexion zu üben. In seinen »Gedanken zum Schluss« formuliert Hopf persönliche Wünsche für Eltern, Kinder und Lehrer. Sie hier zu referieren, würde ihre impulsive Unmittelbarkeit zerstören.

Theoriegestützt und erfahrungsgesättigt, den Blick stets auf die handelnden Personen und ihre Bedürfnisse gerichtet, dazu in einer Sprache, die unnötige Abstraktionen vermeidet, will das Buch sich einem möglichst großen Adressatenkreis erschließen. Das ist ihm zu wünschen. Als jemandem, der die institutionellen und organisatorischen Hintergründe von Beziehungen und deren unbewusste Sedimentierungen zu erfassen versucht, kommen mir Hopfs eingestreute Verweise auf den auch heute noch potenziell als abweisend oder sogar gewalttätig wahrnehmbaren Charakter der Schule entgegen. Zugleich wecken sie aber mein Bedürfnis, Genaueres darüber zu erfahren – das betrifft besonders das erste Kapitel –, welchen angstauslösenden Entfremdungsgefühlen bzw. Gefühlen des Ich-Verlusts Kinder beim Eintritt in die Schule durch den Wechsel der Bezugspersonen, den Zwang zur Sachorientierung, die Unterwerfung unter neue Zeit-, Kommunikations- und Bewegungsregeln, die auferlegte Orientierung an vielen unbekannten Menschen und durch das neue anonyme Über-Ich der Organisation Schule ausgesetzt sind. Neuere Untersuchungen über »Das

Unbewusste in Organisationen« (Heintel, 1997; Becker, 2003) könnten dabei hilfreich sein.

Helmwart Hierdeis

Literatur

Becker, H.-J. (2003). Psychoanalyse und Organisation: Zur Bedeutung unbewusster Sozialisation in Organisationen. In B. Sievers, D. Ohlmeier, B. Oberhoff & U. Beumer (Hrsg.). *Das Unbewusste in Organisationen. Freie Assoziationen zur psychosozialen Dynamik von Organisationen* (S. 53–72). Gießen: Psychosozial-Verlag.

Bowlby, J. (1975). *Bindung. Eine Analyse der Mutter-Kind-Beziehung*. München: Kindler.

Heintel, P. (1997). Psychoanalyse und Organisationsanalyse. In: I. Eisenbach-Stangl & M. Ertl (Hrsg.). *Unbewusstes in Organisationen. Zur Psychoanalyse von sozialen Systemen* (S. 55–86). Wien: Facultas Universitätsverlag.

Hopf, H. (1976). Macht wirklich die Schule unsere Kinder krank? *Lehrerzeitung Baden-Württemberg*, (5), 90–91.

Hopf, H. (2007). *Wenn Kinder krank werden. Besser verstehen – einfühlsamer helfen*. Stuttgart: Klett-Cotta.

Key, E. (1902/2010). *Das Jahrhundert des Kindes*. Neuenkirchen: RaBaKa Publishing. (Erste schwedische Auflage 1900).

Peter Möhring (2014). Verbrecher, Bürger und das Unbewusste. Kriminologie mit psychoanalytischem Blick. Gießen: Psychosozial-Verlag, 209 Seiten, 22,90 Euro

Mit Verbrechen, dem Bösen verhält es sich ähnlich wie mit dem Fremden: Es geht ein Reiz von ihm aus, der locken kann oder ängstigen– meist beides zugleich (Winter, 2013). Ohne das Fremde gäbe es das Eigene nicht, ohne das Böse nicht das Gute. Und jeweils umgekehrt. Aus sehr unterschiedlichen Blickwinkeln lässt sich das Böse betrachten – individuell wie wissenschaftlich. Historische, juristische, sozialwissenschaftliche und psychologische Erforschungen des Bösen, die sich wiederum in zahllose weitere Blickwinkelunterschiede unterteilen ließen, werden allerdings nur selten zusammen gedacht.

Verbrechen sind bzw. Kriminalität ist, was das Strafrecht so definiert. Die Definitionen sind historisch und gesellschaftlich bedingt und permanenten Veränderungen unterworfen. Das Delikt »Holzdiebstahl« (Blasius, 1978, S. 19ff.) ist aus dem Strafrecht verschwunden, ebenso der »Ehebetrug« (§170 StGB, 1973) und – erst vor 20 Jahren – die »Widernatürliche Unzucht« (§175 StGB). Andere Strafnormen wie »Bildung einer terroristischen Vereinigung« (§129a, 1976) oder »Beharrliche Nachstellung« (§238 StGB, 2007) wurden neu definiert. Strafrecht stigmatisiert und grenzt aus. Zugleich ist Delinquenz ubiquitär: Allein die konsequente Dunkelfeldaufhellung der Delikte »Steuerhinterziehung«, »Erschleichung von Leistungen« und »Beauftragung zur oder Durchführung von Schwarzarbeit bzw. illegaler Beschäftigung« (SchwarzArbG) würden mindestens die Hälfte der erwachsenen Bevölkerung Deutschlands zu Straftätern machen. Doch es gibt Unterschiede: Frauen haben noch immer Sonderrechte und empirisch nachweisbar auf allen Stufen der Strafverfolgung eine Art Freibrief, der dazu führt, dass sie bei gleichen Delikten wenn überhaupt, dann viel milder bestraft werden als Männer. Frauen werden insgesamt fast nie inhaftiert (Geisler & Marißen, 1988; Statistisches Bundesamt, 2013). Sind sie die Besseren? Und wer sind die Guten? Oder wie viel Böses brauchen die Guten? Und wie wird das Böse zum Bösen gemacht und bei einzelnen oder Gruppen verortet? Warum ist die Anwendung des Strafrechts allenfalls ungleich und ungerecht?

Peter Möhring ist Facharzt, Psychoanalytiker, Lehrender an der Uniklinik Gießen und nun auch Kriminologe. Er bemüht sich in seiner in der Buchreihe *Bibliothek der Psychoanalyse* des Psychosozial-Verlags erschienenen Monografie um eine differenzierte Sichtweise auf die Genese von Delinquenz, Dissozialität und Verbrechen, aber auch um einen reflektierten gesellschaftlichen Umgang mit geschehenen Taten und den davon betroffenen Geschädigten und Tätern. In der Tradition Arno Placks (1967) sieht er Verbrechen als psychologisch zu deutende bzw. zu verstehende Taten, die in soziale Kontexte eingebettet sind. Möhring sucht theoretische Zugänge zum Verständnis der komplexen gesellschaftlichen Wechselwirkungen zwischen dem Einzelnen, den Taten und der sozialen Gemeinschaft mit ihren vielfältigen, nicht nur bewussten und vor allem nicht nur medialen Wechselwirkungen.

Anders als Michael Günter, der in seinem Band *Gewalt entsteht im Kopf* (2011) bekannte Filmprotagonisten und Kino-Artefakte zum Verständnis der Entstehung von Destruktion und Gewalt heranzieht, berichtet Möhring in vier »kriminellen Geschichten« (S. 125ff.), wie aus sozialen Abweichungen, die in jedem Menschen virulent sind, Lebensläufe Dissozialer und die Begehung von Verbrechen entstehen können: »Der Übertüchtige« (S. 125ff.) überfiel eine Tankstelle, »Der Gestrandete« (S. 136ff.), ein Flüchtling afrikanischer Herkunft, fälscht schließlich seinen Pass, »Herr T.« befindet sich »Im Abwärtsgang« (S. 131ff.) und begeht schon als junger Mensch zahllose Straftaten, während »Herr A.« aufgrund einer körperlichen Anomalie und »verschiedener unglücklicher Umstände« (S. 142) zunehmend Verbrechen wie Raubüberfälle begeht und schließlich in einem Handgemenge einen Mann niedersticht (S. 145).

Möhring begreift Lebensläufe als Prozessgeschehen und stellt in den 14 Kapiteln seines Buches dar, wie das »Ineinandergreifen der jeweiligen psychischen, familiären und sozialen Faktoren« (S. 147) dafür entscheidend sein kann, ob man dem »Bösen« nicht nur »im Unterhaltungsfernsehen […] huldig[t]« (S. 11), ob man sich an »schrecklichen Taten erregen« (ebd.) kann, solange sie weit genug entfernt scheinen und anderen widerfahren oder im Kino oder Krimi geschehen, oder ob man in einer Lebens- bzw. Tatsituation eine Tat begeht. Für die »Bürger« liegt das Böse im Außen und wir alle sind wenig zugänglich für »dasjenige [Böse] in uns selbst« (S. 12).

Zum Verständnis der Entstehung von Kriminalität und Verbrechen nutzt Möhring die Kriminologie (S. 23ff.), für das Verstehen einzelner Taten die »psychoanalytische Perspektive« (S. 115ff.), wobei er bereits bei »Freud und seinen frühen Schülern« (S. 25ff.) Verknüpfungen zwischen beiden Wissenschaften aufzeigt. Neuere psychoanalytische Konzepte wie Bindungstheorie (S. 48ff.) und Mentalisierung (S. 38, 185) werden ebenfalls zur »Zusammenschau« (S. 17ff.) von Kriminologie und Psychoanalyse herangezogen.

Der emeritierte Strafrechtlehrer und Psychoanalytiker Lorenz Böllinger hat ein sehr persönliches und wohlmeinendes Vorwort (S. 7f.) zu dem Band verfasst, das mit einem »Ausblick« (S. 199ff.) und einer umfangreichen Literaturübersicht (S. 203ff.) endet.

Möhring will herrschende Spaltungen in »gut« und »böse« auflösen und fordert zu Recht zusätzliche zivilisatorische wie individuelle Integrationsanstrengungen, um das Destruktive und seine Nachwirkungen sozial und integrativ zu bewältigen und nicht durch neue Übelzufügungen immer wieder zu perpetuieren. Seine sozialwissenschaftlichen, kriminologischen und psychoanalytischen Überlegungen hat er in dem gut lesbaren und auch für Laien recht verständlichen Band in kleinen Kapiteln kurz, aber versiert dargestellt und die unterschiedlichen Theorieansätze durch ethnopsychoanalytische Erläuterungen im siebten Kapitel (S. 73ff.) verknüpft. Er beschreibt in seinen Fallbeispielen sehr unterschiedliche Tatentstehungen und geht bei verschiedenen Gelegenheiten wieder auf die vorgestellten Fälle ein. Sein 12. Kapitel widmet sich der Frage, was nützt (»Cui bono?«, 173ff.), im 13. sucht er die »praxistaugliche Kriminalitätstheorie« (S. 181ff.) und ein anderes Verständnis des Strafens (S. 186) und entwickelt daraus Forderungen für den das Buch abschließenden »Ausblick« (S. 199ff.).

Möhrings Schluss, Verbrechen als »Prozessgeschehen […] mittels Individualpsychologie, Objektbeziehungen sowie familiärer Dynamik sowie der sozialen und kulturellen Einbettung [zu verstehen und einem] unbewussten Raum, aus dem Motive für Emotion, Handlung und Hemmung wirksam werden« (S. 182), und seine Forderung, individuelle wie »institutionelle Abwehr[prozesse]« (S. 183) nicht zu verleugnen, könnte einen zivilisierteren Umgang mit Verbrechenstaten, Tätern und den von ihnen Geschädigten unterstützen. Ohne das Böse geht es nicht: unsere Gesellschaft braucht nicht nur Kriminalitäts-»Opfer«, um die ihr selbst innewohnende Gewalt zu kanalisieren und von sich abzulenken (Girard, 1994).

Ein feines Buch mit großem Anspruch zur »Quadratur des Kreises« (S. 7, Böllinger). So verwundert es den Rezensenten, dass nicht nur im Titel des Bandes explizit vom »Verbrecher«, anderswo sogar von »Verbrechern« (S. 9) die Rede ist und nicht von »Verbrechen«: also von in ihrem jeweiligen Kontext entstandenen und vielleicht daraus auch verstehbaren Taten von Menschen. Es widerfährt hier und in einzelnen sprachlichen Ausgrenzungen (»parasitär«, »kriminalitätspornografisch«, »Dementalisierung«) Möhring selbst, was er eigentlich bei den im Titel so bezeichneten »Bürgern« zu vermeiden wünscht und in der Einleitung thematisiert (S. 15): er stigmatisiert Täter über ihre Taten zum Verbrecher und fällt in geläufige Attribuierungen. Er spaltet in gute Zivilisierte und stumpfe Bürger. So sind wie wir alle, die Bürger sind, auch Möhring und Böllinger Teil der sie umschließenden Gesellschaft und unterliegen den unbewussten Prozessen zwischen Gesellschaft und Individuum. Insofern bestätigt die Rede von den »Verbrechern« zumindest die Gültigkeit der Theorie der Ethnopsychoanalyse als Wechselwirkung zwischen gesellschaftlichem und individuellem Unbewusstem bei der Konstruktion von »Realitäten« und Büchern.

Frank Winter

Literatur

Blasius, D. (1978). *Kriminalität und Alltag*. Göttingen: Vandenhoeck & Ruprecht.

Geisler, R. & Marißen, N. (1988). Junge Frauen und Männer vor Gericht. *Kölner Zeitschrift für Soziologie und Sozialpsychologie, 40*, 505–526.

Girard, R. (1994). *Das Heilige und die Gewalt*. Frankfurt/M.: Fischer.

Günter, M. (2011). *Gewalt entsteht im Kopf*. Stuttgart: Klett-Cotta.

Plack, A. (1967). *Die Gesellschaft und das Böse*. München: Knaur.

Winter, F. (Hrsg.). (2013). *Gleichheit und Differenz – Das Fremde und das Eigene. psychosozial, 36*(III/2013).

Ulrich Sollmann (2013). Einführung in die Körpersprache und nonverbale Kommunikation. Heidelberg: Carl-Auer-Verlag, 128 Seiten, 13,95 Euro

Ulrich Sollmann ist ein psychotherapeutisch ausgebildeter Experte für das Thema. Das Buch kann auch als ein reflektierender Rückblick auf seine langjährigen Erfahrungen als Psychotherapeut, Politikberater und Medienkommentator gelesen werden und ist als solcher in erfreulicher Weise verunsichernd. Viele Coaches, Berater und Autoren präsentieren ihrer Kundschaft bzw. ihren potenziellen KlientInnen das Verstehen der Körpersprache wie einen Rettungsanker in einer bedeutungsunsicher gewordenen Welt oder der Habermas'schen »neuen Unübersichtlichkeit«, die auch die Mikrosysteme der Kommunikation befallen zu haben scheint. Wer hinter den Vorhang der verwirrenden oder gar betrügerischen verbalsprachlichen Bekundungen seines Gegenübers schauen kann, soll dort die einfachen und echten Gefühle und die wirklichen Absichten entdecken können. Sollmann zeigt die Schwierigkeiten gleich zu Beginn am Beispiel des »Verschränkens der Arme vor der Brust« (S. 8) auf. Viele Lehrbücher und Coaches sehen darin ein Zeichen von Ablehnung oder Verschlossenheit. In der Realität sind aber noch viele andere Bedeutungen dieser Körperhaltung möglich: »Es ist einem kalt geworden und man wärmt sich durch die verschränkten Arme. Man variiert seine Körperhaltung, nachdem man länger in einer anderen Position gestanden hat. Man demonstriert Größe und Macht. Man imitiert jemanden u. a.«

Das heißt nicht mehr und nicht weniger, als die Bedeutung der körperlichen Gesten und Reaktionen immer vom *Kontext* einer komplexen Begegnung in Kommunikationsystemen abhängig ist, die wir kennenlernen und interpretieren müssen. Um an ein bekanntes Beispiel bei Clifford Geertz (*Dichte Beschreibung*, Frankfurt/M., 1983) anzuknüpfen: Das Augenzwinkern eines Menschen bei Zugluft oder als neurotischer Tic bedeutet etwas ganz anderes als Augenzwinkern zwischen einem Mann und einer Frau in einer Disco. Wieder eine andere Bedeutung hätte ein Augenzwinkern, das die Beschimpfung eines alten Bekannten (»Du bist ein Vollidiot!«) begleitet und die verbale Aggression metakommunikativ abmildern soll. Mit einem Augenzwinkern können sich aber auch zwei Handelnde verständigen, die gegenüber einem Dritten etwas Böses oder einen Streich im Schilde führen.

Sollmann folgt offensichtlich dem »interpretativen Paradigma« und einem ganzheitlichen Verständnis von Interaktion, in welches das Körperliche als *ein* Element der Begegnung eingebettet ist. Der Symbolische Interaktionismus (im Gefolge von G. H. Mead, E. Goffman u. a.) hatte betont, dass wir in unserem sozialen Handeln die Bedeutung von Rollen, Erwartungen, von körperlichen Gesten (G. H. Mead sprach von »signifikanten Gesten«) und von Sprachsymbolen beständig neu interpretieren und gestalten müssen, wobei der Metakommunikation eine besondere Bedeutung zukommt. Ein starres Zuordnen von Positionen, Körperhaltungen, Rollen und Bedeutungen kann zwar – wie auf einem Kasernenhof – kurzfristig einen Eindruck von großer Ordnung machen, wäre aber angesichts der vielfältigen Aufgaben der Handelnden in der sozialen Realität völlig dysfunktional.

> »Die Körpersprache des anderen wahrzunehmen und einzuschätzen, funktioniert also nicht nach einem Multiple-Choice-Modell. Man begibt sich stattdessen in einen ›absichtslosen‹ Erfahrungsraum. Dieser gestaltet sich spontan und jeweils einzigartig zu einer ›Sinnhütte‹, die *beiden* Unterschlupf gewährt, dem Betrachter und dem Betrachteten« (S. 75).

»Anleitung zur Verunsicherung« heißt ein entsprechendes Kapitel bei Sollmann. Wer sich im Sinne seines Ansatzes auf die Körpersprache einlässt, gewinnt nicht mehr Kontrolle, sondern lässt sich auch auf die Risiken eines Kontrollverlusts ein. Billiger sind bewegende und aufschlussreiche zwischenmenschliche Begegnungen nicht zu haben. Nur wenn wir uns als Spiegelnde und Mitspielende selbst aufs Spiel setzen und uns irritieren lassen, erfahren wir Neues und können dann unter Umständen die eigene Irritation als Spur in Richtung auf ein vertieftes »szenisches Verstehen« und ein »tiefenhermeneutisches« Aufdecken verborgener Bedeutungen nutzen.

> »Sich irritieren zu lassen, in der szenischen Interaktion sich nonverbal zu verhalten, kann die Neugier, die Überraschung und das persönliche Erstaunen fördern. Und nicht nur das: das Staunen selbst kann wiederum die Sinne öffnen für neue Perspektiven« (S. 52).

Sollmann weist hier und an einer anderen Stelle (S. 90) eher beiläufig auf das psychoanalytische Konzept des Szenischen Verstehens hin, das von Alfred Lorenzer stammt. Sein eigener Ansatz passt zu diesem ebenso gut wie zur Methode der Ethnopsychoanalyse. Wer sich ethnopsychoanalytisch in einer in einer ihm/ihr fremden Kultur bewegt, verspürt immer eine irritierende körperliche Erregung, die im Extremfall als das Gefühl, krank oder verhext worden zu sein, daherkommt und deren Reflexion auf jeden Fall aufschlussreich ist.

Natürlich ist es auch sinnvoll, sich bereits vor oder beim Eintauchen in die andere Kultur ein Wissen über den hier möglicherweise andersartigen Umgang mit dem Körper, den Nähe-Distanz-Regeln, den Regeln der körperlichen Entblößung/Verhüllung, die Kopfbewegungen für »Nein« und »Ja« zu informieren. Grobe Uninformiertheit gegenüber kulturspezifischen körperlichen Gesten kann einem im Extremfall einen Gefängnisaufenthalt oder Schlimmeres einbringen. »Der hochgestreckte Daumen eines Trampers signalisiert im Westen den Wunsch, mitgenommen zu werden, wohingegen die gleiche Geste im arabischen Raum eine eindeutige Form der sexuellen Beleidigung ist« (S. 39). Als Psychotherapeut, der seit Längerem mit Flüchtlingen aus Krisenregionen und Kriegsgebieten arbeitet, möchte ich mir hier den Hinweis erlauben, dass es möglich ist, sich den andersartigen Umgang mit dem Körper und körperlichen Gesten von den Klienten selbst erklären zu lassen. Den meisten gefällt diese Art »Unterricht«, ein Kulturvergleich ist für beide Seiten interessant und kann schädlichen Missverständnissen im Umgang mit Kultur im Exilland vorbeugen.

Die Körpersprache, die teils kulturspezifisch, teils anthropologisch-universell »unterlegt« ist (S. 75ff.), wird in jedem Fall biografisch erlernt. Das heißt, die Bedeutungen sind immer auch biografisch-spezifisch, verweisen auf die Entwicklung der persönlichen Identität und der Ich-Identität eines Menschen.

Sollmann bezieht sich hier auf das bekannte Identitäts-Entwicklungsmodell von E. H. Erikson.

Auf der politischen Bühne ist es vor allem der ganz persönliche körperliche Eindruck und Ausdruck der politisch Verantwortlichen, der die JournalistInnen und das mediale Publikum interessiert. Mir scheint dieses Interesse einerseits eine Ablenkungsfunktion gegenüber schwierigen inhaltlichen Debatten zu erfüllen, andererseits könnte es auch eine Folge davon sein, dass wir den offiziellen verbalsprachlichen Erklärungen und Versprechungen der Politiker nicht mehr glauben und auf der »darunter« liegenden Ebene der Körpersprache nach Zeichen für ihre wahre Einschätzung der Situation, für ihre wirklichen Wünsche und Ängste suchen. Berühmt ist das bis heute nicht wirklich enträtselte »Merkelsche Dreieck« (S. 43f.), bei dem sich es sich um eine Berührung der Fingerkuppen der beiden locker vor dem Bauch gehaltenen Hände »in Form einer nach unten zeigenden Pyramide« handelt. Mit diesen Händen steht Frau Merkel zumeist vor den Kameras. Sie selbst sagte, dass sie dabei einfach einem Ratschlag ihrer Physiotherapeutin folge, welche »diese Geste als Zeichen von innerer Ruhe empfohlen« habe – was der Experte Sollmann erst einmal gut nachvollziehbar findet. Es darf weiter spekuliert werden. Wir haben hier ein Beispiel dafür, dass der unmittelbare »natürliche Ausdruck«, nach dem wir so oft suchen, fast immer über die Perspektive anderer, über Ratschläge, Antizipation der Wirkung gegenüber einem Publikum usw. vermittelt ist.

Welche Ausdruckselemente zu einem Politiker passen, welche »Marker« den begehrten Eindruck von Authentizität verstärken, ist – entsprechend der jeweiligen biografischen Prägung der Einzelnen – ganz unterschiedlich. Als man dem notorischen »Äh-Sager« Edmund Stoiber für ein TV-Duell mit Gerhard Schröder im Jahr 2002 das »Äh« wegtrainiert hatte, verlor er prompt jede persönliche Ausstrahlung und Stimmigkeit sowie das Fernsehduell gegen seinen Gegner (S. 42f.).

Neben der Einladung zu einer sensiblen und selbstreflexiven Aufmerksamkeit auf die jeweilige Körpersprache in Beratung, Therapie und Coaching sowie auch im medialen und politischen Raum gibt Ulrich Sollmann den LeserInnen einen guten Überblick über wichtige psychologische Ansätze und auch einige praktisch-heuristische Instrumente mit auf den Weg. Die Lektüre des Buches lohnt sich auf jeden Fall.

Klaus Ottomeyer

Psychosozial-Verlag

Klaus-Jürgen Bruder, Christoph Bialluch, Benjamin Lemke (Hg.)

Sozialpsychologie des Kapitalismus – heute

Zur Aktualität Peter Brückners

2013 · 429 Seiten · Broschur
ISBN 978-3-8379-2226-4

Fußballpatriotismus, Amokläufe, Occupy – Brückners Thesen in neuem Licht!

Den gesellschaftlichen Gesamtzusammenhang von Ökonomie, Politik, Kultur, Sozialem und Psyche zu denken, war das Anliegen Peter Brückners. Fast vier Jahrzehnte nach Erscheinen seines Werkes Sozialpsychologie des Kapitalismus beschäftigt sich nun der vorliegende Band mit der Aktualität der damals von Brückner eröffneten Perspektiven.

Die BeiträgerInnen thematisieren aktuelle gesellschaftliche Konflikt- und Problemlagen aus Psychologie und Gesellschaftswissenschaften, aus den Bereichen Hochschul- und Wissenschaftsentwicklung, innerpsychologische Kontroversen, Gesundheitswesen und Psychotherapie, Armutsentwicklung, Segregation und Migration sowie Medien, Macht und Subjektivität.

Mit Beiträgen von Claudia Barth, Josef Berghold, Burkhard Bierhoff, Gernot Böhme, Klaus-Jürgen Bruder, Almuth Bruder-Bezzel, Markus Brunner, Gerd Dembowski, Uwe Findeisen, Christoph Jünke, Martin Kronauer, Juliko Lefelmann, Benjamin Lemke, Morus Markard, Bernd Nitzschke, Siegie Piwowar †, Eni Qirjako, Thomas Rudek, Dagmar Schediwy, Kerstin Sischka, Bernd Ternes, Tom David Uhlig, Klaus Weber, Timo K. Werkhofer und Sebastian Winter

Walltorstr. 10 · 35390 Gießen · Tel. 0641-969978-18 · Fax 0641-969978-19
bestellung@psychosozial-verlag.de · www.psychosozial-verlag.de

www.ingramcontent.com/pod-product-compliance
Ingram Content Group UK Ltd.
Pitfield, Milton Keynes, MK11 3LW, UK
UKHW061656190726
13853UKWH00008B/2243